明治後期の保育内容における「公正さ」に関する研究

二見 素雅子 著

風 間 書 房

目　次

序章　研究の目的 ………………………………………………………………… 1
　第1節　問題の所在 ……………………………………………………………… 1
　　1．保育内容における「公正さ」が含む文化的背景 ………………………… 1
　　2．幼児期の「公正さ」 ………………………………………………………… 7
　　3．保育内容における「公正さ」に関する研究の現状 ……………………… 11
　第2節　研究の目的と方法 ……………………………………………………… 15
　　1．研究目的 …………………………………………………………………… 15
　　2．本研究における「公正さ」の分析の視点 ………………………………… 17
　　3．研究対象 …………………………………………………………………… 22
　第3節　本論文の構成 …………………………………………………………… 24

第1章　明治期の教育界における「公正さ」 ………………………………… 41
　第1節　明治初期・翻訳修身書における倫理観の受容と限界 ……………… 41
　　1．『童蒙教草』にみられる国家に尽くす個人像 …………………………… 41
　　2．『民家童蒙解』にみられる混乱 …………………………………………… 50
　第2節　明治中期・多様な展開 ………………………………………………… 55
　　1．『幼学綱要』における儒教に基づく教育 ………………………………… 55
　　2．『育幼論』における自主独立をめざす子育て論 ………………………… 58
　　3．『幼稚園初歩』における個人観と儒教的家族観 ………………………… 62

第2章　幼稚園の保育記録にみられる「公正さ」 …………………………… 75
　第1節　愛珠幼稚園の『保育日記』および『保育要目草案』 ……………… 75
　　1．明治中期の保育 …………………………………………………………… 75
　　2．『保育日記』にみられる幼児主体のまなざし …………………………… 82

3.『保育要目草案』にみられる国家主義の影響 ……………………… 89
　第2節　東京女子師範学校附属幼稚園の保育記録 …………………………… 105
　　1.明治10年代の保育 ……………………………………………………… 106
　　2.「保育事項実施程度」にみられる軍隊に関わる教材 ………………… 111
　　3.「幼児に適切なる談話の種類およびその教育的価値」にみられる
　　　感情思想の育成陶冶 …………………………………………………… 115
　　4.「幼稚園における幼児保育の実際」にみられる自己表現の評価 …… 119

第3章　保育雑誌などにみられる「公正さ」………………………………… 139
　第1節　『京阪神聯合保育会雑誌』……………………………………………… 139
　　1.京阪神三市聯合保育会における研究課題 …………………………… 139
　　2.「公正さ」に関わる会合内容 ………………………………………… 142
　　3.『京阪神聯合保育会雑誌』にみられる先進性と国家主義との相克 … 146
　第2節　『婦人と子ども』………………………………………………………… 148
　　1.「公正さ」に関わるさまざまな記事 ………………………………… 148
　　2.保育者執筆「保育の実際」の記事 …………………………………… 155
　　3.『婦人と子ども』にみられる保育者の相反する主張 ……………… 162

第4章　キリスト教保育にみられる「公正さ」……………………………… 171
　第1節　頌栄幼稚園におけるキリスト教保育 ………………………………… 171
　　1.頌栄保姆伝道所の教育課程 …………………………………………… 171
　　2.頌栄幼稚園の保育 ……………………………………………………… 172
　第2節　ハウにおける「公正さ」……………………………………………… 177
　　1.『保育学初歩』の個人観における責任と尊敬と調和 ……………… 177
　　2.『保育法講義録』における掟と自由 ………………………………… 180
　第3節　和久山における「公正さ」…………………………………………… 184
　　1.『保育法講義録』における消極的指導 ……………………………… 184

終章　保育内容における日本的「公正さ」……………………………197

第1節　明治後期の保育内容としての「公正さ」……………………197
1．人の認識における特徴……………………………………………197
2．事態の把握における特徴…………………………………………202
3．解決方法における特徴……………………………………………207
4．保育内容における日本的「公正さ」……………………………211
5．今後の課題…………………………………………………………214

第2節　現代保育への示唆………………………………………………215
1．「幼稚園教育要領」における日本的特徴…………………………215
2．正しさを志向する意志をもち集団を形成する主体としての幼児…………221

引用・参考文献……………………………………………………………229
謝　辞………………………………………………………………………251

序章　研究の目的

第1節　問題の所在

1．保育内容における「公正さ」が含む文化的背景

　本研究が取り組む「公正さ」は、保育内容における「公正さ」である。保育内容における「公正さ」とは、幼児期に幼児が獲得する善悪の判断基準を含む態度としての「公正さ」である。幼稚園教育要領、領域人間関係の内容（9）では、「よいことや悪いことがあることに気付き、考えながら行動する。」とあり、文部科学省によるその解説では「自己の行動に対する大人の許諾に基づいて善悪の枠を作り、大人の反応によって確認している」[1]と述べられている。たとえば、幼児がトラブル状態にあるときに、保育者がどのようにそれを解決するかといった場面を通して、幼児がよいことや悪いことがあることに気付き、その善悪の基準に基づく態度である「公正さ」を身につけていくと考えられる。保育者がもつ価値観が、保育者の行為に現れ、その価値観が幼児に伝達されるのである。このように、保育内容における「公正さ」は、保育実践の場では保育者の「公正さ」に大きく影響される。

　その保育者の「公正さ」は、現代日本の「公正さ」に関わる価値観に大きく影響されていると考えられる。保育における「公正さ」において、善悪の判断基準という人格形成の中核とも言える価値観や態度が伝達されるのにも関わらず、どれほどの保育者が、自己が示す「公正さ」の文化的背景を意識しているであろうか。

　善悪の価値判断は時代、文化によって異なるので、「公正さ」も時代、文化によって異なってくる。そこで、正義論など「公正さ」に関わる諸説をギ

リシア時代から、また一方で日本の「公正さ」の基本である儒教の流れを概観して述べ、保育における「公正さ」の文化的背景を示しておきたい。

　西洋の善悪の価値判断である正義観の変遷を概観すれば、ギリシア時代にアリストテレスが、『ニコマコス倫理学』[2]において正義について論及し、正義をあらゆる徳を包括する「完全徳」とした。この思想より広義には正義とは「共同体的な徳」という意味となり、狭義には「平等」となる。中世では、トマス・アクィナスがストア派の自然法思想とアリストテレスの倫理・政治思想を、キリスト教的観点から統合しようと試みた。彼は、永遠法、自然法、実定法の三層からなる法思想を基に、人々の共通善が直接対象となる法的正義を一般正義、他の人格が対象となる交換的正義と分配的正義を間接的な正義と規定した。トマスの正義論は現在に至るまでカトリック的社会理論の骨子となっている。その後、近代に入ると、正義は人間相互の契約あるいは黙約によって成り立つという見解、「社会契約説」が有力になる。この流れには、まずホッブスがおり、ロック、ルソー、カントなどがそれぞれの正義論を展開した。他方、功利主義、ベンサムによる「最大多数の最大幸福」へと続く系譜にはヒューム、A. スミス、J.S. ミルがいる。20世紀には、1970年代アメリカで、ロールズとノージックによる正義に関する理論的論争[3]が繰り広げられたが、現代では、サンデルがロールズらの正義を批判し、共同体主義の正義を提唱している。

　一方、儒教思想に基づく「義」については、西洋の正義の論理とは異なる価値判断がみられる。儒教においては、「倫理」と「法」が同一であった。儒教は本来倫理思想であるが、「修己治人」すなわち己を修めて人を治めるための学であり、治者階級・知識人の学であった。儒教において人を治める政治とは、法律による秩序の保持を意味するのではなく、道徳によって民を善導することであり、そのために己を修めることが必要とされた。その治者は、知徳の優れた君子であり、民が小人（しょうじん）として対置されている。小人は自身で修めることができず、君子の教化によって道徳的となるこ

とができるとされる。儒教においては道徳政治が理想のものとされ、倫理と政治とが一体化しているのである。最高の知徳を備えた者を聖人とし、聖人は帝王として民を治めるという構図を持つ。儒教においては、社会は治者階級と民とに分断され、民は小人として道徳的に未熟な者であり、自立した意志をもつものは君子だけであるということを前提としている。したがって、聖人またはより知徳の優れた者の見解に従うことが公正であり義となる。

　このように、時代により善悪の価値判断に基づく正義や公正は変遷してきた。日本の幼児教育における保育内容としての「公正さ」を考察していく場合には、正義や公正における文化的、歴史的背景を視野に入れる必要がある。そこで、まず西洋思想の流れにある「公正さ」、「公正さ」の英訳としてのフェアネスについて述べ、次に日本的「公正さ」について述べて、本研究が取り組む「公正さ」の文化的背景を明らかにしておく。

（1）　西洋思想における「公正さ」

　いわゆる公正という意味の「フェア」という表現が出現したのは、ヨーロッパにおいては、ほぼ13世紀頃である。この「フェア」は、汚点がないことの意味から派生しており、まず「人格・行為・世評において倫理的なよごれがない、清浄な、潔癖な」[4]という使われ方が、13世紀頃からされている。14世紀に入ると、「行為・行動・論点・方法において、偏向・欺瞞・不正がない」、「人において正当、不当な便益がない、すべての正当な権利を与えるよう処理する」、「対象物において、正当に目標とされえる」[5]また「状況、地位などにおいて、平等な成功の機会を与える、どちらの側にも不当に有利、不利を与えない」[6]といった意味が現れてくる。このような意味と同時に、名詞としてのフェアネス＝Fairnessにおいても15世紀には、公平（Equitableness）・公正な取り引き（fair dealing）・正直（honesty）・公明正大（impartiality）・高潔（uprightness）[7]といった意味が加わる。

　上記のような「フェア」の変遷について、グレーヴィチは中世における人

格的質から述べている。「人間の法的地位は倫理的色彩を帯び、その人物の人格的質を反映するとともにそれを決定した。倫理的カテゴリーと法的カテゴリーは、そのほかに、なお美学的ニュアンスをもっていた。悪の概念が不具の概念と不可分に結びついていたのと同じように、高貴性は自然に美と結びついていた。そこで、たとえば、古英語では『美しいが、悪い』ということはできなかった。なぜなら、純粋に美的な評価を示すための表現は存在しなかったからである。『美しきもの』は倫理的評価でもあった。」[8] 彼の説に従えば、人格的な清浄さなどの意味は、Fair の意味として加わったのではなく、人々の観念の中で、美学的な「美しい」と倫理的な「清浄さ」が区別されて初めて、語として区別して使用されたと考えられる。つまり、倫理的な人と認識されて初めて、人がフェアと評価されるようになったのである。では、フェアとされる人はどのように認識されているであろうか。

　ここで言われる「人格的質」における人格は、6世紀初頭にボエティウスが人格（persona）を「合理的にして、一体不可分な実質」[9]と定義し、トマス・アクィナスが、「ペルソナは本性全体の中における最も完全なるもの、すなわち自立的に存在する理性的本性を意味する」[10]としたものである。ルークスが原始キリスト教より説かれていたと考える「個人的人間存在の至高かつ内在的な価値」[11]が人格として概念化されたと言えるであろう。中世に、神の前に責任を負い、形而上学的な、破壊し得ない中核—魂—を有する人格的個性という概念が誕生したとグレーヴィチは述べている。この神の似姿としての人間の人格には、神と同じ意志の自由があるとされた。

　また、グレーヴィチは「中世の人間は、つねに、何らかの集団の一員であって、その集団と緊密な形で結びついているのである。中世の社会は上から下まで職業組合的である。家臣たちの連合、騎士団、修道士会、カトリック聖職者集団、市自治体、商人の同業組合、自衛団、宗教的兄弟団、村落共同体、血族連合、家父長制的家族集団、個別的家族集団—これらの、またこれらに類する集合体は、個人と、範囲の限られた小世界とを結合させた。」[12]と

ヨーロッパ中世世界を描いている。このような「横」関係の存在は、ヨーロッパ中世世界の特徴であろう。主従関係である「縦」関係の中で、個人はその身分を「横」関係の職業的集団から保証されていた。集団内では、成員の自尊心、相互の連帯感、成員相互間の平等の意識が育成されていた。職業組合的集団を、グレーヴィチは「集団の領域内に限られた相対的な平等であったが、より後代における全市民の法的平等の意識の発達のために欠くことのできない一段階であった」[13]と評価している。

このように、個性という概念が最終的に形成されたのは、「神の似姿」として人間の人格が概念化され、自由意志が人格の属性として意識されると同時に、社会構造としての職業的集団の存在によって相対的ではあったが平等の意識が育成されたことによる。

続いて西洋世界におこる経済制度と社会身分制度の分離が、経済的に自由と責任を所有する「個人」の概念を生んだ。ルネサンス期に、都市の発達とともに市民が身分として新たに登場してきた。彼らが法的に種々の権利を国王や領主に要求し獲得していった過程は、まさに自己を所有する自由をもつ「個人」への闘争であった。このように、フェアネスは、人格が内在する「個人」という概念によって成り立っている。

(2) 日本的な「公正さ」

日本な「公正さ」について、「公正さ」がトラブル状態を解決する際の態度であるとすると、アイゼンシュタットは、日本独自のものを指摘している。日本の紛争と紛争解決の特徴について、「第一に、紛争を自然なことではなくむしろ当惑すべきものと捉えること、第二に、直接的の公然とした対立にはできるだけ正当性を与えない傾向があること。第三に、あからさまな紛争や対立に利害や意見の相違がみられるときも、その相違をできるだけ小さく捉える傾向。第四に、対立する当事者間にも一致と調和があるとの想定に基づき、インフォーマルとみられるやり方で相違を解決しようとする傾向

である。」[14]と述べている。彼は西洋と比較し、「西洋の組織内部では、特定の目標をめぐって摩擦と反対意見があるのは普通と考えられるのに対し、日本の組織内では共同体のイデオロギーがあるのが普通」[15]と組織の在り様が異なることを指摘する。

　日本的組織の在り様については、安部が分析する芸道における家元制度の組織がその特徴をよく表している。安部は、師範制度は密教の僧侶階層と類似しているとして、5つの特徴をあげている[16]。その4番目に「一つの体系（たとえば、真言宗とか千家流とかの体系）の中に、ある一定の技能を修得した集団が存在する。いわば、技能の専門者層と非専門者層とが共存し、体系そのものは、その二つの大きな層を包み込んだまま他から完全に独立している」と、組織が他から独立して存在することを一つの特徴としてあげている。また、5番目に「その専門者層の結びつきは、非専門者層と比較して堅固である。その堅固さは、家父長制的・疑似的血縁集団に存在していることによる」と、独立しかつ家父長的・疑似的血縁集団であることが、ある一つの体系による組織の在り方、芸道における組織の特徴としている。日本における他の集団においても、家父長的・疑似的血縁集団が特徴となるのではないかと思われる。また、芸道における教授は、「カンやコツの経験的錬磨を主眼とするものであるがゆえに、彼らの教育的思惟は論理的・分析的なものにはなりえない」[17]としている。その組織の中では、その組織の中核である芸の伝授においても、論理性ではなく学習者の経験的錬磨が要求されるということである。師弟間で言葉による伝授はみられないという在り様は、アイゼンシュタットが指摘するように、言葉による意志疎通が重要視されない、論争が避けられ調和を求めて感情的な納得による解決方法へと繋がる特徴と言えるであろう。これもまた、日本的「公正さ」の特徴となるかもしれない。

　日本における口伝による伝授という意味では、「武士道」も同様である[18]。新渡戸による『武士道』は、日本の倫理観について英語で西洋人に理

解できるように説明した書であるが、新渡戸は日本の「Moral Education」についての質問に答えるために、武士道について説明をしている。武士道の始まりを、「戦闘におけるフェアプレイ」[19]とし、この感覚のうちに、豊かな倫理の萌芽が存在するとしている。新渡戸は、武士道において最重要視される観念は、「義」であるとしている。「義」の説明を新渡戸は「Nothing is more loathsome to him than underhand dealing and crooked undertaking.」[20]と述べて、裏取引や不正を行わないことを「義」と説明している。しかし、すぐ続けて、この説明が狭すぎるかもしれないと述べ、「義」の観念は、それ以上の倫理的意味を含むと述べている。その説明については、他の例えを述べているだけで、これが「義」であるとは、新渡戸も説明しきっていない。これは芸道におけるように、「義」が美的感覚をも含む観念、または行為によって表現される観念であるからと考えられる。「義」の観念が不正を行わないことであるならば、その意味における範囲で「公正さ」と同じであると言えるであろう。しかし、「義」はそれ以上の意味を含む倫理観である。美的感覚や行為によって表現される部分に日本的「公正さ」の特徴があるのであろう。本研究では、保育における「公正さ」の特徴について考究することを目的としているので、「義」についてはこれ以上の論述は行わず、ここでは、西洋思想のフェアネス、「公正さ」とは異なる日本的「公正さ」があることを示唆するに留める。

2．幼児期の「公正さ」
（1）　幼稚園教育要領における「公正さ」

　平成18（2006）年に教育基本法が改正され、それに伴い学校教育法が改正された。その改正のポイントの一つは、「規範意識、公共の精神に基づき主体的に社会の形成に参画する態度」が、教育の目標に追加されたことである。規範意識について、山崎は「制度上の規範教育、べつのいい方をすれば遵法教育を道徳教育から切り離して、教室で教えるべきだ」[21]と述べている。

山崎は、「内面的な倫理意識に踏み込み、哲学に触れる道徳教育は教室にはなじまない」という考え方をするゆえに、極端に言えば、道徳教育では規範意識、遵法精神のみを教えるべきだとの意見である。この場合、山崎が意味していることは、遵法精神は取引の論理で説明が可能であるから、それだけを教えるということである。言葉で表現できるという理由から、子どもたちが理解しやすく、教師が説明しやすい事が理由となっている。

では、保育者が日々子どもたちと過ごす中で、子どもたちのトラブルを解決する際に見せる解決方法は、規範意識だけで説明することは可能であろうか。そのことも視野に入れながら、学校教育法の改正に伴い、平成21（2009）年に改訂された幼稚園教育要領において、「公正さ」はどのように意味づけられているかを述べる。

まず、『幼稚園教育要領解説』[22]を確認しておきたい。善悪の基準については、領域人間関係内容（9）「よいことや悪いことがあることに気付き、考えながら行動する。」[23]の解説で、自己の行動に対する大人の許諾に基づいて善悪の枠を作り、大人の反応によって確認していると、大人の影響が大きいと述べられている。(11)「友達と楽しく生活する中できまりの大切さに気付き、守ろうとする。」[24]の解説では、「友達と一緒に遊ぶ中で、楽しく遊ぶためには参加者がルールに従うことが必要であることや、より楽しくするために自分たちでルールをつくったり、つくり変えたりすることもできることがわかっていくことは、生活上のきまりを理解し、守ろうとする力の基盤になっていく。」[25]と、幼児にとって規範意識は、遊びの中でルールを守る経験が基礎となり、生活上のルールを理解するようになると述べている。また、幼児にとって葛藤を経験することが善悪の判断基準を再構成させ、ルールに対する態度を練成させていくのであるが、それに対する保育者の態度として、(12)「共同の遊具や用具を大切にし、みんなで使う。」[26]の解説において、「その時々の状況や幼児の気持ちを無視して、機械的にじゃんけんなどで決めるような安易なやり方ではなく、自分たちの生活を豊かにしていくために、自

分の要求と友達の要求に折り合いをつけたり、自分の要求を修正したりする必要があることを理解させていくことが大切である。」[27]と、安易にじゃんけんという方法を選ぶのではなく、幼児の理解を重視し自己解決する方法を示し、後者が望ましいと述べている。まとめると、（1）幼児は善悪の判断基準の枠を大人の反応を通して確認していく、（2）遊びの中でルールに関わる経験をし、ルールを可変のものと理解し善悪の判断基準を再構成していく、（3）幼児の葛藤場面に対して、保育者の解決方法は幾つかあり、その中から教育的配慮によって一つの解決方法を選択する、という3項目が、幼稚園教育要領において「公正さ」に関わって述べられていることである。ここでは、規範意識、遵法精神だけではなく、自分と友達の要求に折り合いをつけるという表現があり、保育における「公正さ」においては、規範意識だけではないことが窺える。

平成13年に文部科学省より刊行された『幼稚園における道徳性の芽生えを培うための事例集』[28]は、改訂以前の幼稚園教育要領に基づいた考え方であるが、第2章第3節「人とのかかわりを通して学ぶ」において、八つの小節の一つとして、「遊びの中で公正さを学ぶ」[29]と、明確に「公正さ」を文言としてとりあげている。ここでは、スポーツ、ゲームや遊びのルールの中で不公平を改善するという視点で「公正さ」を取り扱っている。基本的な教師（保育者）のかかわりは、子ども同士の不公平な人間関係も発達の一段階として捉え、幼児たち自身で気付くよう見守るのであるが、時には強力に介入する必要があると述べている。ここでは、「公正さ」は幼児期に培うべき道徳性と考えられ、教師の指導を必要としている。

このように、保育内容において「公正さ」が示されているが、たとえば現在の幼稚園教育要領に書かれている「互いに主張し、折り合いをつける体験を」すること、じゃんけんなどの解決方法を体験することなどが、規範意識ではなくどのような「公正さ」を養うことになるのであろうか。前述したように、このような「公正さ」については、日本的な「公正さ」として、文化

的文脈からの分析が必要であるということが、本研究の問題の所在である。

(2) 幼児期の「公正さ」―臨床調査から

『幼稚園における道徳性の芽生えを培うための事例集』では、幼児は遊びのルールにおいて不公正さを学ぶと述べている。それに加えてここでは、予備的調査ではあるが、幼稚園の年長児における分配の理由付けから、幼児が示す「公正さ」の一例を示し、保育内容における「公正さ」が、幼児教育において問題とすべき保育課題であることを示しておきたい。

著者らによる「幼児の分配行動に関する調査手続きの検討―予備調査の実施過程からの考察―」[30]では、幼稚園年長児、平均月齢6歳5カ月の幼児18名を対象に、2つの基本的分配課題と、異なる状況（身体大小要因・空腹要因・好き嫌いの要因・貢献度要因・自己不利益要因）における疑似お菓子の分配行動と理由づけを記録し検討している。これらの調査は、幼児の公正観が変化するさまを発達段階として理論化したデーモン[31]の立場に立ち、渡辺の研究に学びつつ行われた。渡辺の研究では、幾つかの視点から幼児の公正観の発達調査を行い、デーモンの方法論におけるスコアリングマニュアルに記載されていない、日本の子ども独特の感情表現があると指摘している。「『とにかく、同じに分けることがよい』という理由」や「『かわいそうだ』とか『くやしい』といった感情表現がいずれの段階の子どもからも多くみられ」[32]たとし、渡辺は、これらを文化的要因と考えて、日本では個人間の対立を避け情緒的な感情に左右される傾向があるのではないかとしている。

著者らの調査では、幼児は、10個の疑似お菓子をさまざまな状況で分けるように指示される。分け方の理由をインタビューした。身体大小要因では、「小さいから大きくならねばならない」としてたくさん分配したり、今は空腹であるが、「後でお腹空くから」と均等に分配したり、「嫌いでも食べて、好きでもいっぱい食べてはいけないから」と規範に基づいての均等分配を主張したり、お手伝いをしない子どもでも「次やるかも」と将来への見通しを

たてて均等分配をしたり、反対に、「いいことをしてくれる子には、お菓子はいっぱいあげます。わる、お手伝いをしない子には、お菓子1個しかあげません。」と9：1で分配するという報告がされている。幼児なりの公平の理由づけがなされているのである。

　幼児の発語からは、6歳児においてすでにさまざまな公平感をいだいていることが示されている。したがって、この時期に「公正さ」をいかに養うかは、保育内容として重要な課題であると言えるであろう。

3．保育内容における「公正さ」に関する研究の現状
（1）　幼児期の「公正さ」に関する研究

　幼児の「公正さ」に関しての研究は、1980年代よりみられる。公正観について渡辺[33]が幼児・児童の分配活動における公正観の研究を行っている。「分配における公正観の発達」では、4歳から9歳の子どもたちを対象に、デーモンによる公正観の発達段階が、日本の子どもたちに対して妥当なものであるかを検討している。その結果、順序性においては妥当であるが、日本ではデーモンの結果と異なり、同情を伴った均等な分配の段階が多くみられ、反対に個人の能力や貢献度に応じて分配しようとする段階が少ないという特徴がみられると報告している。次に、2004年頃から越中[34]による幼児の分配行動の分析により、攻撃行動に対する幼児の善悪判断、攻撃行動と権威に関する幼児の理解などの研究が行われている。以上のように、幼児の「公正さ」に関わる研究は、主に1980年代の渡辺による幼児の分配行動における公正さと、2000年に入ってからの越中の幼児の善悪判断の研究が主なものである。

　その他、幼児の道徳性に関わる研究では、首藤[35]による個人道徳の発達や鈴木[36]による規範やルールに関する研究があり、橋本[37]や斉藤[38]では、幼児の人間関係における社会性の発達を道徳性の発達ととらえての研究がある。

　一方、保育者の道徳性に関する研究は、橋川・松本[39]が「子どもの"こだわり"に寄り添う保育（2）：トラブル場面にみられる保育者の道徳性と乳

幼児のこだわりとの関係を探る」として、保育者の道徳性に視座をもった研究を2005年に発表している。橋川らは、保育士である小林友子によるトラブル対処法を検証し、三つの特徴を見出した。それは、①乳幼児が自らの手で解決法を探し、②互いに全力を出し切って問題に挑む中から負の気持ちを吐き出し、③仲間のトラブルをしっかりと見守ることで協調性を育む、というものである。この研究は臨床心理学的観点から保育方法にせまる研究と言えるであろう。

また、2011年の越中による「保育士及び幼稚園教諭と小学校教諭の道徳指導観に関する予備的検討」では、幼児期に道徳性や規範意識の芽生えを培う上で配慮すべきことについて、学生・保育士・幼稚園教諭・小学校教諭に自由記述での調査を行ったところ、幼児教育・保育関係者と小学校教育関係者では、道徳指導について意見が異なることが報告されている。小学校との比較を通した保育指導方法の観点からの研究と言えるであろう。

（2）明治期幼児教育に関する研究

日本の幼児教育史研究の動向を概観すると、1960年代は、岡田[40]、宍戸[41]、宮坂[42]による明治時代の幼児教育の掘り起こし的研究が行われ、1969年には日本保育学会による『日本幼児保育史』が編纂されている。1970年代は、日本における幼稚園創設より100年を迎えようとしており、高野[43]を中心としてA. L. ハウの功績をまとめた『エ・エル・ハウ女史と頌栄の歩み』、岡田監修による『明治保育文献』、文部省による『幼稚園教育百年史』、『復刻幼児の教育』が編纂され、基礎資料が充実していった。このころの研究は、野口[44]、小林[45]、下山田[46]によって明治時代の幼児教育に関わった中村正直、飯島半十郎、倉橋惣三などの幼児教育思想についての研究がなされた。

1980年代に入ると、キリスト教保育連盟により『日本キリスト教保育百年史』が編纂された。湯川[47]、阿久根[48]、大林[49]らによって西洋幼児教育思想

の受容に関する研究が始められ、西垣[50]はハウおよび頌栄幼稚園に関する研究を進めている。森上[51]、稲田[52]、金本[53]は東基吉に関して音楽教育など保育内容の研究を行っている。復刻された『婦人と子ども』を資料に、太田[54]は幼稚園論争、久山[55]は子どもの絵に関する史的研究を行っている。このように、1980年代は70年代に整えられた資料を基に、領域別の保育内容に関する研究が多いことが特徴と考えられる。

　1990年代に入ると、東京女子師範学校附属幼稚園に関する研究では、湯川がその成立史、國吉[56]がキリスト教との関係の研究を行っている。愛珠幼稚園の資料を基に行われた研究は、福原[57]による主に遊戯唱歌に関する保育内容、原・黒坂[58]および永井[59]による保育環境、桜井[60]による自由保育と保育者の自治の研究がある。幼児教育者の思想に関する研究は、倉橋惣三については桑原[61]、狐塚[62]、和田実については日吉[63]、古橋[64]、茗井[65]、辛[66]、中村正直について小川が研究している。音楽教育に関する研究は、永田[67]による『京阪神聯合保育会雑誌』を資料としたもの、名須川[68]による戸倉ハルの遊戯に関する研究、秋山[69]による東京女子師範学校の保育を資料にしたものがある。アメリカの幼児教育の影響およびキリスト教保育に関しては、内藤[70]が研究を行っている。保育材料等に関しては、村川[71]の絵雑誌、笠間[72]の砂場の研究がある。幼稚園政策について是沢[73]が研究を行っている。神山と神里[74]は沖縄の保育についての研究を行っている。以上、多様な研究が行われたが、幼児教育思想としては、和田に関する研究が多いことが特徴と言える。西洋幼児教育思想との関係では、受容という視点とは別に影響という視点が生じていることも注目される。また、保育内容に関しては、音楽教育が引き続き研究対象となることが多い。また児童文化の領域に含まれる研究が始まっていることに、幼児教育史研究の深まりが見て取れる。

　2000年代は、東京女子師範学校附属幼稚園に関しては、小川が中村五六について、古市が音楽教育から、清水[75]が鹿児島女子師範学校附属幼稚園との関係から、また豊田芙雄の講義ノートから、牧野[76]が造形教育からの研究を

行っている。愛珠幼稚園に関しては、福原が研究を続けるとともに、田中[77]が保姆養成に関して研究を行い、古市[78]が資料をまとめ、山岸[79]、西小路[80]が大阪における明治期の幼児教育の視点から研究を行っている。幼児教育者の思想に関しては、引き続き小川が中村正直および飯島半十郎、辛、花折[81]、大谷[82]が和田実、柿岡[83]が東基吉、松本[84]が野口幽香について研究を行っている。キリスト教保育については、滝田[85]がハウの音楽教育、橋川[86]がハウの思想とキリスト教主義について研究を行っている。保育内容としては、若山[87]らによる言語教育、佐々木[88]による幼年文学、名須川ら[89]による保育時間割、小久保[90]によるボール遊びに関する研究がある。幼児教育施策については、田中[91]の京阪神三市聯合保育会による保姆の資格に関する建議についての研究、近藤[92]の就学年齢に関する研究がある。地方の幼児教育に関する研究では、山崎[93]によるいわき地方の幼児教育史、喜舎場[94]による沖縄県の幼児教育史、前村[95]による鹿児島女子師範学校附属幼稚園、青山[96]による愛知県の幼児教育に関する研究がある。幼稚園教育ととりまく文化を含む情況に関しては、帆苅[97]による幼児教育と家庭教育・学校教育との関係、湯川[98]によるフレーベル会の結成の研究がある。

　以上から2000年代は、地方における幼児教育史の発掘が始まっていることが、大きな特徴と考えられるであろう。また、保育内容では、言語・造形・ボール遊びなどより詳細な保育内容の研究が行われている。

　最後に、明治期の幼児教育における修身の歴史的変遷についての研究について述べたい。冨崎[99]による「幼稚園における道徳教育：明治期における修身教育を中心として（児童学科編）」、拙著[100]「明治時代の幼稚園教育における道徳教育―修身話を中心に―」および「修身教科書『民家童蒙解』が示す欧米化の一様相」がみられるのみである。前者は明治初期から明治後期における倉橋に至るまでの幼児教育論や保育課程、規則などを概観し、修身教育の変遷を述べている。後者は、明治期の学校教育における道徳教育の変遷と幼児教育における修身話との関係をまとめた研究、青木輔清による『民家童

蒙解』が示す道徳観の混乱を明らかにした研究である。

このように、2000年代に入ってより詳細な保育内容に関わる歴史研究がなされるようになったが、現在の領域で表すならば、領域人間関係に関わる保育内容に関する研究は、人格形成の中心となる領域であるにも関わらず、計量的に示すことが難しいからか研究が少ない。

第2節　研究の目的と方法

1．研究目的

　本研究は、保育内容としての「公正さ」を、歴史的文脈の中で分析しようとするものである。「公正さ」に関する渡辺や越中の研究が示すように、幼児期に「公正さ」は発達するものである。そこには渡辺が示唆したように、日本的な特徴があると思われる。渡辺は、その特徴を分配行動の理由として同情が貢献度よりも多くみられたとしている。このような日本的な特徴が、保育内容としてはどのような様相を見せているのかは、「生涯にわたる人格形成の基礎を培う」保育を行う上で明らかにせねばならない課題であろう。そのためには、本研究が試みようとしているように、文化的特徴を明らかにする歴史的研究を行う必要がある。その面では、本研究は、幼児教育史における保育内容研究の知見を深めるものとして位置づけられるであろう。また、「公正さ」の育成に関する独自の分析という面からは、幼児期の道徳教育方法に関する試論とも言える。

　一方、現代の保育内容における「公正さ」に対して示唆を与える実践的な研究でもある。保育者が子どもたちのいざこざを解決する場合の、解決方法に潜む価値観を示すことができるからである。単に子どもの発達段階に適しているという経験知から対応するのではなく、様々な解決方法には異なる善悪の価値観があり、それを保育者は子どもに伝えている。道徳性と一言でまとめられている概念の中、所属する集団の中で個々の協調性を養っているの

か、所属する集団の中で個人として自立し集団を形成しようとする独立性を養っているのか、今何を養いたいのかを保育者は自覚せねばならない。そのうえで、人との関わりに関する幼児期の教育課程、指導計画が立案されれば、「公正さ」を養うねらいをもった活動計画を立てたり、日々の保育者の関わり方も自覚されたものとなるだろう。

次に、本研究が明治後期の保育内容を中心として考察を行う理由について述べておきたい。明治後期は、日清・日露戦争での勝利に象徴されるように、経済的軍事的に日本が近代国家として充実してきた時期である。教育史においては、儒教思想に基づく身分による社会構造が長く続いた江戸時代の後、民主主義などの欧米の思想が流入し修身教科書においても翻訳書が中心となった明治初期、再び儒教思想に基づいた道徳を復興させようとする動きが起こり、教育勅語が煥発された明治中期を過ぎ、国家主義思想が学校教育に浸透して、修身が教育の中心として重視され始めた時期である。「公正さ」の視点からみれば、明治初期は、初めて民主主義思想に基づく新しい公正概念が流入し、不消化のまま教育制度や教育内容に取り込んでいった時期と考えられる。中期になると、民主主義思想に基づく公正概念は、自由民権運動が広まり大日本帝国憲法が制定されたというような社会現象にみられるように、徐々に多くの人々に理解されるようになっていったと考えられる。同時に、この動きに反発して儒教思想に基づく公正概念を日本社会の基礎としようとする動きも強まり、後期には天皇を頂点とする国家主義思想が学校教育を通して浸透していく。このように明治期の思潮は、欧米から流入した民主主義に基づく公正概念が、日本的公正概念へと変容を示す時期である。

明治45年には国公私立幼稚園数は500園を超え、幼稚園教育が徐々に普及し保育が充実していった時期である。明治後期を研究対象とする意義は、保育が西洋の形式的受容ではなく、日本に定着した時期の保育であり、公正さが顕著な特徴を示すと推察できることにある。

以上のような根拠により、本研究は、明治後期に書かれた保育者による記

録等、（1）愛珠幼稚園の保育案および保育実践記録、（2）東京女子高等師範学校附属幼稚園の保育記録、（3）『京阪神聯合保育会雑誌』記載の保育者による討論記事、（4）『婦人と子ども』記載の保育者執筆の記事を、著者独自の「公正さ」の視点より分析し、当時の保育実践における「公正さ」の特徴を明らかにする。その考察結果より、現在の保育においても、日本的特徴を意識して「公正さ」を養う保育を行う必要性が見いだされた。そこで、「公正さ」を育成する保育について示唆することも目的とした。

2．本研究における「公正さ」の分析の視点

　本研究で用いる「公正さ」は、保育現場で行われている善悪の価値判断に基づく子どもへの指導における保育者の価値観と行為とを包括的に取り扱おうとしたときに選択された言葉である。教育現場、特に保育現場では、価値の伝達は言葉による伝達ではなく保育者の行為そのものから伝わり、幼児は自己の価値観を形成していく。そのため、善悪の価値判断と態度とを包括して表す「公正さ」という言葉が必要であった。以下に、本研究における「公正さ」の定義を述べていきたい。

（1）「公正さ」の語義による定義

　本研究では、日本の保育内容における「公正さ」について考察する。西洋思想におけるフェアネスに関わる「公正さ」の影響も、日本古来の「公正さ」に関わる思惟の影響も視野に入る。したがって、より普遍的で簡潔な定義が必要となった。そこで、「公正さ」の語義より本研究の「公正さ」を定義した。

　本研究における「公正さ」は、「公正」の幾つかの語義のうち「不正・ごまかしがないこと」という意味を用い、接尾語の「さ」によって状態という意味を加えた「不正やごまかしがない状態」と定義した。

　まず、「公正」について説明を加える。『日本語大辞典』（講談社）によれ

ば、「公正」は「かたよらず・正しいこと・さま justice」であり、公平は「えこひいきのないこと・さま。全部のものを同じように平等に扱うこと・さま impartiality」と定義されている。類似した語であり、英訳と和訳の間において、多くの辞典で公正と公平が並列されている。しかし、日本語の公正と公平の違いは、『大辞泉』（小学館）によれば用法において明らかとなる。つまり、「公平は『おやつを公平に分配する』『公平無私』など、物事を偏らないようにすること」に重点があるのに対し、「公正は『公正な商取引を目指す』のように、不正・ごまかしがないことを主にいう。」したがって、「『受験のチャンスは公平に与えられる』では公平が適切であり、『行政は常に公正でなくてはならない』では公正が適切である。」となる。このように公正と公平は、日本語において厳密に言えば、意味が異なる。本研究では、「不正・ごまかしがないこと」という意味に焦点をあてて、「公正」を取り扱っていく。

　また、『岩波哲学・思想事典』には、日本における公私観が記載されており、本研究においては、それらも「公正さ」に含まれると考える。儒教思想における「公」と「私」を軸とした「公正」観であり、荻生徂徠に丸山真男が注目してから近代思想成立の主題となった概念とされている。

　次に、「公正さ」の「さ」は、『広辞苑』によれば、「形容詞の語幹等について、その程度、状態を表す名詞を作る」とされている。本研究で言えば、保育内容における幼児の「公正」な態度を表すこととなる。

（2）「公正さ」の分析の視点

　前述した定義から「公正さ」の分析として、①人の認識、②事態の把握、③解決方法の3つの視点が導き出される。以下に詳しく述べていきたい。

① 人の認識

　「公正さ」の定義とした「不正やごまかしがない態度」とは人の態度であり、「公正さ」を分析する場合、まずどのように人を認識しているかという

視点が導き出される。

　人の認識については、「公正さ」の文化的背景について述べたように、西洋思想に基づくフェアネスによる人の認識は、人は自由に判断する権利をもつ人格的個人と認識される。武田は、「従来の『全体』（家・部落共同体・国家など）としての人間観を克服し、そこから解放されて、一個の独立した自由な人格的主体としての人間となる」[101]と、キリスト教と日本人との出逢いを描いている。それと対照して、従来の人間観を武田は、「日本社会に根をはった『旧い人間関係』」とし、「その旧い人間関係とは、『家』としても、『部落共同体』としても、更には国家としても、長（父）を頂点とするピラミッド型のヒエラルキーを構成し、共同体の構成員が常に共同体の「長」であるところの「父」という絶対的権威者の無規制的支配を受け、その権威に対して絶対的恭順を要求されるという関係である。」[102]と描く。

　次に、辻本雅史よる日本における伝統的公私観についてみてみよう。辻本によれば、「公」は共同的公共的であることと首長であることが基本特性であり、共同体の重層からなる日本社会では、より上位の共同体を「公」と意識する。そのため、公私関係は共同体の上下関係としてとらえられ、公私は上下の関係に応じて転移する相対的概念となったという事である。この公私観から「公正さ」を照射すると、善悪の判断基準が上下関係によって変化するという事である。より上の者の「私」は、下の者の「公」となるという関係は、より上の者の判断が「公に正しいこと」とされる関係である。日本の伝統的公私観では、人間関係に基づいて善悪の判断が行われると考えられる。

　以上のように、「公正さ」の分析の視点としての「人の認識」とは、人を自由に善悪の判断を行う個人として認識しているか、あるいはさまざまなレベルの疑似家族的共同体に所属し人間関係に基づいて善悪の判断を行う人として認識しているかである。

② 事態の把握

「不正やごまかしがない態度」とは人が何かを判断する際の態度であるので、「公正さ」を分析する場合に当てはめると、一つの状況をどのような問題があると判断するかという視点が導き出される。言いかえれば、一つの状況を判断する際の軸が何であるかである。

たとえば、江戸初期に中江藤樹が、女性を対象に書いた養育書『鑑草』[103]において述べられている事態の把握をみてみよう。女性の孝行について述べている「巻之一序、孝逆之報」を例にすれば、序において、世間の福（さいわい）のもとは明徳仏性とし、現世において明徳仏性の修行をすれば、後生に極楽にいけるとする。中江藤樹が述べる福は、一人の人間としての福であり、第1は子孫繁栄、第2は長寿、第3は富貴となっている。明徳仏性の修行の第一は孝行であり、女性の孝行は、夫の家をわが家として、夫の父母をわが父母と思って孝行することであると述べている。ここでは、人の幸せは家を軸として語られていると言えるであろう。

一方で、母親が子どもを教えることについて述べた「巻之四教子報」では、別の軸が示される。教子について、藤樹は「子に道ををしへて、その明徳仏性を明らかにさせる事なり。」[104]と説明している。子どもの明徳が明らかになると、生きている間は忠養のむくいをうけ、死んだ後は生天の福（さいわい）を受ける。その忠養を藤樹は、貧しくとも親に尽くすことがまめやかであると親の心は安楽であり、対比して、富貴であっても親へまめやかに尽くしていなければ親の心は安んじることはないという。巻之四では、人の幸せは心の安楽を軸として語られていると言える。これらの例は「公正さ」についてではないが、人のしあわせについて、軸として家と心の安楽が示されている。

本研究における「公正さ」の分析の視点としての「事態の把握」は、それぞれの分析資料において、どのような問題があるとするかの軸を見出すことである。

③　解決方法

「不正やごまかしがない態度」という定義の「態度」に焦点をあてれば、「公正さ」を分析する場合、どのような態度をとったかという視点が導き出される。そこで、トラブル状態に対しての具合的解決方法を分析することとなる。

たとえば、日本で最初の教育書とされる貝原益軒の『和俗童子訓』[105]における解決方法をみてみよう。葛藤場面での対処のしかたを述べている部分は、「人に諫められたら」や「人に叱られたら」にみられる。「人の諫めをきいたならばよろこんでそれをうけねばならぬ。けっして怒ったり、そむいたりしてはいけない。・・中略・・諫めることが理にたがっていても、そむいてあらそってはいけない。」[106]としたり、「子や孫が若い時に、父祖や目上のものからとがめられたり、怒られたりしたら、父祖の言葉の善悪にかかわらず謹慎して聞かねばならぬ。・・中略・・自分のほうに道理があるのだといって父兄の心にそむいてはならぬ。ただただだまって叱られるがよい。これが子弟の父兄に仕える礼である。父兄がもし人の言葉を聞き間違えて、無理なことで子弟を叱っても子どもは怒ってはいけない。恨んだり反抗したりする表情をみせてはいけない。」[107]とあるように、孝が第一とされ、感情的に怒ることを抑えるようにいう。「父母には和気を」において、「怒りをおさえて忍ばないといけない。忍ぶというのは、こらえることである。ことに父母・目上の者に対して少しも心に怒りや恨みをもってはならぬ。・・中略・・内に和気があれば顔色も目つきもおだやかになる。・・中略・・子たるものは父母に対して和気を失ってはならない。」[108]とし、葛藤場面でもおだやかな心を保つことがよいこと、徳があることであるとする。

『和俗童子訓』での葛藤場面における対処法の特徴は、解決方法が状況の改善を目指すものではなく、状況を道徳的にとらえて、事態を険悪なものにせず和の雰囲気の中で、目下のものが「こらえる」ことによる解決である。善は理であり義として表れる。それが「公正さ」であるから、葛藤場面において自分の感情より孝を優先することが「公正」である。つまり、義に基づ

く「公正さ」では、個人の倫理的向上に主眼がおかれ、葛藤場面を引き起こした状況はあるべきものではない、あるいは状況の改善は個人の倫理的向上により解決すると考えられると思われる。このような見解は、アイゼンシュタット[109]による日本の紛争と紛争解決の特徴と合致する。

　これらの解決方法の他に、丸山が歴史意識の原型論において述べていることが保育内容における「公正さ」の日本的解決方法に該当すると思われる。それは、執拗低音として続く個性として述べている「なりゆき」と「いきほひ」である。「歴史的現実や状況はわれわれが起こすというよりは、われわれの外にあるどこからか起ってくるものであり、如何ともすべからざる勢いの作用である」[110]と考え、「なりゆきに任せる態度」[111]がとられやすいとしている。保育内容においては、たとえば物の取り合いの場合、じゃんけんという偶然に頼る解決が該当すると考えられる。

　「公正さ」の分析の視点として、「解決方法」では何を公正として解決したかを分析する。そこで、例として述べたように、（1）トラブルはあってはいけないもので、常に秩序を保つことを公正として保育者が対応しているのか、（2）集団や権威に従って我慢することを公正として、倫理的向上が解決方法となるのか、（3）幼児が自己の考えに従って行動することを公正として、自己決定を促すのか、（4）誰も責任をとる必要のない偶然にまかせた解決を図るのかという様相を描き出し、「公正さ」について考察を加えたい。

3．研究対象
（1）　幼稚園に保管された保育記録等
① 　愛珠幼稚園の保育記録

　愛珠幼稚園は、1880（明治13）年に大阪において町立の幼稚園として設立された。設立当時の資料が現在も多く残されている。東京女子師範学校附属幼稚園から保育を学んだが、全く同様の保育ではなく、保育科目が異なって

いたり日本古来の遊具を用いたり唱歌を独自に選定するなどの工夫がみられる。使用した『愛珠幼稚園志留辨』・「書籍目録」は、すべて大阪教育センター愛珠文庫所蔵である。

　『保育日記』は、1897（明治30）年〜1899（明治32）年の三ノ組、1904（明治37）年度第一ノ部・第六ノ部、1905（明治38）年度第一ノ部・第六ノ部が残されている。本研究では、1年間の記録として、1898（明治31）年度、1904（明治37）年度の保育日記をとりあげた。『保育要目草案』は、1907（明治40）年前後に作成されたものと考えられる。保育項目別に、各組の年間の保育材料に関し月別に詳細な計画が立てられている。本研究では、大阪教育センター愛珠文庫所蔵の資料を用いた。

② 東京女子高等師範学校附属幼稚園

　『恩物大意』・「保育の栞」は、ともに東京女子師範学校附属幼稚園において、保姆たちが保育にあたり指針としていた、いわば「保育内容論」とも言えるものである。作成年は不詳であるが、「初期のころ」との述懐があるので、1880年代と思われる。本研究では、『恩物大意』はお茶の水図書館所蔵の豊田芙雄（1845—1941）より寄贈の原書を使用した。「保育の栞」は、1930（昭和5）年初版・1980（昭和55）年復刻版『日本幼稚園史』に掲載されているものを用いた。1881・1884（明治14・明治17）年改定の「幼稚園規則」は、前者は大阪教育センター愛珠文庫所蔵、後者は筑波大学図書館所蔵の原書を用いた。

　「保育事項実施程度」（1903）は、1899（明治32）年に制定された「幼稚園保育及設備規程」の保育項目について、その内容の模範を示したものであると思われる。各組の年間の保育項目でとりあげる保育材料が掲載されている。「幼児に適切なる談話の種類及びその教育的価値」（1905）は、談話の目的、種類、教材の年齢別紹介、談話の意義、談話の方法について書かれている。「保育の實際」（1909）は、各組の一年間の保育報告である。本研究では、『婦人と子ども』に掲載されたものを用いた。

（2） 雑誌等に掲載された保育記録等
① 『京阪神聯合保育会雑誌』
　1897（明治30）年に設立された京阪神三市聯合保育会の機関誌であり、年におよそ2回発行されていた。年におよそ3回開催される会合では、保育上の様々な具体的問題を話し合い、また調査を積極的に行っていた。本研究では、大阪教育大学図書館所蔵の原書を用いた。
② 『婦人と子ども』
　1896（明治29）年に創設されたフレーベル会の機関誌であり、1901（明治34）年より月刊誌として発行された。1900年代の『婦人と子ども』は、東京女子師範学校の教授の講義など幼児教育・家庭の育児に関する理論や、アメリカからの報告・新作童話・短歌などが掲載され、保育者への情報提供という機能が大きい。1910年代になると、「保育の実際」など保育者の書いた記事が掲載されるようになる。本研究では、1979（昭和54）年刊行の復刻版を用いた。

第3節　本論文の構成

　本論文は、序章、1章～4章、終章よりなっている。序章では研究の目的と方法を述べ、1章では明治期の教育の教育界における「公正さ」を概観し、2章では幼稚園の保育記録にみられる「公正さ」、3章では保育雑誌などにみられる「公正さ」、4章ではキリスト教保育にみられる「公正さ」を分析した。最後に終章では、保育内容における日本的「公正さ」の特徴をまとめ、現在の保育活動への示唆を述べた。
　序章では、研究の目的と分析方法、関連する研究の現状等について述べた。第1節1で、研究の文化的背景として、西洋におけるフェアネス概念の発生とその特徴を明らかにし、フェアネス概念に対照する日本的「公正さ」

について述べた。第1節2では、現在の幼稚園教育における「公正さ」を概観して保育内容における「公正さ」がどのように考えられているかを確認し、次に幼児期に「公正さ」が発達することを、6歳児の分配行動を通した公正概念の調査報告から確認した。第1節3では、幼児期の「公正さ」に関する研究、明治期幼児教育に関する研究の動向について述べた。第2節1では、本研究の目的を述べた。本研究では、保育内容における「公正さ」に日本的特徴があると仮定している。したがって、保育内容における「公正さ」を文化的歴史的文脈でとらえる必要があると考えた。そこで、儒教的思想が「公正さ」の基準であった江戸時代が終わり、西洋的思想を受容し近代国家として日本が国家主義という特徴を表した明治後期を研究の対象とした。その時期に幼稚園が普及し始め、保育内容においても日本独自の保育を考案するようになったからである。保育内容における「公正さ」を著者独自の視点で分析し、日本的特徴の様相を明らかすることが本研究の目的である。その結果から現在の保育においても、日本的特徴を意識して「公正さ」を養う保育を行う必要性が見いだされた。そこで、「公正さ」を養う保育活動について示唆することも目的とした。第2節2では、「公正さ」の本研究における定義を示し、それに基づいて、「公正さ」を分析する3つの視点を述べた。それらは、①人の認識、②事態の把握、③解決方法である。第2節3では、資料の出典などについて述べた。第3節は本論の構成について述べた。

第1章では、明治初期から後期に至るまでの教育界全般から、その時期を特徴的に表す資料を選択し、「公正さ」の特徴を述べ、第2章への大きな流れを概観できるようにした。第1節は、明治初期・翻訳修身書における倫理観の受容と限界について、福沢諭吉の『童蒙教え草』と青木輔清の『民家童蒙解』を資料とした。第2節は、明治中期の多様性を表すものとして、元田永孚の『幼学綱要』、植木枝盛の『育幼論』、飯島半十郎の『幼稚園初歩』を資料とした。

第2章では、幼稚園の保育記録にみられる「公正さ」について、愛珠幼稚

園と東京女子師範学校附属幼稚園の資料を用いて、「公正さ」を分析した。第1節は、愛珠幼稚園の資料を分析した。『愛珠幼稚園志留辨』と『書籍目録簿』では明治10年代の特徴、明治31年『保育日記』と明治40年頃と思われる『保育要目草案』とそれぞれの時代の「公正さ」の特徴を明らかにした。第2節では、東京女子師範学校附属幼稚園の資料を分析した。『恩物大意』、『保育の栞』では、明治10年代の特徴を明らかにした。「幼稚園規則」では、明治17年における特徴を明らかにした。「保育事項実施程度」では、明治36年、「幼児に適切なる談話の種類およびその教育的価値」は明治38年、「保育の実際」は明治42年のそれぞれの「公正さ」における特徴を述べた。

第3章では、明治期の保育関係の雑誌に掲載された保育者執筆の記事において、保育について書かれているものを選択し、それらの「公正さ」を分析した。第1節では『京阪神聯合保育会雑誌』、第2節では『婦人と子ども』を資料とした。京阪神三市聯合保育会の会合記録の中で「公正さ」に関わる記事について内容を分析し、その先進性と国家主義との相克という特徴を明らかにした。『婦人と子ども』には、13人におよぶ保育者によって執筆された「保育の実際」という記事がある。それぞれの保育者が示す「公正さ」を分析し、その結果、明治後期における相反する主張が明らかとなった。

第4章では、明治中後期より日本の各地で展開され始めたキリスト教保育を表すものとして神戸の頌栄幼稚園をとりあげた。そこで保育を行っていたハウによる『保育学初歩』と、ハウと和久山の『保育法講義録』を資料とした。

終章では、前章までの保育内容における「公正さ」についてまとめ、日本的「公正さ」の特徴を明らかにした。その特徴から、正しさを志向する意志をもち集団を形成する主体としての幼児を育てるための保育実践を示唆した。第1節では、明治後期の保育内容としての「公正さ」の分析結果を整理した。そこから日本的「公正さ」の特徴として、集団目的への自発的適応と他人に対する感情理解という2つの特徴を見いだした。第2節では、それら

の日本的特徴から、正しさを志向する意志をもち集団を形成する主体としての幼児を育てるために、保育に2～3人による小グループ活動、正しさを志向する意欲を促す保育者の問いかけについて示唆を行った。

注

1　文部科学省『幼稚園教育要領解説』、2010、p.90。
　　http://www.mext.go.jp/a_menu/shotou/new-cs/youryou/youkaisetsu.pdf。
2　アリストテレス著、高田三郎訳『ニコマコス倫理学』岩波文庫、1971。
3　自由主義者とされるロールズによる"Justice as Fairness"（2001 The President and Fellows of Harvard College, Second Edition）では、社会と契約する個人に条件を課することで「公正さ」が保障されるとした。これに対し、自由至上主義者とされるノージックによる主張は、『アナーキー・国家・ユートピア』（島津格訳1998木鐸社）における「夜警国家」という言葉に端的に表されるように、個人に「他人の生活を悪化させない範囲内」での最大限の自由を与えることで、国家の中で「公正さ」が保障されると考えた。ロールズにおいては、社会を形成するためにある条件下で契約する個人がおり、ノージックにおいては、アナーキーな状態から国家を形成する自由を保障された個人がいる。アメリカにおける「正義論」論争では、前提として社会に対峙する独立した個人が存在すると考えられる。
4　'Simpson, J.A. Weiner, E.S.C. 1989 *The Oxford English Dictionary, Second Edition, Volume V* Clarendon Press p.671 9. Of character, conduct, reputation: Free from moral stain, spotless, unblemished.
5　Ibid., p.671 10. a. Of conduct, action, arguments, methods: Free from bias, fraud, legitimate. Hence of persons: Equitable; not taking undue advantage; disposed to concede every reasonable claim. Of objects: That may be legitimately aimed at; often in fair game.
6　ibid., p.671 10.b. Of conditions, position, etc.: Affording an equal chance of success; not unduly favourable or adverse to either side
7　ibid., p.675 3. Equitableness, fair dealing, honesty, impartiality, uprightness.
8　グレーヴィチ，アーロン著、川端香男里・栗原成郎訳『中世文化のカテゴリー』岩波書店、1992、p.238。
9　同上書、p.431。

10　同上書、p.432。
11　ルークス，S. プラムナッツ，J. 著、田中治男訳『個人主義と自由主義』平凡社、1987、p.23。
　　新約聖書の福音書群の「わたしの兄弟であるこの最も小さい者にしたのは、わたしにしてくれたことなのである。」(マタイによる福音書第25章40節)を、ルークスは「個人的人間存在の至高かつ内在的な価値という究極の道徳的原理」の明記と解釈している。この福音の言葉には「個人」の価値とともに、あらゆる人間への奉仕すなわち人類への奉仕を読み取ることができる。
12　グレーヴィチ、前掲書、p.275。
13　同上書、p.282。
14　アイゼンシュタット，S. = N. 著、梅津順一・柏岡富英訳『日本比較文明論的考察 1・2』岩波書店、2004・2006、1 巻、p.187。
15　同上書、p.188
16　安部崇慶『芸道の教育』ナカニシヤ出版、1997、p.45。
　　5つの特徴のうち①〜③は以下のようである。
　　①　頂点に最高深秘なるものを会得した人物がおり、それぞれに芸道血脈あるいは法脈の正統とされていること。その階層はピラミッド型である。
　　②　階層を上昇するためには、かならず一定の技能修得並びに修業年限が必要である。その最終認定権は、頂点に立つ人物が有し、試験をもってこれを認定する。
　　③　技能修得のための教授は、その教授者が有する技能段階の一ランク下あるいは同ランクの内容を限定とする。
17　同上書、p.14
18　新渡戸稲造著『Bushido, the Soul of Japan』1897：奈良本辰也訳『英語と日本語で読む武士道』三笠書房、2009、p.19。
19　同 上 書、p.23。「Fair play in fight! What fertile germs of morality lie in this primitive sense of savagery and childhood.」
20　同上書、p.36。
21　山崎正和『文明としての教育』新潮社、2007、p.170。
22　文部科学省『幼稚園教育要領解説』2010。
　　http://www.mext.go.jp/a_menu/shotou/new-cs/youryou/youkaisetsu.pdf。
23　同上書、p.88。
24　同上書、p.90。

25　同上書、p.91。
26　同上書、p.91。
27　同上書、p.92。
28　文部科学省『幼稚園における道徳性の芽生えを培うために事例集』ひかりのくに、2001。
29　同上書、p.43。
30　二見素雅子・山名裕子・戸田有一・橋本祐子、卜田真一郎・玉置哲淳「幼児の分配行動に関する調査手続きの検討―予備調査の実施過程からの考察―」『エデュケア23、pp.17-28、2003。
31　Damon, W. 1975 *Eary conseptions of positive justice as related to the development of logical operations.* Child Development, 46 pp.301-312.
32　渡辺弥生「幼児における仲間との相互作用が公正観の発達に及ぼす影響について」『筑波大学心理学研究』10、pp.157-164、1988。
33　渡辺弥生『幼児・児童における分配の公正さに関する研究』風間書房、1992。
34　越中康治・前田健一「被分配者の努力要因が幼児の分配行動に及ぼす影響」『広島大学心理学研究』4、pp.103-113、2004。

「制裁としての攻撃の正当性に関する幼児の認知（2）」『広島大学心理学研究』4、pp.115-128、2004。

越中康治「幼児の分配行動に及ぼす被分配者の努力・能力要因の影響」『広島大学心理学研究』5、pp.177-185、2005。

「仮想場面における挑発、報復、制裁としての攻撃に対する幼児の道徳的判断」『教育心理学研究』53（4）、pp.479-490、2005。

「攻撃行動に対する幼児の善悪判断の発達的変化」『広島大学大学院研究科紀要　第三部　教育人間科学関連領域』55、pp.227-235、2006。

「制裁としての攻撃に対する幼児の善悪判断に及ぼす損害の回復可能性の影響」『広島大学大学院研究科紀要　第三部　教育人間科学関連領域』55、pp.237-243、2006。

「攻撃行動に対する幼児の善悪判断に及ぼす社会的文脈の影響；社会的領域理論の観点から」『教育心理学研究』55（2）、pp.219-230、2007。

「保育士及び幼稚園教諭と小学校教諭の道徳指導観に関する予備的検討」『宮城教育大学紀要』46、pp.203-211、2011。
35　首藤敏元「社会的規則に対する子どもの価値判断の発達」科研基盤研究（C）、1995-1996。

「児童の社会道徳的判断の発達」『埼玉大学紀要 〔教育学部〕 教育科学』48（1—1）、1999、pp.75-88。

「子どもの社会道徳的判断における大人の権威の受容、拒否と自己決定」科研基盤研究（C）、1997-1999。

首藤敏元・二宮克美「幼児の社会道徳的逸脱に対する教師の働きかけ方」『埼玉大学紀要』51号（2）、2002、pp.17-23。

36　鈴木敦子「幼児の道徳的規範　社会的ルールの発達：文脈依存的表現の調整という視点から」『東京大学大学院教育学研究科紀要』36、pp.361-367、1996。

37　橋本祐子「社会道徳的発達に関する研究の教育実践への適用——認知発達的アプローチを中心に— 1 —」『聖和大学論集』19、pp.123-130、1991。

38　斉藤浩一「道徳教育への心理療法からのアプローチ（4）：来談者中心療法の「共感的理解」を中心に」『高知大学学術研究報告　人文科学』48、pp.217-224、1997。

39　橋川喜美代、松本なるみ「子どもの"こだわり"に寄り添う保育（2）トラブル場面に見られる保育者の道徳性と乳幼児のこだわりとの関係を探る」『鳴門教育大学紀要』20、pp.27-36、2005。

40　岡田正章「明治初期の幼児教育の実態とその特性」『日本教育学会大会研究発表要項』17、p.31、1958。

「明治初年の幼児教育論」『日本教育学会大会研究発表要項』21、pp.182-183、1962。

41　宍戸健夫「明治後期における幼児教育構造についての一考察」『愛知県立女子大学・愛知県立女子短期大学紀要　人文・社会・自然』12、pp.151-163、1961。

42　宮坂広作「明治後期における幼児教育の諸断面；近代日本幼児教育ノート（1）」『論集』1、東洋英和女学院短期大学、pp.57-75、1962。

「明治後期における幼児教育の諸断面；近代日本幼児教育ノート（2）」『論集』2、東洋英和女学院短期大学、pp.31-59、1963。

「明治後期における幼児教育の諸断面；近代日本幼児教育ノート（3）」『論集』3、東洋英和女学院短期大学、pp.29-47、1964。

43　高野勝夫『エ・エル・ハウ女子と頌栄の歩み』頌栄短期大学、1973。

高野勝夫・二星啓子「A・L・ハウ女史の著作出版活動：日本保育史初期への貢献」『日本保育学会大会発表論文抄録』(27)、pp.9-10、1974。

高野勝夫・中野静「エ・エル・ハウ女史の日本保育史への貢献：幼児音楽開拓者として」『日本保育学会大会発表論文抄録』(28)、pp.103-104、1975。

44　野口伐名「明治幼児教育史に関する一考察；中村正直の幼児教育観」『弘前大学

教育学部紀要 A』33、pp.25-38、1975。

45　小林恵子「『幼稚園初歩』を著わした飯島半十郎について」『日本保育学会大会研究論文集』30、p.112、1977。

　　「飯島半十郎の生涯とその思想（その一）：『幼稚園初歩』の著者（人でつづる保育史）」『幼児の教育』76（9）、pp.40-45、1977。

　　「飯島半十郎の生涯とその思想（その二）：『幼稚園初歩』の著者（人でつづる保育史）」『幼児の教育』76（10）、pp.16-22、1977。

　　「飯島半十郎の生涯とその思想（その三）：『幼稚園初歩』の著者（人でつづる保育史）」『幼児の教育』76（11）、pp.8-14、1977。

46　下山田裕彦「倉橋惣三の保育理論研究：特に社会的性格をめぐって」『日本保育学会大会研究論文集』28、pp.97-98、1975。

　　「倉橋惣三の保育理論研究：その限界と継承をめぐって」『日本保育学会大会研究論文集』29、p.27、1976。

　　「倉橋惣三の保育理論研究その3：特に「継承」の問題をめぐって」『日本保育学会大会研究論文集』30、p.168、1977。

　　「倉橋惣三の保育理論研究その4：特に城戸幡太郎の保育理論との対比において」『日本保育学会大会研究論文集』32、pp.40-41、1979。

　　「倉橋惣三の保育思想の研究；その成立・展開・継承をめぐって」『幼児の教育』79（12）、pp.20-29、1980。

　　「比較幼児教育思想の試み（その2）：倉橋惣三と東基吉」『日本保育学会大会研究論文集』43、pp.6-7、1990。

　　「倉橋の遺産の全体像；保育理論の立場より」『日本保育学会大会研究論文集』50、p.61、1997。

47　湯川嘉津美「明治初期における西洋幼児教育の受容過程—明治6年ウィーン万国博を中心にして」『広島大学教育学部紀要　第一部』31、pp.25-35、1982。

　　「明治初期における西洋幼児教育の受容過程—万国博覧会を中心にして」『日本の教育史学』27、p.46-64、1984。

48　阿久根直哉「明治初期における外国教育受容に関する一考察—E．シュタイガーと幼児教育に関連して」『琉球大学教育学部紀要　第一部・第二部』32、pp.145-164、1988。

49　大林正昭、湯川嘉津美「近代日本西洋教育情報の研究—2—明治初期における西洋幼児教育情報の受容」『広島大学教育学部紀要　第一部』34、pp.57-68、1985。

50　西垣光代「A, L, ハウの恩物理解について：その概括的考察」『日本保育学会研究

論文集』36、pp.10-11、1983。

「A, L, ハウの美的教育について」『日本保育学会研究論文集』37、pp.48-49、1984。

「A, L, ハウの宗教教育について」『日本保育学会研究論文集』39、pp.218-219、1986。

51 森上史朗「わが国における保育内容・方法の改革（1）：東基吉の改革論を中心に」『日本女子大学紀要　家政学部』31、pp.1-6、1984。

52 稲田嶺一郎「明治期の就学前唱歌教育—5—東基吉と『幼稚園唱歌』」『美作女子大学・美作女子大学短期大学部紀要』30、pp.19-30、1985。

53 金本佳世「幼児の音楽教材に関する一考察—東基吉の唱歌遊戯論と滝廉太郎、東クメ編『幼稚園唱歌』を中心として」『武蔵野音楽大学研究紀要』20、pp.1-16、1988。

54 太田素子「幼稚園論争と遊びの教育—『婦人と子ども』誌上の論争を中心に」『人間発達研究』7、pp.1-8、1982。

55 久山まさ子「子どもの絵の史的研究（2）：幼児教育ジャーナリズムにみる明治後期」『日本教育学会大会発表要項』48、p.60、1989。

56 國吉栄「東京女子師範学校附属幼稚園創設とキリスト教（Ⅰ）：幼稚園草創期を再検討する試みの一環として」『日本保育学会大会研究論文集』49、pp.20-21、1996。

57 福原昌恵「1880年より1899年に至る愛珠幼稚園における保育内容の変化」『新潟大学教育学部紀要　人文・社会科学編』37（1）、pp.1-17、1995。

「明治年間の愛珠幼稚園書籍所蔵について—遊戯書とその利用を中心に」『舞踏教育学研究』4、pp.18-28、2002。

58 原担、黒坂知帆里「大阪市立愛珠幼稚園の現状に関する若干の考察（1）：設立経緯と現在の使われ方について」『学術講演梗概集 E-1 建築計画Ⅰ、各種建物・地域施設、設計方法、構法計画、人間工学、計画基礎』pp.283-284、1995。

「大阪市立愛珠幼稚園の現状に関する若干の考察（2）：アンケート調査について」『学術講演梗概集 E-1 建築計画Ⅰ、各種建物・地域施設、設計方法、構法計画、人間工学、計画基礎』pp.285-286、1995。

59 永井理恵子「明治後期における大阪市愛珠幼稚園園舎の形態に関する一考察」『学術講演梗概集 F-2 建築歴史・意匠』pp.31-32、1997。

60 桜井智恵子「『京阪神連合保育会雑誌』にみられる子ども観：1920年代における保母たちの『自由保育』と『自治』」『日本保育学会大会研究論文集』49、pp.24-

25、1996。

61 桑原昭徳「倉橋惣三の幼児教育方法論前史―1912（明治45）年『森の幼稚園』まで」『研究論叢　第3部　芸術・体育・教育・心理』42、山口大学教育学部、pp.225-241、1992。

「倉橋惣三の幼児教育方法論（Ⅰ）：『間接教育』論の生成過程」『教育方法学研究：日本教育方法学会紀要』18、pp.151-158、1993。

「倉橋惣三の戸外保育論―1―」『研究論叢　第3部　芸術・体育・教育・心理』44、山口大学教育学部、pp.159-168、1994。

62 狐塚和江「倉橋惣三の初期思想形成―『婦人と子ども』誌の論考を中心に」『教育学研究紀要』45（1）、pp.134-139、1999。

「倉橋惣三の児童保護論（1）倉橋惣三の児童保護論と幼稚園教育」『教育学研究紀要』46、pp.127-132、2000。

「倉橋惣三の児童保護論における教育と保護の統一」『倉敷市立短期大学研究紀要』37、pp.35-40、2002。

「倉橋惣三の児童保護論における子ども観―幼稚園の母親の子ども観と比較して」『倉敷市立短期大学研究紀要』39、pp.27-33、2003。

「倉橋惣三の児童保護論と子どもの権利―『子どもの権利条約』の視点から」『人間教育の探求』16、pp.39-58、2003。

「倉橋惣三の児童保護論における親の養育責任―社会的支援に着目して」『倉敷市立短期大学研究紀要』41、pp.23-31、2004。

「倉橋惣三のペスタロッチー理解―児童保護論をめぐって」『人間教育の探求』18、pp.59-81、2005。

「倉橋惣三の保育思想における子どもの権利保障論―児童保護論を中心に」『教育実践学論集』6、兵庫教育大学大学院連合学校教育学研究科、pp.1-12、2005。

「倉橋惣三の児童保護論の保育実践における意義」『倉敷市立短期大学研究紀要』44、pp.1-10、2006。

「倉橋惣三の保育思想における家族援助論―児童保護論を中心に」『教育実践学研究』8（2）、日本教育実践学会、pp.23-32、2006。

63 日吉佳代子「誘導保育に関する一考察：和田実と倉橋惣三の保育理論について」『日本保育学会大会研究論文集』43、pp.8-9、1990。

「和田実の保育思想―その形成過程と発展（2）：中村五六、東基吉、和田実のかかわりについて」『日本保育学会大会研究論文集』48、pp.10-11、1995。

「『幼児の教育』ネット公開に寄せて（9）：『幼児の教育』誌に見る和田實の『感

化誘導の保育」」『幼児の保育』108（9）、pp.34-39、2009。

64 古橋和夫「和田實の幼児教育論―遊戯論と遊戯分類法について」『研究紀要』31、pp.105-112、聖徳大学短期大学部、1998。

65 茗井香保里「和田実における幼児期の音楽的遊戯（舞踏）についての一考察」『日本保育学会大会研究論文集』52、pp.222-223、1999。

66 辛椿仙「和田実における『遊戯教育論』の特質」『京都大学教育学部紀要』44、pp.411-422、1998。
　「和田実における『幼稚園論』の形成過程とその意義」『保育学研究』37、pp.144-151、1999。
　「和田実の『幼稚園論』―幼児教育理論と実践の関係」『乳幼児教育学研究』8、pp.43-52、1999。
　「和田実の『習慣教育』について」『関西教育学会紀要』23、pp.251-255、1999。
　「和田実における『訓育的誘導論』について」『京都大学大学院教育学研究科紀要』45、pp.84-96、1999。
　「和田実の『幼児教育論』について」『幼児の教育』100（7）、pp.6-13、2001。
　「和田実と『幼児の教育』」『幼児の教育』100（9）、pp.4-9、2001。

67 永田桂輔「京阪神保育會雑誌にみる唱歌教育の方法」『倉敷市立短期大学研究紀要』22、pp.47-55、1993。
　「京阪神保育會雑誌にみる唱歌教育の方法（その二）」『倉敷市立短期大学研究紀要』24、pp.43-52、1994。
　「京阪神保育會雑誌にみる唱歌教育の方法（その四）」『倉敷市立短期大学研究紀要』26、pp.113-120、1996。

68 名須川知子「戸倉ハルの遊戯観に関する研究」『日本保育学会大会研究論文集』52、pp.204-205、1999。
　「保育内容『表現』の史的変遷：昭和前期・戸倉ハルを中心に」『兵庫教育大学研究紀要、第1分冊、学校教育・幼児教育・障害児教育』20、p.121-135、2000。
　「幼児期の身体表現教育における『定型性』の意味：戸倉ハルの遊戯作品分析を手がかりに」『兵庫教育大学研究紀要、第1分冊、学校教育・幼児教育・障害児教育』21、pp.75-86、2001。
　「戸倉ハルの遊戯観（Ⅲ）：歌曲と振りの関連から」『日本保育学会大会研究論文集』54、pp.238-239、2001。

69 秋山治子「東京女子師範学校附属幼稚園の保育音楽について：先行研究の検証及び音楽美学的立場からの考察（人文・社会科学編）」『白梅学園短期大学紀要』33、

pp.57-72、1997。
70 内藤知美「明治前期の幼児教育における19世紀アメリカの影響（1）：長老派婦人宣教師の活動とその意味」『日本保育学会大会研究論文集』52、pp.446-447、1999。
　　「明治前期の幼児教育における19世紀アメリカの影響（2）：お茶場学校の活動とその意味」『日本保育学会大会研究論文集』53、pp.458-459、2000。
71 村川京子「『少国民絵文庫』における十五年戦争末期の絵本の特徴」『大阪薫栄女子短期大学児童教育学科研究誌』6、pp.27-35、2000。
　　「近代日本の0―1―2歳からの絵本とその受容」『大阪薫英女子短期大学研究紀要』35、pp.73-84、2000。
72 笠間浩幸「屋外遊具施設の発展と保育思想：砂場の歴史を中心に（1）」『北海道教育大学紀要、第一部、C、教育科学編』43、pp.91-105、1993。
　　「〈砂場〉の歴史（2）：明治期における〈砂場〉の普及と教育思潮」『日本保育学会大会研究論文集』47、pp.666-667、1994。
　　「〈砂場〉の歴史（3）：明治期の幼児教育施設における〈砂場〉のルーツ」『日本保育学会大会研究論文集』49、pp.562-563、1996。
　　「〈砂場〉の歴史（4）：〈砂場〉の起源をドイツに探る」『日本保育学会大会研究論文集』50、pp.120-121、1997。
　　「屋外遊具施設の発展と保育思想（2）：明治期の保育思潮と〈砂場〉」『北海道教育大学紀要、教育科学編』49（1）、pp.91-103、1998。
73 是沢博昭「明治期の幼児教育政策の課題と変容―教育対象としての子どもの誕生」『保育学研究』35（2）、pp.338-345、1997。
　　「『簡易幼稚園』から『幼稚園』へ：明治20年代の幼稚園の実情」『日本保育学会大会研究論文集』51、pp.342-343、1998。
　　「恩物批判の系譜：中村五六と附属幼稚園分室の再評価」『保育学研究』42（2）、pp.121-128、2004。
74 神里博武・神山美代子「昭和戦前・戦中期における沖縄の託児事業（1）」『日本保育学会大会研究論文集』49、pp.26-27、1996。
　　神山美代子・神里博武「昭和戦前・戦中期における沖縄の託児事業（2）」『日本保育学会大会研究論文集』49、pp.28-29、1996。
　　「戦時下における沖縄の幼児教育」『日本保育学会大会研究論文集』52、pp.184-185、1999。
　　「沖縄の農村社会事業と季節保育所；沖縄における季節保育所の起こりを中心に」『日本保育学会大会研究論文集』52、pp.442-443、1999。

神山美代子「沖縄の保育施設の概念と形成の過程―明治中期～昭和20年敗戦まで」『沖縄キリスト教短期大学紀要』28、pp.46-63、1999。

75　清水陽子「鹿児島女子師範学校附属幼稚園の設置とその意義：東京女子師範学校附属幼稚園との比較を中心に」『日本教育学会大会研究発表要項』63、pp.160-161、2004。

「豊田芙雄の講義ノート『代紳録』にみる明治初期の保育内容」『西南女学院大学紀要』12、pp.175-183、2008。

76　牧野由理「幼稚園黎明期における造形教育の研究（1）」『美術教育学：美術科教育学会誌』31、pp.343-352、2010。

77　田中友恵「明治10-20年代における見習い方式による保姆養成―愛珠幼稚園の事例を中心に」『上智教育学研究』17、pp.34-47、2003。

78　古市久子「文化財総合調査［大阪市］愛珠幼稚園に所蔵される教材資料について」『大阪の歴史と文化財』7、pp.18-28、2001。

79　山岸雅夫「明治前半の幼稚園教育についての考察―『愛珠幼稚園』の幼稚園教育史上の位置づけをめぐって」『新潟大学教育学部研究紀要　人文・社会科学編』2(2)、pp.111-120、2010。

80　西小路勝子「子どもに寄り添う保育実践の黎明：大阪市立愛珠幼稚園の保育記録（明治28～40年）からの論考」『保育学研究』49（1）、pp.6-17、2011。

81　花折了介「和田實の幼児教育思想における自由保育への視座」『幼年児童教育研究』17、p.1-11、2005。

82　大谷祐子「和田實における幼児教育論（1）成立過程とその特徴」『和泉短期大学研究紀要』27、pp.79-87、2007。

83　柿岡玲子「幼稚園保育の成立過程―明治期を中心に」『安田女子大学大学院文学研究科紀要』5、pp.97-118、1999。

「明治後期の幼稚園教育論の展開（1）教育雑誌を中心に」『安田女子大学大学院文学研究科紀要　教育学専攻』6、p.97-113、2000。

「東基吉の幼稚園教育論の研究」『保育学研究』39（2）、pp.151-159、2001。

「明治後期の幼稚園論の展開（2）東基吉の唱歌論を中心に」『安田女子大学大学院文学研究科紀要　教育学専攻』7、p.37-54、2001。

「東基吉の談話論」『児童教育研究』13、pp.95-103、2004。

84　松本園子「野口幽香と二葉幼稚園（1）：先行研究の検討」『淑徳短期大学研究紀要』46、pp.117-129、2007。

85　滝田善子「A. L. ハウの保育観と頌栄幼稚園における実践―音楽を中心として」

『関西教育学会紀要』26、pp.116-120、2006。
86 橋川喜美代「A. L. ハウの幼児教育思想とキリスト教主義」『鳴門教育大学研究紀要』20、p81-91、2005。
87 若山剛・山内昭道「明治期の幼児教育における言語教育の位置づけを探る：日本における幼稚園創設から和田実の『幼児教育法』出版まで」『日本保育学会大会研究論文集』54、pp.464-465、2001。
　「幼稚園における言語教育の史的考察：明治期から昭和にかけての言語教育の実際」『日本保育学会大会研究論文集』55、pp.8-9、2002。
88 佐々木由美子「明治期における幼児教育と幼年文学」『白百合児童文化』11、pp.59-77、2001。
89 名須川知子、田中亨胤「明治期の幼稚園における保育時間割の研究：京阪神地域を中心に」『兵庫教育大学研究紀要、第1分冊、学校教育・幼年教育・教育臨床・障害児教育』23、pp.49-57、2003。
　「大正・昭和前期における保育時間割の研究―龍野市龍野幼稚園を中心に」『兵庫教育大学研究紀要、第1分冊、学校教育・幼年教育・教育臨床・障害児教育』24、pp.49-58、2004。
90 小久保圭一郎「明治期の日本の幼稚園教育におけるボール遊びの普及過程」『乳幼児教育学研究』15、 pp.85-95、2006。
91 田中友恵「明治・大正期における京阪神聯合保育会による建議―保姆養成機関設置および保姆の資格待遇に関する改善要求を中心に」『上智教育学研究』16、pp.38-50、2002。
　「明治10―20年代における見習い方式による保姆養成――愛珠幼稚園の事例を中心に」『上智教育学研究』17、pp.34-47、2003。
92 近藤幹生「就学年齢の根拠に関する一考察」『日本保育学会大会研究論文集』55、pp.182-183、2002。
　「明治中期における就学年齢の議論に関する一考察」『長野県短期大学紀要』59、pp.45-54、2004。
　「三島通良（みしまみちよし）の論文『学生調査資料・就学年齢問題』（1902年）に関する一考察：学生成熟をめぐって」『保育学研究』43（1）、pp.51-58、2005。
　「明治中期における就学年齢の議論の背景」『長野県短期大学紀要』61、pp.17-27、2006。
　「明治中期の教育雑誌にみる就学年齢の議論―『教育時論』の議論を中心に」『幼児教育史研究』2、pp.1-13、2007。

93　山崎京美「土浦幼稚園と福島幼稚園――明治時代の簡易幼稚園の役割について」『いわき短期大学紀要』33、34、pp.95-117、2001。
94　喜舎場勤子「沖縄県那覇高等尋常小学校附属幼稚園の設立に関する一考察―1879年頃から1893年頃までを中心に」『保育学研究』39（2）、pp.144-150、2001。
　　「沖縄県の幼稚園大衆化過程に関する一考察―明治末期を中心として」『沖縄キリスト教短期大学紀要』3、pp.43-57、2002。
　　「沖縄県における善隣幼稚園に関する考察―設立時期を中心として」『保育学研究』44（2）、pp.104-113、2006。
　　「沖縄県のおける善隣幼稚園に関する考察2：定着過程に着目して」『保育学研究』46（2）、pp.267-276、2008。
　　「沖縄県やえやま幼稚園に関する研究（1）設立趣意書と園則の分析を中心に」『沖縄キリスト教短期大学紀要』40、pp.89-102、2012。
　　「沖縄やえやま幼稚園に関する研究（2）保育内容の分析を中心に」『沖縄キリスト教短期大学紀要40、pp.103-112、2012。
95　前村晃「豊田芙雄と草創期の幼稚園教育に関する研究（2）：鹿児島女子師範学校附属幼稚園の設立と園の概要」『佐賀大学文化教育学部研究論文集』12（1）、pp.53-71、2007。
96　青山佳代「明治期における幼児教育の展開：愛知県の事例」『金城学院大学論集人文科学編』7（1）、pp.117-127、2010。
97　帆苅猛「『婦人と子ども』に見る明治期日本の幼児教育の基礎づけ―家庭教育と学校教育のはざまで」『関東学院大学人間環境学会紀要』1、pp.1-12、2004。
98　湯川嘉津美「フレーベル会の結成と初期の活動―演説、保育方法研究と幼稚園制度の調査・建議の検討から」『上智大学教育学論集』42、pp.21-43、2007。
99　冨崎望「幼稚園における道徳教育：明治期における修身教育を中心として（児童学科編）」『中村学園研究紀要』14号、pp.79-88、1982。
100　二見素雅子「明治時代の幼稚園教育における道徳教育―修身話を中心に―」『乳幼児教育学研究』14号、pp.109-119、2005。
101　武田清子『人間観の相克』（改訂版）弘文堂、1967、p.11。
102　同上書、p.14。
103　中江藤樹「鑑草」『日本教育思想大系　中江藤樹　上』岩波書店、1979。
　　この「鑑草」は、「藤樹神社創立協賛会編」版を底本としている。
104　同上書、巻之四、p.1。
105　松田道雄訳「和俗童子訓」、松田道雄編集『日本の名著14　貝原益軒』中央公論

社、1979。
106 同上書、p.203。
107 同上書、p.206。
108 同上書、p.207。
109 アイゼンシュタット，S.N. 著、梅津順一・柏岡富英訳『日本　比較文明論的考察　1・2』岩波書店、2004・2006、1巻、p.187。
　　第一に、紛争を自然なことではなくむしろ当惑すべきものと捉えること、第二に、直接的の公然とした対立にはできるだけ正当性を与えない傾向があること、第三に、あからさまな紛争や対立に利害や意見の相違がみられるときも、その相違をできるだけ小さく捉える傾向、第四に、対立する当事者間にも一致と調和があるとの想定に基づき、インフォーマルとみられるやり方で相違を解決しようとする傾向である。
110 丸山、前掲書、p.75。
111 同上書、p.74。

第1章　明治期の教育界における「公正さ」

　本章では、明治後期の保育内容にかかわる「公正さ」を考察するにあたり、明治初期から明治中期の幼児教育関係書を含む教育界における「公正さ」の分析を行い、保育に関わる「公正さ」の明治後期への流れを概観しておきたい。第1節では福沢諭吉の『童蒙教草』、青木輔清の『民家童蒙解』、第2節では元田永孚の『幼学綱要』、植木枝盛の『育幼論』、飯島半十郎の『幼稚園初歩』を分析する。

第1節　明治初期・翻訳修身書における倫理観の受容と限界

1.『童蒙教草』にみられる国家に尽くす個人像
　明治初期の啓蒙書として特徴をもつ書物として、『童蒙教草』をとりあげた。
（1）　福沢諭吉の翻訳の特徴
　『童蒙教草』[1]は、福澤が1872（明治5）年にチェンバース著の"THE MORAL CLASS-BOOK"[2]を翻訳した書である。この書を、文部省は1872年布達の「小学教則」において、「童蒙教草等ヲ以テ教師口ツカラ縷々之ヲ説諭ス」[3]として、修身の教科書として推奨している。『童蒙教草』には幼稚園で修身話としてしばしばとりあげられているイソップ物語[4]の「アリとキリギリス」、「お日様と北風」なども収められており、幼稚園教育にも影響があったと考えられる。
　本節では、"THE MORAL CLASS-BOOK"における人に関わる語に着目し、その翻訳語と原典にある英語表現とを比較することを通して、『童蒙教草』における人の認識を描き出す。方法として、人に関わる語として"individual" "human being" "man" "person" "people"をとりあげ、どのよ

うな訳語であったかを分析する。

　福沢の翻訳については、柳父によると「一人一人の単数の人間ばかりでなく、複数の人間も意味するように受けとめて訳する、という点で、福澤の翻訳法は、まったく孤立していた」[5]。そして、福沢が「individual を『人』、『人各々』、『人々』、『人民』などと訳したとき、それは基本的には individual ではなく、翻訳語でさえなく、日本語であった。それがもとの意味とずれているのは、福澤の日本語の語感が、ずれている他方の意味の部分を拒否した」[6]からであると彼は述べている。岩谷は、「権利」という語の訳におけるずれは、福沢が啓蒙を目的としより簡単な日本語で翻訳していたからであり、それが「福沢の翻訳の哲学」[7]であると述べている。そして、その結果に対し「福澤の柔軟な配慮は、その一方で、日常における『法』のありかをかえって分からなくさせてしまうことにはならなかったか？」[8]と疑問を投げかける。同様の疑問は『童蒙教草』の翻訳にも投げかけることができる。『童蒙教草』にみられる人の翻訳の分析を通して、実際にはどのような保育内容が伝えられていたかを考察する。

① individual

　『童蒙教草』では、表1-1にみられるように "individual" は「一人の身の上」「人と人と」と翻訳されている。"individual" は、ほぼ「一人の身の上」と逐語訳されていると思われ、他の人間を表す言葉に対して、「一人」という日本語を付加して区別する意図がみえる。次に、第十四章では、「人と人と」と意訳されている。一人ひとりの人間を意識した翻訳であり、多数の人間を意味する訳ではない。文意の面では、原文においても翻訳文においても、人と国とを同等に扱い、同じように行動をすることを求めている。

② human being

　表1-2にみられるように、第五章では「人たる者」、第十九章は「人間」と翻訳しており、単に「人」と翻訳するのではなく、他の単語と区別している。なお、後述するが、第十九章は「天然の通義」、今日でいう自然権に関

表1-1　individuals

右に云へる議論ハ唯國々大勢の人にあてはまるのみならず一人の身の上にても同様の訳なり	The same rule holds respecting individuals.
第二十九章　我本國を重んずる事 右に論ずる所を一口に云ヘバ一人の身の上の規則を以て一國の上にあてはむべきなり凡そ人として正しき道にさへ背かざれバ我身を愛し我利益を求むるに於て差支あらずと雖ども獨我ためを謀るのみならず兼て亦同類の人を愛し我力に叶ふことなれバ他人のためをも謀らざるべからず	Love of our Country In short, all the rules for the conduct of individuals apply equally to nations. We are to love ourselves so far as to seek, by all fair means, to advance own interests, but we are also to love our fellow-creatures, and do them all the good in our power.
第十四章　仁の事 故に人たる者ハ人と人との間柄に於ても國と國との交際に於ても相互に其為を思ふて相互に助けざる可らず即ち強き者ハ弱き者を助け善き者ハ悪き者の心を改めしめ大ハ小を扶け富ハ貧を救ひ文明開化の者ハ蠻野の文盲を導ひて其知識見聞を開かしむべきなり	Benevolence It is therefore incumbent upon us all, both as individuals and as nations, to take an interest in each other–the strong to help weak, the good to correct and improve the bad, the rich to help the needy, and the enlightened to impart their knowledge to the ignorant.

表1-2　human being

第五章　自ら其身を動かし自から其身を頼み一身の獨を謀る事 凡そ人たる者其身の活計を立て随て世の開化を助成さんにハ其方便を銘々の身に求めざるべからず是即ち天の命ずる所なり	Self-Service and Self-Dependence It appears to have been designed by Creative Providence that every human being should depend chiefly on the means within himself for his own subsistence and advancement in the world.
第十九章　い佛蘭西に於て「じやけり」の事 右の如く一揆の害ハ恐ろしきものなれども其本を尋ればバ上より無理を以て下を押付けこれを無学文盲に陥れたるに由り一旦其締を破りしときも亦人間の情合を知らずして斯る乱防をも働くことなれバあながち一揆の者を咎るに足らず其實は悪政の罪なり	We willingly leave these horrors in oblivion, only remarking, that it is a double curse of slavery and oppression that for a time it renders its victims, after they have succeeded in breaking their bonds, incapable of thinking like human beings.

する章の例話の結語部分である。原文は、奴隷状態と抑圧が人間としての思考を不可能にしているという自然権の侵害がテーマである。翻訳文ではかなり意訳しており「一揆の害」として捉え、最後に「あながち一揆の者を咎るに足らず其實は悪政の罪なり」とゴシックで示した福澤の創作文が挿入されている。福澤の考えには、一揆に自然権としての正しさはなく、一揆を良くないこととした前提がある。秩序の乱れは治者の悪政が原因であるとの認識であり、治者の側からの事態の把握である。

③ man

表1-3にみられるように、第三章の"men"は、2ヶ所とも「世の中」とされ、第十九章では"every"と結びついて「この世にある人」と翻訳されている。「世の中」という翻訳によって、個々の人間の集合という視座が薄められ、社会集団そのものを意識させるような翻訳語となっている。第十九章の場合は、「この世にある」という新たな日本語が加えられ、やはり「世の中」という集団を示唆する翻訳となっていると考えられる。

表1-3のゴシックで示した福沢が追加している部分について、考察しておきたい。追加文があることによって、原文に対応する翻訳文は、身分として「貴賎の別」があると受け取ることが自然である文章へと変化している。原文全体では職業上の重要さにおいて上下があるとの意味合いであり、個々への視点、すなわち、才能や教育によって仕事上に上下の差がでてくると解され、翻訳文とは異なる。『童蒙教草』では、原文の人間個々の才能と教育の差が社会的地位の差というメッセージが薄められ、封建社会の身分制度を社会構造として当たり前と受け止める読み手にとっては、身分の差は才能と教育の差であるという逆の論理を与え、身分の差を容認する理由を示したと言える。

④ person

表1-4にみられるように、第十五章・第十八章では「人」と翻訳している。第三章前半では「者」、後半では文脈から「上」と意訳している。その

表1-3　man

第三章　貴き人に交り賤しき人に交る心得の事 世の中の仕事は難きと易きとの差別あり易き仕事を為すにハ格別の才智なくして叶ふなれども難き仕事を為さんにハ才智もなかるべからず又其道の執行をもせざるべからず其難き仕事を為す者を名づけて身分重き人と云ひ易き仕事為す人を名づけて身分軽き人といふ是即ち貴賎の別なり	Conduct towards Inferiors and Superiors Different degrees of importance are attached to men, in proportion as their occupation may require much or little ability or education.
右の次第に由り世の中に格式位なるもの出来て此人ハ彼人よりも貴しといふことあり故に世の人々自分より目上の人もあり目下の人もあり或ハ自分と同じ格式の人もあり	Thus *ranks* are introduced amongst men. Some are said to be of *higher station* than others; and every one has therefore his *superiors*, his *inferiors*, and his *equals*. ＊イタリック体は原文による
第十九章　他人の天然の通義に就き誠を盡す事 この世にある人は天の道に従ひ其身と心とを自由自在にすべき筈の理ありこれを人の通義と云ふ	Conscientiousness-Respecting The Natural Rights of Others Every man has a right by nature to his personal freedom.

　他の意訳は、第二十章の"先方の主人"、表1-4にある第十九章の「身と心」があげられる。以上から"person"は基本的に「者」「人」と翻訳されていると解釈してよいかと思われるが、特殊な例について考察を加えたい。
　第三章後半の"person"は、原文の文脈からは上位の職責にある「人」を指しているが、翻訳文は、身分社会における「上」をそのまま用いている。人を指している"person"が「上」という職位へと変換されており、人そのものへの視点が薄れ職位を示すことにより、身分社会構造の追認となっている。また、"Every person"以下の下線部原文は、他の人々に対して媚び諂うことを禁じる自尊心を持つ責任を負っているとの意味あいであり、その責任はそもそも"person"に含意される人格的存在である個人の属性として

表1-4　person

第十五章　怒の心を程能くし物事に堪忍し人の罪を免す事 世の人若し我重んずる所の人にても物にてもこれを慈悲なく取扱ひ或ハこれを害し或ハこれに無礼を加ふることありて我身ハこの様を傍らより観て憤ふることなくバこれを人情と云ふべき歟斯の無情の輩ハ取るに足らざる人物なり	Moderation in Anger - Forbearance and Forgiveness We should be very pitiful creatures if we did not feel indignant at any instance of cruelty or injury, or at any insult, that might be offered to persons and things which we hold in respect.
第十八章　他人の面目に就き誠を盡す事 美名とハこの人は良き人なりとて世間一般の人の心に感ずる所にて即ち本人の外聞よき名と云ふことなり	Conscientiousness-Respecting The Reputation of Others By a good name is meant a general impression respecting any person that he is a good man.
第三章　貴き人に交り賤しき人に交る心得の事 何程賤しき者にても先ず自分の身を重じてこれを大切にせざるべからず既に我身を重ずるときハ犬猫の人に媚び戯るゝが如く同類の人に向ひ賤しき舉動を為す可きや固く自ら禁ぜざるべからず	Every person, however humble, owes a respect to himself, which should forbid fawning and cringing to others.
貴き位に居て常に下人を罵り付け其心中を訴るをことをも得せしめざるときハ必ず不平を抱て上を見ること仇敵の如くするものなり	on the other hand, nothing so strongly betrays a vulgar and envious mind, as to be constantly railing, without provocation, at persons in an exalted station.
第二十章　職分に就き誠を盡す事 金にても品物にても人の物を貰ひ其代として先方の家の用を達するか又ハ其田地を耕すか又ハ其店細工場にて仕事するか又ハ其人の病を介抱するか又ハ其人の名代となりて公事訴訟の場所に出るなどのことを約束するときハ先方の主人ハ固より我を信じ必ず是等の事をよきやうに為すならんとて我に事を任せたる者なり	Conscientiousness-In Discharge of Duty When any one agree, for money or other reward, to do something for another, whether to serve in his house, or to dig in his field, or to work in his shop or factory, or to attend to his health, or defend his interests at law, that other person trusts to have the service well done.
他人のために事を為して身の面目を失ふことなからんとならバ信實を盡くし心を用ひて残る所ろもなく其事を成さゞる可らず	In order to be entitled to esteem, every one who undertakes any service for another must faithfully and carefully do the whole of what he undertakes.

の責任である。人格的存在という概念がない状態でこの翻訳文を読むと、「まず自分の身を重じてこれを大切」にすることは、それまで述べられている社会における職分の差に応じて「自分の身」を重んじることであると読み取るであろう。「何程賤しき者にても」における「者」をもって、身分社会における人の認識を打ち破って、個々の「人」という認識をもつことはできない。

　第二十章の原文は、対等の人と人との契約を履行する義務について述べている。ところが、翻訳文では "other person" が「先方の主人」となっている。この変換によって、対等の人間関係における契約というより、主人に対する被雇用者の倫理的行為についての章となっている。また、動詞の翻訳からも、初めの文においては "agree" を「約束する」と翻訳しているが、後半の "undertake" をただ「他人のことを為す」と翻訳しているため、「請け負う」「約束する」という契約に対する義務という概念が排除されている。その上、原文の "to be entitled to esteem" を「身の面目を失ふことなからん」と翻訳しており、全体として見れば、面目を保つために誠を尽くして約束を果たすという意味となる。つまり、対等の人間関係における契約の履行という新しい概念ではなく、儒教思想に基づく誠を尽すという教えになる。

⑤　people

　表1-5にみられるように、第十九章「じやけり」[9]の事は、前述の「天然の通義」に関する例話である。王や貴族がどのように領民を治めるかについて述べている。"people" は、「下々の民百姓」と翻訳されている。なお、原文の "beneficent rule" は「慈悲深く」とありルールが抜け落ちている。ルールが抜け落ちることにより、治める者が拠り所とする法に関する概念がなくなり、徳によって治める儒教の施政者概念にすり替わっている。したがって、"human being" の項で述べたような「あながち一揆の者を咎るに足らず其實は惡政の罪なり」という結語に導かれることとなる。

　第二十九章は、翻訳文の題目は「我本國を重んずる事」であり、前半で

表1-5　people

第十九章　⒤　佛蘭西に於て「じやけり」の事 若し然らずして上たる者に心得違あるときハ恐ろしき變を生ずるものなり元来<u>下々の民百姓ハ</u>國の政事正しくして慈悲深くさへあれバよく上に從ふ者なれども不正を以て無理に押付んとするときハ恐ろしき人情になりて其害をなすこと測り可らず	Insurrection of The Jacquerie in France When they do otherwise, the results are often dreadful.; for though the people are generally disposed to submit to a just and beneficent rule, they become infuriated under oppression and injustice.
第二十九章　我本國を重んずる事 我身の生れて成長せし所の本國を重んずるハ天然の人情なり假令ひ其國の民開けずして蠻野なるも假令ひ其國柄ハ賤しくして他國の<u>人</u>の目を以て見れバつまらぬやうに思はるゝとも其本國の人に於てハ自からこれを重んぜざる者なしこれを<u>報國の心</u>といふ。	Love of our Country A love of the country in which we were born and brought up, is one of the affections of our nature. It is felt by the natives of almost every land, however rude they may be, or however worthless the country may appear to other people.
第二十九章　⒤　ぎりいきの将軍舩を焼かんとせし事 彼のぎりいきの評議にてありすたいどすの言を聞き義を先にして利を後にすべしと決したる者ハ學者にハあらずして<u>尋常の國民</u>なり文字を知れる學者ならバ義理を辨別すべきも當然のことなれども無學文盲の土民にて固より其本國を重んじ只管國のためとのみ思込し者共なるに唯一言の言葉を聞き義理に背くがためにとて本國の利を棄たるハ<u>實にこれを神妙</u>といふべきなり ＊翻訳書は縦書きであり、右線が付けられている場合は人名を、左線が付けられている場合は地名を表している。この表では、右線を上線、左線を下線として表した。	Themistocles and The Lacedaemonian Fleet It is not company of philosophers (to whom it costs nothing to establish fine maxims of morality) who determine on this occasion, that the consideration of profit and advantage ought never to prevail in preference to what is honest and just. It is an *entire* people, who are highly interested in the proposal made to them, who are convinced that it is of the greatest importance to the welfare of the state, and who, nevertheless, reject it with unanimous consent, and without a moment's hesitation, and that for this only reason-*that it is contrary to justice* ＊イタリック体は原文による

"people" は「人」と翻訳され、後半では "a people" は「国民」と翻訳されている。注目すべきは、前半の翻訳文の最後に「之を報國の心といふ」という文言が付加されていることである。福澤が序で強調している「報国尽忠」がこれによって理解できる。以上から、『童蒙教草』において "people" は、文脈によって「人」、「人民」、「国民」、「下々の民百姓」と意訳されていたと言える。

(2) 『童蒙教草』における「公正さ」
① 人の認識

　『童蒙教草』における人間に関わる概念を表す語の翻訳は、"individual" "human being" "men" は、ほぼ逐語訳に近く「一人の身の上」、「人間」「世の中」と翻訳され、"person" "people" は文脈によって、自在に多様な翻訳がなされていることが特徴であると言える。その上で、『童蒙教草』から発せられた人に関わる認識を考察すれば、多くの箇所で封建的身分社会を支えた儒教倫理に基づく翻訳が見出される。『童蒙教草』では、民主的な社会における公民としてではなく、身分社会における国民あるいは人民として自分を位置づけ、日本という国家に尽くす「人」と認識している。

② 事態の把握

　「天然の通義」、今日でいう「自然権」に関する章の例話、「じゃけりの事」でみられたように、反乱を人民の権利と捉えるのではなく秩序が乱れることと捉えていたり、「我本國を重んずる事」では、前半の翻訳文の最後に「之を報國の心といふ」という文言が付加されていたりする。福沢自身が序でも述べているように、「報国尽忠」を伝えるための教科書であるので、いたるところで国という軸に話が変化している。

③ 解決方法

　事態の把握でもみられるように、何よりも秩序が乱れることはあってはならないと考えられている。しかし、同時に、人として自由を有すると説いて

いる。自由な自己決定を求めるが、秩序を乱すことは許さないという解決方法であると思われる。

2．『民家童蒙解』にみられる混乱

　『民家童蒙解』は教育者ではなくジャーナリストに近い感覚の著者によって書かれている。社会思潮に近い「公正さ」の様相を示すと思われるのでとりあげた。

（1）『民家童蒙解』の原書・翻訳過程

　著者である青木輔清（不詳—1909）は、幕末には忍藩探索方として房総半島の情報を収集していた記録が残っているが、出自・生年は不詳である。1968（明治元）年頃より、「横文字独学」などの著作があり、1900（明治33）年頃まで多くの著作を残している。『民家童蒙解』[10]は、和漢洋の道徳思想を網羅した巻一・巻二と、主にEmma Willard[11]（1787—1870）による"Morals for The Young; or, Good Principles instilling Wisdom"[12]（1857）を翻訳した巻三・巻四、および青木による権利・義務・文明開化の解説である巻五より成っている。

　巻一・二は1874（明治7）年に、巻三より巻五は1876（明治9）年に出版されている。巻二までは和漢洋の教え、巻三よりは、「『ウィルラード』氏幼童開智の為に著せし米国小学校の教諭書なる〔ウィスドム〕と題せる修身学の一書を抄訳せしものにて或は童蒙槊学とも云ひ」と、アメリカの小学校教科書の抄訳であると述べている。巻五は、当時の思潮を反映し青木自身の権利と義務についての見解が述べられているといった方がふさわしい内容となっている[13]。福沢などの翻訳書を参照しつつ、権利と義務について書かれたものと言えるだろう。したがって、巻一より巻四までは倫理的な内容であるが、巻五は社会的あるいは政治的な啓蒙書となっている。

(2) 『民家童蒙解』にみられる混乱
① 人の認識

　『民家童蒙解』は、和漢西洋の善言を例にさまざまな話を掲載しているが、和漢と西洋との矛盾は意に介さずに書かれている。結果的に、儒教思想に基づいて西洋思想を紹介するという傾向がみられる。「民家童蒙解」としては統一された人の認識はないので、以下に混乱の様相を示したい。

　『民家童蒙解』では、巻一・巻二では儒教思想による五倫五常に基づいて説明し、巻三・四ではキリスト教に基づいて説明する。巻一（六）「談話中の心得」では、「我より年齢の越えたる者又芸能官位の我に長じたる者の物語は慎で聴聞すべし。」とし、同じようなことは、巻一（七）「万事中庸を守るべき事」においてもみられる。人情が過ぎれば、長幼の序、夫婦の別がなくなるからという理由である。感情を抑制して上下関係という秩序の維持を公正としている。また、巻一（四）[14]においては、人間が基本的に平等であることを述べているが、すぐ続けて、目録にない突然挿入した（五）[15]において、君臣の礼と忠に関する話が入る。また（八）の「人は正直を第一とすべき事」においては、最初に「人は五常の徳とて仁義礼智信の性を以て生れ、其心とは直にして偽なし。」と儒教で説明し、そのことは西洋でも同じであると解説する[16]。また、（十六）[17]の「慈悲の心を忘るべからざる事」では、慈悲をまず仁恵と説明し、その後それは造物主（ゐすさま）の教えであるとするが、続いて故事諺風に孔子「仁者には敵なし」、世の諺「笑ふ顔には怒れる拳もあたらず」、尚書「天道は善に福（さいわい）す」、夫子「積善の家に余慶あり」などの言葉を引用している。このように、西洋思想の慈悲を儒教における仁恵として説明する。

　「各人権利義務の事」では自由について述べており、信仰の自由、所有の自由、出版の自由、結社の自由をあげている。義務と権利との関係については、義務を果たすことを強調している。義務は12項目あるが、まず国の恩に報いること、税を納めること、徴兵のこと、国が人民に徐々に自由を与える

こと、自身を護ることなどをあげている。『民家童蒙解』における権利と義務は国というシステムの中の事であり、たとえば儒教における五常のような人間に元来備わっているものという概念を、伝えることはなかったものと考えられる。

巻三「知恵のはなし」の訳文においては、青木は職分を果たすことを人の善道であるとする認識を示している。一方、『ウィスドム』では、巻三の「善悪道の譬へ画並無形物の尊き事」において述べられている、神の啓示に従って生きる[18]ことが人の善道であるとする。

（十一）「刻苦勉強すべき事」では、分相応の富貴繁栄について述べ、「日本にても支那にても西洋にても一致に之を教諭せり」という説明をおこなっている。一方、『ウィスドム』では、正直を守ることと、勉強することで職業に必要な能力を身につけ自分に必要なものは自分で用意するという個人主義の生き方を紹介している。

このように混乱しているが、結局のところ青木が自身の意見として述べていることは、国家に従順になることである。青木が、国に対する人々の姿勢として述べていることは、君臣の関係である。たとえば、「租税（ねんぐ）を貢する叓」において、租税を官府に対する報恩[19]と説明している。また、「国の為とは、自身の為なり。」と、財産の安全と社会の秩序維持を理由に自身の為であることを説いている。国の恩を強調し、国に対する納税の義務は、読者には報恩と理解される。同じように、「徴兵の事」では、「国を愛敬すること、父母を愛敬するか如く、何等のことありとも国命に順従し、成丈け御上にお手数御苦労を掛けず、我が家業を勉励せば、国家自然に冨栄ふべし。」と、国を御上と表現し従来の関係維持を印象づけている。一方、『ウィスドム』での義務の説明は、「即ち第一神に対する務め、第二自身に対する務め、第三他に対するの務め等是なり。」と、キリスト教信仰に基づいて述べられている。

② 事態の把握

巻一の（六）「談話中の心得」において、衆人の中で議論はしてはいけないということを述べ、議論とは意見を交わすというよりも、感情にまかせての言い合いと捉えている。青木において事態の把握は、人間関係における感情の軸を重視すると言える。一方、『ウィスドム』では、事態を権利と義務の軸から捉えている。信仰の自由、所有の自由、出版の自由、結社の自由などの権利を説明している。

次にみられる事態の把握の軸は、社会構造である。原文では、個人の生活の延長線上に社会があると示している。『ウィスドム』の産業の説明では、子どもたちに社会構造を説明するために町の身近な職業をとりあげて、このようにして私たちの社会は神の支配のもとに機能していると順々に説明する。日々の学校生活が社会全体へと継続していることを理解できるようになっている。一方、青木は世界規模での経済活動を述べており、巻一・巻二の身近な事柄と乖離し、子どもにとって生活の延長線上に社会が存在するという認識を得ることは難しい。その上、いたるところで国の恩が述べられているので、国家を形成する独立した個人とは、納税し兵役につくことであるとの理解を生み、さらにそうすることが国に対して恩を返すこと、すなわち義務を果たすことであるとの理解を生む。

このように、社会構造という軸で青木と『ウィスドム』を比較すれば、青木では国家は国民から離れて上にあるものという把握であり、『ウィスドム』の場合は一人ひとりの産業行動の集合体が社会であるという把握である。

③ 解決方法

解決方法においても、『民家童蒙解』では矛盾するさまざまな方法が羅列されている。

議論における解決方法をみてみたい。前述したように何事も慎んで、差し出がましく言葉を出すものではないと、慎む、我慢することによる解決である。では、言論の自由の解説との整合性は、どのようにしているのだろう

か。これについては、巻五において、二つの論点から述べている。第一は、義務を果たしている以上は、「口に出して、何等の事を云ふも、身に何等の事を行ふも、亦他より之を制すべき理なし。」としながら、人は一人で生きているものではなく、個人に代って国家が法によって個人の要求を満たしてくれるのに満足しなさいと説明している。第二は、人々が充分に独立していない故に義務を充分果たしておらず、したがって充分な自由を得ることはできないと主張している。「近世我国の学術漸く開け、智識漸く広まり、人々漸く義務を尽くすが故に、漸く自由を得るが如しといへども、之を文化隆盛の国に比れば、猶劣る処あり。人々宜く独立の志操を養ひ、全く当然の義務を尽くすに至らば、猶一層の自由を得べく、人々の欲る民権も国会も行えるべく、・・・此権利自由を得んとあらば、我が当然の義務を尽くすべし。」と、まず義務を果たすことが先であるとの見解である。この二つの論点から、言論の自由は青木においては国家の法制度上の問題であり、言論の自由を得るにはある資格が必要となる。

このように、『民家童蒙解』における解決方法は、個人的には儒教倫理に基づく年長者や権威に従うとし、言論の自由は条件付きという混乱した状態のままで提示されている。

第1節を表1-6に表としてまとめる。

表1-6　明治初期・翻訳修身書における「公正さ」の受容と限界

	『童蒙教草』	『民家童蒙解』
人の認識	個人の独立を主張しながら身分社会における国民あるいは人民として自分を位置づける「人」である。	儒教倫理による君臣関係を重視しながら、同時に西洋思想を同等に紹介する。
事態の把握	国を軸として事態を把握し、報恩をよしとする。	感情を軸として事態を把握する。生活から乖離した状態で社会という軸がある。
解決方法	自由な自己決定を提唱する。秩序を乱すことは許されない。	権威に従う。

第1章 明治期の教育界における「公正さ」　55

第2節　明治中期・多様な展開

1.『幼学綱要』における儒教に基づく教育

この時期の儒教主義教育を特徴的に表す書物としてとりあげた。

（1）　元田永孚の教育観

元田永孚（1818—1891）は、熊本藩の儒学者であり明治天皇の侍講や枢密顧問官などを歴任した。元田永孚の教育観は、儒教思想に基づく。

『幼学綱要』は、宮内省より1882（明治15）年頒布された勅撰修身書であり、明治天皇の勅命を受けた元田永孚によって編纂された。『幼学綱要』が宮内省より全国の学校へ配布されたのは1883（明治16）年であり、のちの教育勅語の基となった。矢治（1990）[20]や掛本（2004）[21]によれば、現実には小学校において教科書としてあまり使用された形跡はない。

元田は、これにさきだち、1879（明治12）年、明治天皇の意を受けて、文明開化による知識偏重の教育を批判し、日本の教育の基本として儒教思想に基づく教育を主張する『教学大旨』[22]を著している。『幼学綱要』は、『教学大旨』をより幼少の児童用にしたものである。

『教学大旨』は、教育において文明開化のため知識の伝授を重視している文部省に対して、儒教思想に基づく教育へと方向転換を要請するものであった。日本においては、仁義忠孝という徳を高めることを基礎として、その上に智識を学習したり武芸を身につけたりすることが教育であるとして、全人的な成長を意図するものが教育であるとしている。その人間としての中核に儒教思想をおいているのである。

また、『教育附議』[23]の中で元田は、西洋思想は日本の修身の書として適当ではないと述べている。西洋と日本との人間関係の質が異なるとして、五倫

を尊ぶ日本においては不適切としたのである。西洋においてはキリスト教を国教としているのであり、それに対し日本はと儒教を国教とすべきである[24]と論じている。

　このように、元田永孚の教育観は、五倫に基づく人間関係を基礎として儒教倫理を教え、その上で智識を教授するという全人教育であり、祭政教学一致という社会的構想の中に教育を位置づけたところに特徴があると言える。その社会的な視点は、後に続く国体思想の萌芽と見ることができる。

（2）『幼学綱要』における「公正さ」
①人の認識
　『幼学綱要』では、他の国々と異なり、天皇が「萬一系」であることが日本の特徴であるとし、このような天皇を頂点にした儒教倫理に貫かれた国家の中に人を位置付けている。

　『幼学綱要』は、儒教倫理の中でも五倫を重視する、日本国の君子として天皇を位置づける、という二つの特徴をもつ。『幼学綱要』では20の徳目をあげているが、その順序に特徴が顕れている。第一から第五までは人間関係における徳目である。始めに親子があり、以下順に君臣、夫婦、兄弟、友人と続いて、五倫がまず述べられている。次に学問に努めること、志をもつことなど特に青少年のための徳目を並べ、その後に、人格に関する徳目が来る。それらは、誠実、仁恵、礼譲、倹素、忍耐、貞操、廉潔である。そして、最後に処世上あるいは行動に関する徳目がくる。それらは、敏智、剛勇、公平、度量、識断、勉職である。

　第2の天皇を日本国の君子として位置づける事に関しては、『幼学綱要』第一の徳目である「孝」の最初の例話から元田の意図が顕れる。『幼学綱要』には221話の例話が示されているが、最初の例話が天より来る神々である皇祖を神武天皇が祭る話である。天皇の「孝」を示して、日本という地域の歴史的な時間をも含む空間に子どもたちが自分を位置づけ、萬一系の天皇と自

分との関係を認識するようにしている。それに続く第二の徳目である「忠節」の前文において、元田は日本の中に天皇を位置づける国家観について述べる。世界の国々にはそれぞれの特徴があり主宰者がいる。人臣は、「其君ヲ敬シ、其国ヲ愛シ、其職ヲ勤メ、其分ヲ尽シ、以テ其恩義ニ報ズル」[25]ことが普通である。その中で日本は「萬一系」の君を載いている。このように天皇を国の主宰者として位置付け、君臣関係の頂点に置く。

② 事態の把握

『幼学綱要』の20徳目のうち、第十七に、「公平」という徳目があげられている。「公け」の仕事に「私」を持ち込まない事が「公平」であるという解説が行われている。本研究の「公正さ」の定義である「偏りがない」という意味を、『幼学綱要』における「公平」が表すと考えれば、「公平」は「公正さ」である。その事態の把握の特徴は、「公け」と「私」という関係軸において述べていることである。正しさの条件が私情を持ちこまないことなのである。この公私観では、事態は常に「公け」事として把握する場合と、「私」事として把握することができるとも言える。事態の把握には常に建前と本音があると解釈できる。また、事態の把握の軸は私情である。

③ 解決方法

『幼学綱要』における「義」や「孝」を重んじる儒教倫理による解決方法においては、法令よりも人間関係が重視される。集団や権威に従って我慢することを公正として、倫理的向上が解決方法となると言える。

たとえば、第一の徳目「孝行」の例話において、元田は孝行と法令が衝突する問題場面に関する話をあげている。京都の僧の例話で「老母が魚を好んで食べ、魚なくしては食が進まなかった。白河上皇のとき、生き物を殺すことを禁じる令が出たが、老母が求めるので、魚を捕まえたところ、巡吏に捕まった。『病気の老母が求めるので、僧の身でありながら屠殺し令を犯した。この魚はもう生き返らないから、母に送ってほしい、そうすれば私は刑につく』と言っているのを、白河上皇が聞いて罪を許した。」という話であ

る。ここから読み取れることは、親の願いを、法令を犯してでも行うことが求められ、またそれが許されるということである。親への孝行などの善いとされる行為に対して、法令が可変であることが示唆されている。

2．『育幼論』における自主独立をめざす子育て論
　自由民権思想の特徴を表す子育ての書物として、『育幼論』をとりあげた。

(1)　植木枝盛の教育観
　『育幼論』は、植木枝盛（1857—1892）により1887（明治20）年に、土佐の土曜新聞紙上に無署名で14回に渡り掲載された連載記事をまとめたものである。1887年当時、土曜新聞の補助員として、主に婦人解放論や道徳論についての論説を執筆している。『育幼論』は、3月8日、10〜12日、18〜20日、24〜26日、30日、4月1〜2日、5日に掲載されたもので、育児方法を第一から第八まで分け、内容を徐々に深めながら、従来の育児方法を批判し、婦人解放思想、幼児の発達観に基づいた新しい育児方法を提案している。
　植木枝盛の教育観に関しては、多くの研究がなされている。彼の教育観の特徴を一言で表すならば、自由民権論を基礎にした「教育の自由」である。1877（明治10）年の『普通教育論』[26]では、「人ノ目的タル自由幸福ヲ享クル」[27]ために、教育の必要性を説いた。植木は教育内容を3分類または5分類していた。3分類では、身体の教育、心智の教育、道徳の教育とし、5分類では、物理の教育、知識の教育、倫理の教育、政法の教育、法教の教育としている。教育の目的を、「人ヲ善良叡明ナラシメ、以テ此世ニ生レタル務ヲ行ハシムル」[28]ことと考えていた。1880（明治13）年に執筆された論説「教育ハ自由ニセザル可ラス」[29]では、教育内容に国家が介入すべきではなく、それぞれの地域によって異なる教育内容であるべきだと論じている。西洋と日本を比べた場合、西洋には知識の蓄積があるが、日本にはない。日本では、知識の普及は寺子屋などによって行われているから、これ以上統制された知識

を教えるような制度ではなく、知識の蓄積のために、国民の精神を一体一様に養成せずに、それぞれ異なる精神を養成して独立の気象を養うべきだとの論旨が展開されている。

　この植木枝盛の教育論の特徴は、その世界観・人間観から演繹されたものであるが、家永（1958）[30]は仏教との関係から、小畑（2004）[31]はキリスト教との関係から、植木枝盛の思想の独自性について論及している。家永は植木の思想を人に対する無限の信頼に基づくと考え、小畑は信仰はしていなかったがキリスト教に基づく自由観を背景にしていると考える。このような特徴をもつと考えられる植木の教育観は、人はみな平等であるという信条に基づいて展開されている。

（2）『育幼論』における「公正さ」
① 人の認識

　植木枝盛の『育幼論』では一貫して自主独立の精神をもつことを訴えている。たとえば、『育幼論』の最後の文言「日本全国内の親々達に望みまする。扨ても斯の大八洲はお前さん達の国でござりまするぞ。（中略）此の豊葦原はどのやうにでもなりまするぞ。斯の亜細亜の東方に位する一大社会は文明煌々とでも、草茫々とでもドチラにでもなりますぞ。」[32]に見ることができる。また、育児論の基礎には幼児観が存在するが、植木は幼児の精神は白紙であるとの見解である。白紙の状態から自主独立の精神をもつように育てる方法として、「子を打つたり撚つたり毟つたりいたし、又は用捨なく無法に言ひ罵り、虫にも螻にも劣るものか何んのかのやうにくさし付け、限りもなくに賤しめ辱しむる」[33]ようなことをしてはならないと述べ、「子が横着をすれば成るべくは道理を以つて諄々之を説諭するように為し、いかほど面倒でも矢張道理を以て制止し」[34]というように、「子を育てるには随分尊重に取扱ひ」[35]、子どもが「自から我身の大事なるを感ずるに至れば、心思自から高尚」[36]なるとしている。植木の子ども観、養育観における人の認識は、子

どもを一個の人間、個人として認識していると言えるであろう。人の善さの基本を自主独立とし、より具体的には、勇敢であり元気にあふれ前向きであることを善しとする。

② 事態の把握

『育幼論』における事態の把握の軸は2つみられる。第1は、人民と政府の対立という軸、第2は科学的理解という軸である。

第1は、自由であるべき人民に対し、管理統制する政府という対立構造である。3月10日および4月1日の論説で、明治政府を人民に対立するものとして書き、また、子育てにおいて干渉し過ぎるという論説の中で、徳川幕府の管理統制が日本の文明開化・富強隆盛を遅らせた原因としている。人民と政府の対立という軸は、儒教倫理に基づく管理統制をしようとする政府と西洋倫理に基づく行動を行う人民という対比であり、前者を否定し後者を啓蒙しようとする。

第2の科学的理解という軸は、3月20日付山中の霧の話にみられる。登山の途中で山頂の方に大きな影が見えることを例[37]にあげ、科学的に理解しなければいたずらに怖がることになると解説する。また、幽霊などを想像する弊害[38]を繰り返し述べ、物事を理解するのに、分別すなわち科学的に理解するよう主張する。植木は、子どもへの話として、簡単な格言、世界の地理風俗、動植物の話、身近な物の話、戦争斬合の話を薦めているが、戦争の話を除くと、道徳的な話よりも知識を広める百科事典的な話を推薦書として記載している。

③ 解決方法

『育幼論』では、個々の人間の自覚によって、それぞれが自発的に問題に取り組むことを解決方法の基本としている。具体的には、3つの特徴ある解決方法が述べられている。第1は子どもを脅さないこと、第2は親が間違った場合は謝ること、第3は干渉し過ぎないことである。

第1の子どもを脅さない育児方法は、3月10日から18日にかけての記事に

第1章　明治期の教育界における「公正さ」　61

述べられている。子どもに幽霊話や妖怪話にして、怯えさせ、泣き止ませたり悪戯を止めさせたりしてはいけないと述べる。子どもが泣いていたり、いたずらをしているという養育者にとっての問題場面で、子どもを脅かすという解決方法は、子どもを欺くことであり、恐くてしばらくは泣いたりいたずらしたりいなくなるが、脅かされて行動することでその子どもは臆病になったり卑屈になったりする[39]と主張する。植木にとっての卑屈は、単に政府官吏へ対しての卑屈[40]ではなく、人間が自主の力をふるって活発に勇往進取することができず、疑い深く萎縮しきっている様[41]と説明している。このように、自主的な勇往進取できる人間を育てるという目的を明確に示して、そのために養育中の問題場面においては、子どもを脅さずに育てよと述べている。

　第2の親が子どもに謝る事については、3月26日の記事に示されている。親は、子どもに対してちょっとした方便で嘘をつくことがよくある。たとえば、親がでかけようとする際に子どもが泣くと、適当に泣き止むような事を言ったりする。このような状況を養育場面における問題場面とすれば、このような時に、適当な事を言っていると、子どもは親を信じなくなり、なによりも嘘を言ってもいいと思う様になる[42]、と、その対応の結果を示す。孟子の母の例を引きながら、養育者が子どもに安易に嘘をつかないこと、また嘘を言ってしまった場合には、親が謝ることという儒教倫理では考えられない育児方法を、植木は提唱している。

　第3の子どもに干渉し過ぎない育児方法については、4月1日の記事に書かれている。育児方法として、乳児から添い寝することなく一人で寝かせ、干渉し過ぎないことを薦める。よくいる親として、いつも子どもを側に置いておき、少し離れると早くこちらへ戻れと呼び、外へ出れば手を引いて少し走れば危ないと止め、外で遊んでいるともう中へ這入れと命じ、放任しておけばよいことにいらぬ世話をやくとその様子を描写している。このような干渉を受けた子どもは、「自治の気象を起し精神の発展を十分する」[43]ことがで

きないと、その結果を示す。自立した人間を育てる育児では、子どもに干渉し過ぎないという具体的方法を示している。

3. 『幼稚園初歩』における個人観と儒教的家族観

『幼稚園初歩』[44]は、『幼学綱要』が配布された後に書かれたものである。儒教思想が勢いを取り戻しつつある社会思潮中、保育方法に関してはさまざまな取り組みが自主的に行われようとしていたことを端的に表す書籍としてとりあげた。

(1) 飯島半十郎の幼稚園教育観

『幼稚園初歩』は、飯島半十郎（1841—1901）によって1885（明治18）年8月に発行された保育指導書である。飯島は、旧幕臣であり、明治政府の文部省編輯局で教科書編纂に従事し、1875（明治8）年大槻磐渓らと洋々社を結成、雑誌『洋々社談』の編集人となったこともある人物である。『幼稚園初歩』は、小林（1977）[45]によれば、フレーベルの精神を理解して、遊びによる幼稚園教育の重要性を主張し、翻訳書に頼らず日常の子どもの生活をふまえて、日本古来の玩具や遊びを教材とする独自の保育を展開する保育指導書である。フレーベルの恩物を形式的に扱うのではなく、子どもの生活の中にある遊びを保育に取り入れたところに、明治初期の西洋文化導入期にはみられない、日本独自の幼稚園教育の展開を示している。

『幼稚園初歩』の著者である飯島については、1977年に小林がその来歴を発見するまで詳細は不明であった。その後、小川[46]（2002）によって、幼稚園教育観に関する考察が加えられた。小川は、飯島半十郎と中村正直の思想的継承について、幕府昌平坂学問所の師弟関係に始まる明治政府内での関係まで順に検証し、飯島が中村から「啓蒙的教育観、特に女子教育観や幼児教育観、さらには幼稚園教育観」[47]を学んでいると述べている。その中村は、明治初期にすでにフレーベル主義について深く理解していたと小川[48]や湯川

(2001)⁴⁹は考えている。

　飯島半十郎の職歴をみれば、1875（明治8）年に文部省報告課に奉職しているが、その翌年明治9年に東京女子師範学校附属幼稚園が開園している。飯島が働いていた時期は、「文部省において我が国に幼稚園教育を導入せんとする機運が高まっていた時期で、西洋の幼稚園関係の書物が数多く移入され、明治六年から刊行される『文部省雑誌』や明治九年にその誌名を変更した『教育雑誌』に幼稚園関連の記事が多く掲載される。飯島は、恐らくは校訂の仕事に携わりながら幼稚園関係の「欧米諸家ノ説」に接して幼稚園教育観を形成する上で多くのことを学んでいた」⁵⁰と小川は推定している。このように、飯島は、中村本人との交流関係からまた自身の仕事上から得た知識に基づいて、独自の幼稚園教育観を形成していったと考えられる。

　では飯島は幼稚園教育について、『幼稚園初歩』ではどのように述べているだろうか。第1に、幼児自ら育つことが自然の性であるとし、それゆえに幼児期の遊びの重要性を主張している。第2に、幼児にとって集団で遊ぶことが必要で、そのために幼稚園で教育することが望ましいと主張する。第3に、この書籍を啓蒙書と位置づけており、幼稚園教育の社会的役割を自覚しつつ出版している。

　巻一「幼稚園の大意」では、幼児の教育について、「幼稚の遊戯は自然の工藝にして教育ハ即此の自然の工藝を擴充するに過ぎざるなり、されバ遊戯に就きて保育をなし、保育に就きて遊戯をなさしむるこそ、幼稚教育の要領なり」⁵¹（下線部、飯島による傍点）と遊びによる保育を強調している。フレーベルにおける子どもの神性を自己発展させる受動的、追随的な保育の精髄を、飯島は幼児の天性、自然性を遊びによって発達させると表現している。その遊びに関しては、フレーベルの恩物だけではなく日本の伝統的な玩具を教材として用いようとしているところに飯島の独自性がある。巻一に記している遊びや巻二の折物などは、幼児の認識や想像性を養うことを目的としており、飯島は伝統的な遊びの教育的意義を示している。

第2に、幼児は集団で遊ぶことが自然の性質を育成するのに必要であると述べ、幼稚園の設立を促している。そのための理想的な幼稚園施設を説明し、それができない場合の簡易な幼稚園施設、またそれも不可能な場合の母親による幼児の集団保育を薦めている。

　第3に、飯島は自己の幼児教育観を述べたこの書籍を、幼稚園の普及のための啓蒙書として位置づけており、歴史の中での意義を認識していた。寺院の庫裏などでの母親による簡易幼稚園の薦めも、幼児の群れ遊びの重要性を認識し、少しでも幼稚園が普及するようにとの思いからの工夫である。このような幼稚園教育の社会的役割への認識においても、フレーベル思想に基づいていると言えるであろう。

（2）『幼稚園初歩』における「公正さ」

　『幼稚園初歩』は二巻から構成され、内容は、巻一の初めに保育の心得などを述べた後は、保育教材についての詳細な解説となっている。それらの中で「公正さ」に関わる見解について考察する。

① 人の認識

　『幼稚園初歩』では、幼児を個々の人として認識する一方で、五倫として伝えられる儒教的家族関係や長幼の序という年齢による上下関係に基づいて善悪の判断を行う人という認識もみられる。人の認識において、個人観と儒教的家族観の相克がみられると言えるであろう。

　「保母の注意」[52]には、子どもを個々の存在として捉えている言説がある。巻一「保母の注意」の内容を列記すると、1．朝の出席確認　2．年齢別クラスの人数および縦割り保育のすすめ　3．遊戯の時間を幼児に合わせること（小学教則のように何時間は何科と規則を設けるのはよくない）　4．保母は公平に子どもに接すること　5．保母は子どもが泣いても、いい加減なことを言ってなだめないこと　6．子どもが怒って何もしないときは、他の子どもから離して憤怒がおさまるのを待ってから、部屋に入れること　7．子ども

がけんかをしたときは、長幼の序、親からもらった体を傷つけないことなどを言い聞かせ、えこひいきなく審判すること　8．子どもにそれぞれ1箱の所有物を持たせて、毎日物を出したり直したりさせることは幼稚園における大切な教課であること、の8項目である。

　「保母の注意」において、個人として自立を目標とするような言説は、4、7、8に見いだせる。4では明確に「公平に」子どもに接するとし、7では「えこひいき」なくという言葉があり、子ども同士においてはそれぞれの子どもを等しく考えている。8では、子どもに個々の所有物を持たせており、自分の物に対する責任感を養うことが目指されている。

　一方で、巻一項目7では、長幼の序、親孝行という儒教倫理が示されている。同様に、巻二では人形遊びが教材として示され、その目的は修身学の一端と述べられている。保育者が五等親の人形を示して、家倫の道を教えるとし、儒教倫理における親子関係、家族の関係を学ぶ教材としている。

　巻二の楠正成の画は桜井駅で息子正行に遺言している場面であり、「忠臣の明鑑なり」[53]と解説され、子どもに忠を尽くすことを教えている。また、比喩話の「不孝者」[54]では、「孝ハ人の常行なり」[55]として親孝行の大切さを話すよう解説している。

② 事態の把握

　談話の内容や比喩話の後に付けられた飯島の解説に、どのように事態を把握するか、2つの特徴ある軸が示されている。第1は、人からどう思われるかという軸から事態を把握し、第2は、好き嫌いなど感情や気持ちを軸とする事態の把握である。

　第1の特徴は、比喩話「志摩の亀島」[56]にみられる。小さな島で育った子どもが父親と初めて鳥羽の町に行き、これが日本かと尋ねたのに対し、父親が日本はこの3倍だと教えたという話である。これに対し、飯島は、地理学を学習しておればこのような事はなく、父親や子どもが無知であることを「笑うべし」[57]とまとめている。学ぶ事の大切さを述べているが、人に笑われ

るという理由が、事態の把握として注目される点である。つまり、学問を修めておらず知識がないこと自体の問題を認識させるのではなく、人からどう思われるかという人間関係重視の事態の把握である。同じように、西洋の訓話であるイソップ物語の「兎と亀」[58]の解説においても、最後に兎が負け「大に恥ぢて去る」[59]と結び、恥じる気持ちを強調している。これらの比喩話は、第2の特徴である感情や気持ちを軸とした事態の把握の事例でもある。

　第2は、巻一「保母の注意」7に、感情を重視する事態の把握がある。7は、子どもがけんかをするという問題場面に対する保育者の対応を解説している。事態の把握として注目すべきは、保育者が審判する際の留意事項である。えこひいきなく審判することと「公正」な態度を強調しているのであるが、この「公正さ」の基準は、あるルールに対して問題となる事態を公正に判断するという事ではなく、問題場面に関わる子どもに対する保育者の好悪に影響されて判断しないようにという注意である。保育者の個人的感情に視点をおいた注意が為されており、感情や気持ちを軸とした事態の把握と言えるであろう。

③　解決方法

　『幼稚園初歩』における問題場面での解決方法の特徴は、禁止の指示である。秩序を保つための行動規制と言えるだろう。

　イソップの寓話やワシントンの話など西洋の比喩話が、成功やハッピーエンドの話であるのに対し、日本の話は、失敗を通して幼児に禁止事項を教えようとする話が多い。マイナスの評価の強調は西洋の話においてもみられ、たとえばワシントンが桜の木を切った逸話の解説において表れる。少年ワシントンの正直さを強調するよりも、逃げることは卑怯であるということを強調する。良い事をとりあげるのではなく悪い事をとりあげ、禁止事項を指示するという解決方法である。

　表1-7に、第2節の「公正さ」をまとめる。

表1-7　明治中期・教育関係書にみられる「公正さ」の多様な展開

	『幼学綱要』	『育幼論』	『幼稚園初歩』
人の認識	天皇を頂点にした儒教倫理に貫かれた国家の中に、人を位置付ける。五倫の人間関係で人を認識する。	子どもを個人として認識する。人の善さの基本を自主独立とし、具体的には勇敢で元気にあふれ前向きであること。	個人として自立すること。儒教的家族観の中で倫理を身につけること。
事態の把握	公と私という関係で事態を把握する。公平を判断する事態の把握の軸は、私情。	人民と政府を対置するという軸。科学的理解という軸。	人の評価という軸。感情や気持ちという軸。
問題解決	義や孝を重んじる儒教倫理による、人間関係を重視した問題解決。	個々人が自発的に問題解決に取り組む。子どもを脅かさない。間違った場合は親でも謝る。親は干渉し過ぎない。	秩序を保つための行動規制として、禁止の指示による問題解決。

第1章のまとめ

　本章では、明治後期の保育内容における「公正さ」の背景として、明治初期から明治中期の教育界における「公正さ」の流れの特徴を、幼児教育関係書を含む書籍を分析することを通して明らかにした。第1節では福沢諭吉による『童蒙教草』と青木輔清による『民家童蒙解』、第2節では元田永孚による『幼学綱要』、植木枝盛による『育幼論』、飯島半十郎による『幼稚園初歩』』を資料とした。まとめると、表1-8～表1-10のようになる。明治初期の翻訳修身書の分析からは、「公正さ」における西洋思想の受容と限界の様相、明治中期の展開では、対立する政治思想的相違や保育内容における「公正さ」に多様な展開がみられることが明らかとなった。

表1-8　人の認識

幼児教育関係書	内容
『童蒙教草』	個人の独立を主張しながら身分社会における国民あるいは人民として自分を位置づける「人」である。
『民家童蒙解』	儒教倫理による君臣関係を重視しながら、同時に西洋思想を同等に紹介する。
『幼学綱要』	天皇を頂点にした儒教倫理に貫かれた国家の中に、人を位置付ける。五倫の人間関係で人を認識する。
『育幼論』	子どもを個人として認識する。人の善さの基本を自主独立とし、具体的には勇敢で元気にあふれ前向きであること。
『幼稚園初歩』	個人として自立すること。 儒教的家族観の中で倫理を身につけること。

表1-9　事態の把握

幼児教育関係書	内容
『童蒙教草』	国を軸として事態を把握し、報恩をよしとする。
『民家童蒙解』	感情を軸として事態を把握する。 生活から乖離した状態で社会という軸がある。
『幼学綱要』	公と私という関係で事態を把握する。 公平を判断する事態の把握の軸は、私情。
『育幼論』	人民と政府を対置するという軸。 科学的理解という軸。
『幼稚園初歩』	人の評価という軸。 感情や気持ちという軸。

表1-10　解決方法

幼児教育関係書	内容
『童蒙教草』	自由な自己決定を提唱する。 秩序を乱すことは許されない。
『民家童蒙解』	権威に従う。
『幼学綱要』	「義」や「孝」を重んじる儒教倫理による、人間関係を重視した問題解決。
『育幼論』	個々人が自発的に問題解決に取り組む。 子どもを脅かさない。間違った場合は親でも謝る。 親は干渉し過ぎない。
『幼稚園初歩』	個人として自立する。 儒教的家族観の中で倫理を身につける。

注

1 本研究では、国会図書館所蔵の福澤諭吉訳（1872）『童蒙教草』尚古堂を使用している。
2 本研究では、筑波大学所蔵の Chambers, W. and Chambers, R. (1873) *The Moral Class-Book*, Chambers's educational course. W. & R. Chambers, London and Edinburgh を用いている。坂本によれば、初版は1839年で1847年に新版が刊行されているが、その後再版された1921年版と内容に変更がない。したがって、筑波大学所蔵の1873年版も新版と変わりなく、福澤が使用したものと同じであると推定し用いた。
3 『童蒙教草』とともに『民家童蒙解』も推奨されている。
4 『イソップ物語』の翻訳は、イエズス会が1593年に『イソポのハラブス』をローマ字版で行っており、江戸初期に『伊曾保物語』として普及していた。
5 柳父章「福沢諭吉における"individual"の翻訳」『文学』48巻（12号）、1980、p.82。
6 同上書、p.84。
7 岩谷十郎「法文化の翻訳者：ことばと法と福澤諭吉」福沢諭吉協会（編）『福澤諭吉年鑑』30号、福沢諭吉協会、2003、p.111
8 同上。
9 1385年フランスで起こった農民一揆「ジャックリーの乱」のことである。
10 本研究では、国立国会図書館近代デジタルライブラリー所蔵、1876（明治9）年温故堂より発行の「小學教諭民家童蒙解」を用いた。
11 Emma Willard は、アメリカにおける女性教育の開拓者であり、1819年にはニューヨークにアメリカで初めてカレッジレベルの女学校を創設している。
12 筑波大学図書館所蔵の"Morals for The Young; or, Good Principles instilling Wisdom"（1857）を使用した。
13 高祖（1976）によれば、巻五は翻訳であるが誰のどのような本を訳したのかは確定できないとしている。しかし、内容は儒教思想を基底にした解説がなされていることから、青木自身の思想を述べたものではないかと思われる。青木は、巻三の緒言で、「余嘗テ修身學ノ第一初歩ヲ纂輯シ之ヲ民家童蒙解ト題シ既ニ世ニ公ニスト雖モ、其書原ト創メテ學ニ就ク児童初テ書ヲ讀ノ僕婢ニ教諭スルノ旨趣ナレハ、極メテ卑近日常ノ事ノミ多シ、今又故ニ一歩ヲ米國進メ小學校ノ教諭書其他二三ノ書経済書等ヲ抄譯シ、傍ラ卑説ヲ加ヒ、人ノ往クベキ道ト必ス行フベキ義務トヲ略記シ、以テ其次篇ト為ス」と、始めの予定であった「ウィスドム」の他の書も参照し

14 「数萬里の海を隔たる外國の人といへども同じ天地の間に生れ同じ日月を眺め同じ情合の人民なれば相互に信實を盡し爰（ここ）に餘れる物ハ彼に興へ彼に長するものハ茲に取り相互に親睦して倶（とも）に便利を達し倶に太平を楽むべし」
　　「然（しか）し開けざる國におゐてハ妻を牛馬の如く思ひ夫の意に任せて自由自在に取扱ふなれども婦人とても同じ人間なれば左程賤（いやし）むべき道理なし」
15 『論語』から、君が礼をもってすれば、臣は忠をもってこれに答えるとしている。
16 「人間ハ元正直なる者なれバ、其天然授りたる正直を守りて善に赴くこそ人間の一大事なり。人間生るや一心を以て正直と邪悪とのニ道の内の一を往くものなれバ、よく此道に心を注ぎ其天然の道案内（人間一生善悪道案内といふ書を近日出版す）に從て必ず道を取違ふこと勿れ。」
17 「人ハ皆仁恵を以て第一の心とすべし。何とかして他人に幸福を附與し歓喜を蒙らせん叓を求めハ、即ち造物主（ゐすさま）への勤めにて只自身の幸福歓喜を求めるより衆人の幸福歓喜を求め願ふに數倍の幸福歓喜あるものなり」
18 He is a SPIRIT, and he sees the human soul or spirit, though we cannot, for he is the Father of our spirits, as well as the Former of our bodies; and his eye beholds, though ours does not, the Darkness that broods over the Way of Folly, and the Light that not only nature, but Revelation, revealing the Sun of Righteousness, sheds, with increasing brightness, on the pathway of the just, — which is the Way of Wisdom.
19 「人民ハ、皆官府の守護あつて身体財貨を全ふし、開化文明の徳澤に浴し、泰山の安きに居るを得る故に、此恩に報ひて、租税を納むること、當然の理なり。」「何でも天下の寶（たから）をむだに費さず、人の勞作したる物を坐食せず、御上の御規則に背かず、御上の御厄介を掛けぬ様にせバ、全國安穩にして、國家自然と冨強なるべし。是即ち同心協力人間の義務と申すなり。」
20 矢治佑起「『幼学綱要』に関する研究－明治前期徳育政策史上における意味の検討」『日本の教育史』通号33、1990、pp.37-52。
　　『幼学綱要』の徳育政策史上の意味に関する研究では、『幼学綱要』は文部行政からは排除されるべき対象であり、実際の取扱いにおいても頒賜された後保存されるのみで活用はされなかったとしている。
21 掛本勲「教科書検定制度成立過程に関する一考察」『皇学館論叢』37巻2号、2004、pp.1-24。
　　教科書検定史の視点から、文部省が教科書検定制度を始める間際に出版されよう

としており、勅選教科書として扱うかどうかとの宮内省とのやりとりでは、『幼学綱要』に対し批判が起こった場合、天皇の権威が傷つくという見解を文部省が持っていたのではないかと推察している。

22　元田永孚「教学大旨」『近代日本思想大系』30明治思想集Ⅰ、筑摩書房、1976、pp.263-264。「智識才芸ノミ尚トビ、文明開化ノ末ニ馳セ」「仁義忠孝ヲ明カニシ、道徳ノ学ハ孔子ヲ主トシテ」

23　元田永孚「教育附議」『近代日本思想大系』30明治思想集Ⅰ、筑摩書房、1976、pp.268-270。
　　６つの項目をたてた中で、「西洋ノ修身學ニ云所、君臣ノ義薄ク、夫婦ノ倫ヲ父子ノ倫ノ上ニ置クカ如キ、固ヨリ我邦ノ道ニ悖ル、且修身ノ書、多クハ耶蘇教法ニ出ツ」としている。

24　同上書、p.269。「欽明天皇以前ニ至リ、其天祖ヲ敬スルノ誠心凝結シ、加フルニ儒教ヲ以テシ、祭政教学一致、仁義忠孝上下ニアラザルハ、歴史上歴々証スベキヲ見レバ、今日ノ国教他ナシ」

25　元田『幼学綱要』、宮内省所蔵版、国立国会図書館、近代デジタルライブラリー、1881、巻之一 p.21

26　植木枝盛「普通教育論」『植木枝盛集』第３巻、岩波書店、pp.100—114、1990。

27　同上、p.103。

28　同上、p.101。

29　植木枝盛「教育ハ自由ニセザル可カラズ」愛国新誌10号『植木枝盛集』第３巻、岩波書店、pp.193-195、1990。

30　家永三郎「植木枝盛と仏教―近代的革新思想と仏教との結びつきの一例―」『日本仏教史』通号４、1958、pp.1-11。
　　家永によれば、植木枝盛は1874（明治８）年から1876（明治10）年にかけて東京遊学中に、キリスト教に深い関心を示し自らプロテスタント教徒であると公言したことさえあったが、1877（明治11）年土佐に戻り立志社で自由民権運動に関わるようになってからは、キリスト教への傾倒はみられなくなり、翌1878（明治12）年の「無天雑録」にはすでにキリスト教に対する批判が現れてくる。この心情に関し、家永は「最初からキリスト教を衷心から信仰していたのではなかったにちがいない。ただキリスト教が封建的習俗と相容れない立言をしているのに魅力を感じ、一時これに大きな関心を注いだものの、結局その教義を是認することができず、むしろ仏教の教義の方に高い思想的意義を認めて、そちらのほうに志向を転ずるにいったもの」と述べている。そして、仏教に対する植木枝盛の理解について、家永は

「『尊人論』をみると、彼は宋明儒学や華厳の三界唯心の教義を援引して唯心論的に人間至上主義を基礎づけようとしているのであって、彼の主張する『無神論』は決して唯物論ではなく、むしろデイルタイのいわゆる客観的観念論の類型に属する考え方に立っているのであるが、それは、唯心論的汎神論の方向をもつ仏教哲学の基調とまさしく一致する」と考える。植木枝盛はキリスト教を信仰することなく、また仏教に対しても「信仰でないのはもちろん、成仏の道でさえなく、一片の『方略』としてのみ受容されていることを注意すべきであろう。それは、仏教が枝盛の思想体系の中に占め得る地位の限界点」であったと家永は考える。では、植木枝盛の世界観、人間観の中核にあるものは何かと言えば、『尊人論』に書かれている「人間の能力の無限の可能性に対する強い信頼を示し、人間の将来の無限の発展に無条件に明るい希望を託し、徹底的な人間讃歌（中略）その根柢において、このような歴史の無限の進歩による人類の福祉の無限の向上を確信していた（中略）人間信頼の人生観は、彼の革新的政治思想を支える哲学的基礎」であると家永は指摘する。

31　小畑隆資「植木枝盛とキリスト教―枝盛における『天賦自由』論の成立―」『文化共生学研究』第2号、2004、pp.49-69。

　小畑は「キリスト教が枝盛の政治思想形成にとってその根幹のところで深く関わっていた」と考え、1876（明治9）年に書かれた『思想論』の再検討を行った。植木枝盛のキリスト教への関心は、神によってすべての人間に平等に賦与された「思想ノ二力」にあり、「西洋文明をもたらしたキリスト教の見出されるところの人間観であった。」したがって、植木枝盛のキリスト教理解について小畑は、「キリスト教の神の実在を、『勉強』、すなわち、『疑』をもって『講究』すれば認識（『心視』）できるとするところに議論の焦点があり、そこに枝盛のキリスト教理解の独自性がある」としている。このように、キリスト教における信仰の部分は無視した形ではあったが、「『尊キ神』を認識できる存在として神の尊厳に与っているという認識が、枝盛をして人間の尊厳を確信」させたのであり、1877（明治10）年に書かれた『宗教概論』では、「キリスト者として、より内面化と他方では戦闘性を強め（中略）祭拝の対象を唯一神としての『上帝』のみに収斂することによって、彼は、それ以外の者には精神において決して跪かない『自由の精神』を感得した」と小畑は考えている。

32　植木、「育幼論」、前掲書、p.70。
33　同上書、p.58。
34　同上書、p.60。
35　同上。

36　同上。
37　同上書、p.55。
38　同上書、p.49。
39　同上書、p.47。
40　同上書、p.48。
41　同上。
42　同上書、p.61。
43　同上書、p.65。
44　飯島半十郎「幼稚園初歩」、岡田正章監修『明治保育文献集』第四巻、日本らいぶらり、1977。
　　本研究では、『明治文献集』に復刻された、明治18年8月出版、青海堂発行による「幼稚園初歩」を用いた。
45　小林恵子「『幼稚園初歩』を著わした飯島半十郎について」『日本保育学会大会発表抄録』30、1977、p.112。
46　小川澄江「飯島半十郎の幼稚園教育観」『国学院大学栃木短期大学紀要』37号、pp.49-81、2002。
47　同上書、p.59。
48　同上書、p.49。
49　湯川嘉津美『日本幼稚園成立史の研究』風間書房、2001。
　　1876（明治9）年に中村は『フレーベル氏幼稚園論ノ概旨』を訳出し文部省より刊行しているが、その原典であるジョセフ・ペイン著『フレーベルと初等教育としての幼稚園システム』には、「フレーベルの略伝からはじまって、幼児教育の理念や遊びの教育的意義が簡潔にまとめられて」おり、明治初期にはフレーベルの思想は理解されていなかったという従来の見解を覆し、中村正直が明治初期からフレーベルの教育理念を深く理解していたと湯川は考えている。
50　小川、前掲書、p.61。
51　飯島、前掲書、p.103。
52　同上書、p.110。
53　同上書、p.266。
54　同上書、p.276。
55　同上書、p.277。
56　同上書、p.281。
57　同上書、p.282。

58 　同上書、p.293。
59 　同上書、p.294。

第2章　幼稚園の保育記録にみられる「公正さ」

　本章では、明治後期の保育者による保育記録として愛珠幼稚園の『保育日記』（明治31年／明治37年度）および『保育要目草案』（明治40年前後）、また東京女子高等師範学校付属幼稚園「保育事項実施程度」、「幼児に適切なる談話の種類及その教育的価値（女子高等師範学校調査）」および「幼稚園における幼児保育の実際」を資料として、「公正さ」について分析する。

第1節　愛珠幼稚園の『保育日記』および『保育要目草案』

　愛珠幼稚園は、1880（明治13）年大阪市東区（現在の中央区）に道修小学校連合町会によって町立幼稚園として設立された。幼稚園教育が比較的盛んであった京阪神における先駆的公立幼稚園である。本節で用いる資料は、大阪市教育センター愛珠文庫に所蔵されているものである。

1．明治中期の保育

（1）『愛珠幼稚園志留辨』

　愛珠幼稚園は、設立と同時に「設立趣旨規則保育科目等」[1]を印刷して保護者に配布している。この冊子は、『愛珠幼稚園志留辨』と題されていた。内容は、本園規則、保育科目、入園願書式、保育時間表、休日録、来観約束の6項目から成っている。これらから、設立当初の幼稚園の様子を垣間見る。

　設立の趣意は、緒言において述べられている。幼児を母親が育てると、甘やかしすぎたり忙しくてかまっていられなかったりして、充分に子どもの成長を促すことができない。したがって、職として保育することが必要であ

る。ドイツ人のフレーベルが保育法を発明して、幼稚園を設立している。その保育は精密で深い。わが国でも幼稚園が設立されてきている。保護者たるものは、子どもを幼稚園に通わせなければならない。このように、区内の保護者に幼稚園に通わせることを勧めている。1882（明治15）年の1月、4月の出席表によると、登録しているものの全く出席していなかったり、休みがちであったりする園児がおり、明治初期という時代から当然のことであるが、緒言は幼稚園に通わせる意義を保護者に伝える内容となっている。

園規則は、16条からなる。保育科目は、第二十恩物までの羅列と、球技、貝遊、計数、耕作、理解、唱歌、音楽、説話、体操、遊嬉の題目だけが記載されている。入園願書式は、入園願書の様式である。保育時間表は、第一部、第二部と分かれており、月曜から土曜までを横軸、9時20分から10時まで、あるいは10時から10時20分までなどと、時間を記した6枠を縦軸にした時間割に、保育科目が記されている。休日録によると、休日は、表2-1のようなものであった。

表2-1　愛珠幼稚園の休日

1月30日	孝明天皇祭	11月3日	天長節
2月4日	祈年祭	11月23日	新嘗祭
2月11日	紀元節	日曜日	
3月	春季皇霊祭	土曜日午後	
4月3日	神武天皇祭	7月1日より8月31日まで	
9月	秋季皇霊祭	12月25日より31日まで	
10月17日	神嘗祭	1月1日より10日まで	

上記のほか、産神祭日等の臨時の休日がある場合はその都度掲示すると記されている。

「来観規則」は、訪問者に対する規則で誰でも名刺を園丁に提出すれば訪問できること、保育時間中に限ること、飲食物を持たないこと、保育方法に

第2章　幼稚園の保育記録にみられる「公正さ」　77

ついて質問のあるときは、接客所で監事に言うこととの、4条からなっている。

　幼児や保育の様子が窺える園規則の3ケ条は以下のようである。

第八條　園中ニ在テハ保姆一切保育ノ責ニ任ズ故ニ附添人ヲ要セズ
　　　　但シ幼稚未ダ保姆ニ慣馴セザル間マタハ幼稚自ラ本園ニ往来ナシ
　　　　能ハザレバ附添人ヲ出シテ送迎セシムベシ
第十二條　幼稚本園ノ恩物類ヲ自宅ニ持歸ラント欲スルモノハ之ヲ許スコ
　　　　トアルベシト雖モ若シ遺失或ハ破損スルトキハ之レヲ辨償セシム
　　　　ベシ
第十六條　附添人中若シ粗暴ノ遊戯或ハ猥雑ナル談話等ヲナスモノアラバ
　　　　之レヲ訓戒ス

　第12条から、幼児は求めれば、恩物やその他の幼稚園の遊具を自宅の持ち帰ることができたことが知れる。また、第8条、第16条は、親ではなく附添人が幼児を送迎することが多かったことを反映する規則となっている。

（2）『書籍目録簿』
　明治16年7月よりの日付がある『書籍目録簿』が残されており、開園当初保育者がどのような書籍を参考に保育を行っていたかを垣間見ることができる。『書籍目録簿』を表2-2のようにまとめた。手書きであるので、略して書き留めている書籍は、『所蔵圖書目録（明治・大正編）』（1968）を参照し、〈　〉内に正式な書籍名を追加した。なお、判読できない文字は○と表記した。【　】内は発行年である。枠内が灰色になっているものは、1968年発行の『所蔵図書目録』に記載されていないものである。冊数、部数の数字は、原書では漢数字であるが、本表ではアラビア数字で表記した。（　）は著者によるふりがなである。

表2-2　愛珠幼稚園　明治16年の『書籍目録簿』（番号は著者による）

番号	書籍名	冊数	部数
1	幼稚園記【明治9　1876】	4冊モノ	4部
2	幼稚園【明治9　1876】	5冊モノ	5部
3	読本〈和文讀本　4巻？〉【明治15 1882】	5冊モノ	1部
4	通俗伊蘇普物語【明治8　1875】	6冊モノ	1部
5	女子読本〈女子讀本〉【明治11 1878】	4冊モノ　附録トモ	1部
6	幼稚園案内	2冊モノ	1部
7	西洋烈女伝	2冊モノ	1部
8	小学作法書〈小學作法書　3巻？〉【明治16 1883】	2冊モノ	1部
9	女子文章読本	6冊モノ	1部
10	今昔道ノ栞〈教訓心法今昔道ノ栞〉【嘉永元　1848】	3冊モノ	1部
11	日本庶物指数	3冊モノ	1部
12	童蒙教草【明治5　1872】	5冊モノ	1部
13	日本品行論	2冊モノ	1部
14	教ノ杖	下1冊	
15	修身画解〈修身畫解〉【明治15 1882】	1冊モノ	1部
16	読方入門	1冊モノ	1部
17	暴夜物語（アラビヤ）【明治8　1875】	1冊モノ	1部
18	修身要旨〈小學修身要旨〉【明治12 1879】	1冊モノ	1部
19	修身口授【明治9　1876】	1冊モノ	1部
20	二十遊嬉〈幼稚園法二十遊嬉〉【明治12 1879】	4冊モノ	
21	錦画修身談〈錦繪修身談〉【明治17 1884】	6冊モノ	1部
22	大成普通畫學本【明治17 1884】	初篇10冊モノ	1部
23	同　　　　　　【明治17 1884】	二篇12冊モノ	1部
24	画学書〈下等小學第七級畫學書〉【明治11 1878】	2冊モノ	1部
25	図法楷梯〈鏤刻圖濃階梯〉【明治10 1877】	8冊モノ	1部
26	幼稚園用動物図解	1冊モノ	1部
27	幼稚園創立法	1冊モノ	3部
28	学校管理法〈學校管理濃〉【明治18 1885】	1冊モノ	1部
29	改正教授法〈小學改正教授法〉【明治17 1884】	1冊モノ	1部
30	教育新論【明治18 1885】	2冊モノ	1部
31	通俗教育論【明治18 1885】	1冊モノ	1部
32	童女筌【明治9　1876】	2冊モノ	1部
33	七大教育家列傳【明治18 1885】	1冊モノ	1部
34	初等教育論　中巻〈加氏初等教育論〉【明治18 1885】	1冊モノ	1部
35	小学教育論〈那然氏小學教育論〉【明治10 1877】	1冊モノ	1部
36	音樂問答【明治16 1883】	1冊モノ	1部
37	教育格言【明治15 1882】	1冊モノ	1部
38	修身教訓【明治10 1877】	1冊モノ	1部
39	初学童蒙〇〇	1冊モノ	1部

番号	書籍名	冊数	部数
40	庶物指数　上下〈塞兒敦氏庶物指数　上下〉【明治11 1878】	2冊モノ	1部
41	動物図解	1冊モノ	1部
42	唱歌	4冊モノ	1部
43	讀書入門【明治19 1886】	1冊モノ	1部
44	箏ノ譜	1冊モノ	1部
45	和琴ノ譜	1冊モノ	1部
46	初學須知	4冊モノ	1部
47	初等小學○○美教○書	5冊モノ	1部
48	同　参式	2冊モノ	1部
49	改正教授術【明治16 1883】	3冊モノ	1部
50	同　続編　【明治16 1883】	2冊モノ	1部
51	智恵ノ環〈繪入智慧の環〉【明治6　1873】	8冊モノ	1部
52	智氏家訓　後編〈改正智氏家訓　後編〉	2冊モノ	1部
53	同　【明治9　1876】	3冊モノ	1部
54	初學須知〈牙氏初學須知〉【明治9　1876】	15冊モノ	1部
55	修身要訣【明治7　1874】	2冊モノ	1部
56	勧善訓蒙〈泰西勧善訓蒙〉【明治6　1873】	3冊モノ	1部
57	同　後編	8冊モノ	1部
58	神社祭式【明治8　1875】	1冊モノ	1部
59	金波園画譜【文政3　1820】	1冊モノ	1部
60	習字手本	8冊モノ	1部
61	保嬰新書　上下【明治9　1876】	2冊モノ	1部
62	小學修身書〈小學修身書初等科之部〉【明治16 1883】	6冊モノ	1部
63	子守教育法【明治17 1884】	1冊モノ	1部
64	改正商賣往来【明治12 1879】	1冊モノ	1部
65	啓蒙智恵ノ環【明治5　1872】	3冊モノ	1部
66	色図解〈改正掛図色圖解〉【明治8　1875】	1冊モノ	1部
67	内外国旗章〈改正内外國旗章〉【明治11 1878】	1冊モノ	2部
68	○米○記	1冊モノ	1部
69	神童蒙求【明治13 1880】	1冊モノ	1部
70	和漢三才図會〈和漢三才圖會〉【天保13 1842】	81冊	
71	恩物図○	12冊モノ	5部
72	同　12ノ中		
73	恩物図○　ブック綴	13冊モノ	1部
74	泰西訓蒙圖解　上下　【明治4　1871】	2冊	
75	大○日報	8冊	
76	現○手本	1冊	
77	単語図	4枚	2様
78	連語図	5枚　外ニ色図1枚	

番号	書籍名	冊数	部数
79	○○図	5枚	
80	○物図	10枚	
81	修身訓画掛図	8枚	
82	修身○○掛図	2幀	
83	東京名勝	1冊モノ	1部
84	日本名勝〈大日本六十餘州名勝圖會〉【安政3　1856】	1冊モノ	1部
85	日本物産図	3冊モノ	1部
86	東京花名所	1冊モノ	1部
87	東京三十六景	1冊モノ	1部
88	東京明細図會〈東京明細圖會〉【明治19 1886】	1冊モノ	1部
89	写真	5冊	
90	掛図雛○	13枚	
91	幼稚園用○具	11色	
92	緑○	36色	
93	女子立志編	3冊	
94	○訓蒙立志篇	1冊	
95	画学近道〈畫學近道〉【明治11 1878】	1冊	
96	幼稚保育編【明治20 1887】	13冊	1部
97	音楽の枝折【明治20 1887】	2冊	1部
98	日本○史	4冊	1部
99	小学地誌〈飜刻小學地誌〉【明治15 1882】	2冊	
100	博物学楷梯〈小學讀本博物學階梯〉【明治16 1883】	1冊	
101	物理楷梯〈改正増補反刻物理階梯〉【明治18 1885】	3冊	
102	繪　女子立志編	2冊	1部
103	恩物手本	14冊	
104	幼稚園修身ノ話	1冊	
105	神童蒙求	1冊	
106	音楽問答	1冊	
107	幼稚園玩器手本	4冊	1部
108	写形手引き	1冊	1部
109	智恵板図解	1冊	1部
110	修身彙訓掛図	10枚	
111	讀方掛図	7枚	
112	唱哥集〈小學唱歌集〉【明治16 1891】	3冊	1部

　表2-2より、1883（明治16）年7月より記載され始めた『書籍目録簿』には、112冊（掛図などを含む）の書籍名が記されている。『所蔵圖書目録』と比較すると、52冊が不明であるが、うち35冊は楽譜・掛図・習字手本等であ

り、1968年発行の『愛珠』では別項目に入っている。また、この『書籍目録簿』に記載されている書籍は、ほぼ1887（明治20）年までに発行された書籍であり、1888（明治21）年以降に発行された書籍はないので、1887（明治20）年頃までの『書籍目録簿』と考えてよいと思われる。なお、表2-3は、1887（明治20）年以前に発行されており『所蔵圖書目録』には記載されているが、この書籍簿には欠落している書籍である。

　『書籍目録簿』では、『幼稚園記』、『幼稚園』の所蔵冊数が多い。おそらくこれらを参考にして保育を行っていたと推察される。また、『沿革誌』にも、幼稚園開園当初に東京女子師範学校主事の小西信八に指導を受けたと記されている。修身話に注目すると、書籍では、『所蔵圖書目録』に記載されているものを含めれば、以下の17冊となる。『教訓心法今昔道ノ栞』1848（嘉永1）／『合書童子訓』1848（嘉永1）／『泰西勧善訓蒙』1871（明治4）／『童蒙教草』1872（明治5）／『修身要訣』1874（明治7）／『通俗伊蘇普物語』1875（明治8）／『暴夜物語』1875（明治8）／『修身口授』1876（明治9）／『改正智氏家訓』明治1876（9）／『修身教訓』1877（明治10）／『剛修近古史談』1881（明

表2-3　明治20年以前発行であるが欠落している書籍

1	合書童子訓	1848【嘉永元】	11	小學生徒運動唱歌法	1886【明治19】
2	剛修近古史談	1881【明治14】	12	小學生徒まりうた	1887【明治20】
3	教育典令	1882【明治15】	13	幼稚唱歌集	1887【明治20】
4	小學通常博物書	1883【明治16】	14	家庭教育	1887【明治20】
5	幼學綱要	1883【明治16】初版は明治14	15	修身説話　巻一〜巻六	1887【明治20】
6	佛蘭克林金言玉行録	1884【明治17】	16	小學全科教授法	1887【明治20】
7	日新館叢書童子訓　千載之松	1884【明治17】	17	日本讀本初歩　第一・第二	1887【明治20】
8	讀本　巻一〜巻五	1885【明治18】	18	幼稚園唱歌集	1887【明治20】
9	衣食住之内家職幼繪解之圖	1886【明治19】	19	幼兒教訓唱歌	1887【明治20】
10	簡易戸外遊戯法	1886【明治19】	20	小學圖畫帳	1887【明治20】

治14)／『修身畫解』1882（明治15）／『小學修身書初等科之部』1883（明治16）／『錦繪修身談』1884（明治17）／『佛蘭克林金言玉行録』1884（明治17）／『日新館叢書童子訓千載之松』1884（明治17）・『修身説話　巻一～巻六』1887（明治20）。江戸時代の教訓話から、西洋の物語の訳書、小学校の修身書など、多くの書籍を揃えて、修身話を行っていたと推察される。

２．『保育日記』にみられる幼児主体のまなざし

(1)　『保育日記』に記録された談話

　保育内容としての「公正さ」は、どのような態度が公正かと幼児に伝えることであるので、保育日記に残された談話の記録を資料として用いる。

① 『保育日記』の様式

　『保育日記』[2]は、大きさＢ５判の縦書き10罫用紙を用いて記録されている。1897～1899（明治30～32）年の三ノ組のもの（以下明治31年版とする）、1904（明治37）年度第一ノ部・第六ノ部のもの（以下明治37年版とする）、1905（明治38）年度第一ノ部・第六ノ部のもの（以下明治38年版とする）が残されている。明治31年版は保育課目［ママ］別の記録で、明治37年・38年版は、週毎に当日行う項目の予定と実際に行った保育を記録している。それぞれ、図２-１、図２-２の様式で書かれている。

　図２-１は、「保育日記」三ノ組の保育課目・脩身話［ママ］の様式である。Ｂ５判の縦書き10罫用紙を、４つの項目に区切っている。備考は書かれていない。明治31年版のものでは、４月から３月まで、年度としてすべて記録されている。

　図２-２は、明治37年版の様式である。ただし、予定欄の項目は４月18日～23日のもので週によって異なる。用紙は、明治31年版のものと同じである。談話は、毎週ほぼ３回、月・水・土に行われている。明治31年版では、談話は脩身話と庶物話[3]とされており、脩身話目的として徳目が書かれている。明治37年版では談話に修身話と庶物の話の区別はない[4]。談話の記録に

図2-1　保育日記様式（明治31年版）

は、徳目は記載されておらず、どのような話をしたかの記録である。また、談話を予定していたが、幼児の希望によって遊嬉をしたり絵本を見たりするように、実際に行われた保育項目の変更が記録されている。

　次に、1年間の記録のある明治31年および明治37年版の内容を詳しく見ていきたい。
② 保育課目における談話の内容
　明治31年版では修身話目的が記されているので、表2-4に示した。表2-4にみられるように多くの修身話が行われているが、それぞれの修身話目的でとりあげられている話は、表2-5のようになる。なお、題目後の数字は実施された月である。

	日誌	豫定	日誌	豫定	日誌	豫定	四月
		遊嬉		摺紙		談話	月十八日
		唱歌		織紙		積木	火十九日
		遊嬉		画法		談話	水二十日
		唱歌		縫取		環排	木二十一日
		遊嬉		貼紙		板排	金二十二日
				豆細工		談話	土二十三日

図2-2　保育日記様式（明治37年版）

表2-4　明治31年版　話された日数順にみた脩身話目的

	脩身話目的	日数		脩身話目的	日数		脩身話目的	日数		脩身話目的	日数
1	友愛	15	6	油断	5	11	強慾	3	16	過食	1
2	従順	11	7	親切	4	12	素行	3	17	虚言	1
3	報恩	7	8	清潔	4	13	耐忍	2	18	なし	7
4	作法	6	9	注意	4	14	摂生	2			
5	勇気	5	10	孝行	3	15	改過	1			

表2-5 明治31年版　修身話目的別にみた修身話題目

	修身話目的	修身話題目
1	友愛	睦シキ朋友（6・11）　金糸雀ト猫ノ話（6）　司馬温公ノ話（6・10・3）　牛馬ノ争闘（10）　玩具共用（10）　貧家ノ児ニ靴ヲ与ヘシ話（10）　兄弟睦シクスベシ（11）　毛利元就（11）　兄弟三童子（12）
2	従順	寝ル時ノ心得（5）　起ル時ノ心得（5）　素直ナル児童（6）　熊ノ話（7）　指ヲ傷シ小児（9）　未熟ノ果物ヲ食セシ児童（9）　白ト黒ノ犬ノ話（1）　猫ト虎トノ話（2）　母ノ命ニ従ヒテ顔ヲ洗フ子供（2）　睦シキ兄弟（3）
3	報恩	犬主人ヲ助ケシ話（5）　勝々山（7）　蟻ト烏ノ話（3）　力ノ鍵（3）
4	作法	礼（4）　物ヲ賜ハル時ノ礼（5）　行儀善キ小供（6）　出入ノ心得（9・2・3）
5	勇気	桃太郎（6）　亥太郎ノ話（1）　朝起ノ小供（2）　金太郎（3）
6	油断	狐ト烏ノ話（4）　兎ト亀ノ競争（4・1）　環廻シノ競走（1）
7	親切	舌切雀（7）
8	清潔	目ヲ洗フコト（5）　衣服ノ清潔（5）　手足ヲ清潔ニスルコト（6）　顔ヲ洗フコト（6）
9	注意	途中歩行ノ際車馬ヲ避ケルコト（9）　魚骨ヲ咽喉ニ立シ話（9）　猿ト狙公（10）　談話に注意（10）
10	孝行	春吉ノ話（2）　猿ノ孝行猟人ヲ驚セシ話（2）　鼠ノ孝（2）
11	強慾	犬ノ話（4・9）　壷ノ中ニ手ヲ入レテ菓子ヲ探シ児（9）
12	素行	危険ノ遊戯（5・9）　蛙大声ヲ発シテ腹ヲ破シ話（5）
13	摂生	運動スル児ト懶惰ナル児（4・12）
14	耐忍	小野道風ノ話（4）　泣ク子ノ話（10）
15	改過	ワシントンノ話（4）
16	過食	過食セシ児童（9）
17	虚言	鶏ト狐ノ話（5）
18	なし	花咲爺（12）　新シキ物ヲ大切ニスルコト（1）　悪童悪ニ陥シ話（2）

　この保育日記は三ノ組ということで、年中組かと思われる[5]。けんかが多くなる発達段階であることも影響している可能性があるが、友愛に関する話が多いことが第1の特徴である。子どもたち同士仲良くすることを繰り返し話している。第2の特徴としては、孝行があまりとりあげられていないことである。従順の中でも母親の言いつけを守ることがとりあげられており、親に従うことは伝えられてはいたが、親や年長の者に対するよりも同年輩に対

する人間関係に関する話が多いと言える。

　日本昔話でよく語られる話をどのような目的をもって伝えるかであるが、「桃太郎」・「金太郎」は勇気、「かちかち山」は報恩、「舌切雀」は親切という修身話目的であることは一つの特徴である。同様に、西洋の話でよく用いられるイソップ物語の「兎と亀の競争」は油断、「蛙大声ヲ発シテ腹ヲ破シ話」は素行、「ワシントンノ話」は改過とされている。

　次に、明治37年版には談話の目的が記されていないので、談話とされている話を内容から11項目に分類した。表2-6は、話された日数によって分類したものである。なお、「不明」は話の内容が不明であるので分類できなかったもの、「なし」は談話が別の活動に変更されたものを表す。

表2-6　明治37年版　話された日数順にみた談話内容

項目	内容	日数	項目	内容	日数	項目	内容	日数	項目	内容	日数
1	幼児との会話	31	4	日本昔話	19	7	天皇の話	3	10	不明	5
2	園内のルール	9	5	西洋の話	10	8	戦争の話	4	11	なし	5
3	躾話	13	6	歴史話	8	9	博物の話	6			

　それぞれの内容に含まれる話は、表2-7による。なお、話の後ろの（　）内の数字は実施された月である。

　愛珠幼稚園、明治30年代の『保育日記』における談話の内容には、2つの特徴を見い出せる。第1は、幼児主体の保育や個々の幼児の記録が始まったことである。第2は天皇や戦争の話が談話の中に現れたことである。

　第1は、幼児主体の保育方法は、たとえば明治37年度第一ノ部であるから年長組と思われるが、5月から幼児が話す機会を大幅に与えたり、幼児の望みによりとして、談話の時間を積木・縫取・絵本の閲覧や随意の遊びに変更することにみられる。同じようなことは次年度の明治38年度第一ノ部・第六

表2-7　明治37年版　項目別にみた談話の題目

	項目	実施された談話
1	幼児との会話	当日ハ各自一人ツツ立チテ言語ヲ訂正セシム（5）　各幼児ノ露国戦争ノ話（6）　幼児各自軍艦ノ話ヲナス（6）　幼児一人、既知スル所ノ話ヲナス（7）　前日ハ氏神祭ナレバ当日ハ祭日ノ模様ヲ各自ニ談話セシム（7）　日曜日のはなび（7）　夏季休業中ノ遊嬉ヲ各自ニ談話セシム（7）　休夏中ノ家庭遊嬉及避暑為遠方旅行セシモノ、話（9）　幼児各自ニ記臆スル談話ヲナス（12）　冬期中ノ遊嬉ヲ一人、ハナス（12）　園内遊嬉ノ各自ノ話（3）　幼児各自ノ談話（7月1回・9月2回・10月3回・11月3回・12月1回・1月2回・2月3回・3月5回）
2	園内のルール	整列ノ仕方（4）　園内ニ於テハ如何ニ小サキ女児男児ト雖モ睦ヨク遊嬉スルヲ話ス（4）　遊嬉中ニ於テ乱暴者多キ故是ヲ喬正セン為聊カ談話ス（4）　園内ノ遊嬉ノ心得（4）　当日ハ雨天ナレバ園内ノ遊嬉法ヲ話ス（5）　各自ト園内ニ遊嬉スル時ノ心得（9）　幼児遊嬉租暴ニ付少シク話ス（10）　園内ニテ遊戯中心得ヲ話ス（2）
3	躾話	或牡牛ノ乱暴ニシテ遂ニ悪シキ結果ヲナセシヲ話ス（4）　帰り道ノ礼儀（4）　物品ヲ人ヨリ貰ヒ受クル時ノ作法（5）　座敷等ニテ茶ヲ戴ク時ノ作法（5）　人ニ途中ニ逢ヒシ時ノ礼儀（5）　夏ニ近ケレバ少々水飲ノ心得ヲ談ス（6）　前日ノ続キテ飲食ノコトヲナス（6）　本日ハ夏季休業中ノ心得ヲ談シテ閉園ヲナス（7）　茶盆ノ運ビ方作法ヲナス（10）　或行儀ヨキ子供ノ話（10）　親切ナル鶴吉ノ話（11）　閉園式ヲ行ヒ且冬期休業中ノ心得ヲ話ス（12）　親切ナル子供不親切ナル子供ノ話（3）
4	日本昔話	桃太郎ノはなし（4）　猫ノ草紙（5月7回）　瘤取リノ話（6月2回）　蠅ト団扇ノ話（6月2回）　一寸法師ノ話（10月2回）　ふくのかみノ話（11月2回）　かちかち山（1）　金太郎ノ話（1）　幼児ノ希望ニ応ジテ花咲ぢ、ノ談（2）
5	西洋の話	鼠ト蛙ト鷲ノはなし（7）　狐ノ裁判（10月2回）　十二王妃ノ話（1月3回）　光明姫ノ話（2月3回）
6	歴史話（神話を含む）	田村麿将軍ノハナシ（9）　鎮西八郎ヲ朝ノ話（10）　最明寺僧ノ話（12月2回）　恵比寿三郎ノ話（12月2回）　高千穂ノ話（3月2回）
7	天皇の話	菊ノ御紋ノ話（10月2回）　天長節ノ話（11）
8	戦争の話	金州丸ノ話（6）　幼児ノ望ニ従ヒ或童ノ持参セシ軍人画報ヲ一々一覧セシム（12月2回）
9	博物の話	獅々ト馬ノ談話（7月2回）　蟹ノ話　蟹ニ○アリ　母カニ子カニノますぐニ歩行シ難キニ付はなす（7）　幼児各自ニテ雀ノ談話（11）　虹ノ話（2月2回）
10	不明	毒蛇のはなし（4）　きつね（11）　武尚ノ虫（11月3回）
11	なし	幼児ノ望ニ従ヒ積木ヲナス随意トス（4）　幼児ノ望ニ従ヒ随意ヲナス（5）　幼児ノ望ニ従ヒテ縫取ヲナス（6）　当日ハ幼児ノ望ニ従ヒ本園備付ノ絵本ヲ一覧セシム（9）　幼児ノ望ミニ従ヒ絵本ヲ一覧セシム（10）

ノ部の保育日記でもみられる。予定欄がなく記録のみであるが、たとえば、談話の欄に「随意ノお談ニナシタル所初ニツキ不成功ナリ中途ヨリ旅順陥落ノ図ヲ示シテ之ヲ談ス幼児皆勇ミテ喜ブ」[6]、遊嬉の欄に「快晴ニツキ綱引ヲナス十二人宛ツ左右ニ別全力ニテ引ク勝負四回幼児嬉ブ様実ニ見物ナリ二三四ノ組モ来観シタリ」[7]の記載がある。

　明治38年度の保育日記では個人記録も現れる。「円陣ヲ作リテ朝ノ遊嬉ヲ第三段マテナシ次ニ起キヨヲナス初メテノコト故唱歌モワカラサレドモ皆大嬉ヒニテナセリ上村清太郎鈴木敬ハ少シ遊嬉ヲ好マヌカノ様ニ見ヘタリ」[8]、画方の欄では「随意ナレバ軍艦ヲ主トシテ汽車、戦車、大砲、画ケリ田中真一ノ汽車ハ特ニ優ナリ」[9]などと、幼児の様子や保育活動の評価、幼児個人の記録などが記されている。

　第2に、天皇の話が、明治31年版ではないが明治37年版では行われていることから、明治35年頃から天皇の話が始まったと推察される。明治35（1902）年12月の日付がある「幼稚園準則」があり、第2条に「幼児保育ノ項目ハ遊戯、唱歌、談話及手技トス」とある。この時に保育内容に変化があったと思われる。明治31年版では、天長節には天長節の唱歌が歌われていた記録はあるが、脩身話目的の談話題目に天皇に関する談話はない。明治37年版の談話項目は、幼児との会話、園のルールに関する説明、生活習慣に関する話、お話の読み聞かせ、歴史の話、天皇・戦争の話、博物の話である。また、戦争や軍隊の話に関しても、明治31年版では、保育活動に、保育課目に戦争や軍隊のことは現れていないが、明治37年版では、幼児の希望にそってということで軍の話が保育に現れ、幼児の日常に戦争や軍隊が身近になっていることを窺わせる。歴史の話、天皇・戦争の話が、どのような目的でなされたのかを明治31年版のように記していない。社会情勢の変化で、幼児が望むままに天皇や戦争の話を行うようになってきているが、談話としての目的を保育の中にはまだ位置付けていなかったと言えるであろう。

（2）『保育日記』における「公正さ」

　明治31年版・37年・38年版の『保育日記』より、明治30年代の愛珠幼稚園における「公正さ」を考察する。
① 人の認識

　人の認識では、幼児を自由に善悪の判断を行う人として認識していると言える。幼児の望みにそって保育内容を変更し、幼児主体の保育を行っていること、個々の幼児の記録を記し始めたことなど前述したとおりである。
② 事態の把握

　事態の把握の軸は、友愛と言えるであろう。明治31年版保育日記の談話回数から、孝行に関する話があまりされておらず、友愛など友だち関係についての話が多い。江戸時代や幼学綱要にみられるように、孝行が最重要視されていない。
③ 解決方法

　解決方法の特徴は、幼児が自己の考えに従って行動することを公正として、自己決定を促すところが見うけられる。明治38年版の保育日記において、個々の幼児の様子が記録されるようになったこと、幼児との談話が増加したこと、幼児の希望により保育活動を変更するなどのことに象徴される。

3．『保育要目草案』にみられる国家主義の影響

（1）『保育要目草案』の概要

　作成年月は不明であるが、内容から1907（明治40）年前後[10]のものと思われる数百ページからなる手書きの草案が残されている。緒言で各科目の単元学習的な指導について述べ、談話の徳目配当表や組別・月別の配当表を掲げた後、留意事項として、唱歌は新しい歌の中から適当なものを採用する努力をすることとし、手技では基本形を示したものであるから幼児の興味にしたがって変更することや、手技の材料は自然物がよく、さらに自園で栽培することが望ましいとしている。その後に、科目別に、組別、月別に詳細な保育

案が示されている。注意事項として現在の保育者の援助や保育の留意点などと同じようなことが書かれている。科目は、談話、唱歌遊戯、六球、繋ぎ方、豆細工、箸板環排べ、積木、画方、粘土細工、織紙細工、摺紙、板排べ、縫取、貼紙となっている。

緒言は、以下の通りである。

- 一　本要目材料ノ排列ハ専ラ幼児心身の発達ト材料ノ難[11]易トヲ考ヘ且ツコレガ季節ヲ斟酌セリ又材料間連絡ニツイテモ最モ意ヲ用ヒタリ例ヘバ談話材料ニ用ヒタルモノハ成ルベクコレヲ唱歌ニモ遊戯ニモ又手技ニモ用ルガ如クセリ
- 一　談話材料ハ主トシテ當市内各幼稚園ニ於テ既ニ採用セル材料中幼児ノ最モ深ク興味ヲ有セル材料ヲ蒐集シテ之ヲ取捨選擇シ之ニ加フルニ尚ホ諸多ノ参考書中ヨリ最モ趣味多キモノ又ハ各園ノ作話ニシテ趣向ノ最も佳ナルモノ等ヲ採用セリ
- 一　談話材料中ニハ判然タル目的ナクシテ一時幼児ノ感情ヲ慰ムルニ過ギザルガ如ク見エルモノアリ然レドモ少シク注意スレバ其ノ中ニ徳性涵養ノ資トスベキモノ尠カラズ今本編談話材料中ヨリ徳育上目的選ビテコレニ談話ヲ配當スレバ左表ノ如シ

（2）『保育要目草案』における談話

① 談話の内容

　緒言にあるように、徳性上の目的が書かれているので談話について詳しくみていきたい。緒言の表を写したものが、表2-8である。表2-9は、各組年間配当表である（両表とも、縦書きの表を横書きに転記）。

　表2-8「談話配当表　但徳目ニヨルモノ」では、33の徳目項目があげられている。非常に具体的でどの談話材料を用いて何を教えるかがはっきりと示されている。何を基準にして並べられたものかは不明であるが、忠君の前に公益があったり、21番目に孝行がでてきたりすること、また博愛・慈善・

表2-8 『保育要目草案』談話材料と徳目

	徳 目	一ノ組	二ノ組	三ノ組
談話配当表	勤勉	牛若丸	半太と小人	兎の出世
	迷信	狸の月見	文福茶釜	
	恩を忘るな	喇叭卒と馬	雀の話 獅子と鼠	舌切雀
	人をそねむな	孔雀と烏	石燈篭	黄菊姫と白菊姫
	元気よくあれ	加藤清正 羅生門	一寸法師 俵藤太	一寸法師 金太郎
	公益	いたづら橋		
	忠君	楠正成と正行 再生桃太郎	桃太郎	同上 此組ニ於テハ絵トキ的ニス
	傲慢	めくら蛍	兎と亀	猫と狐
	慈善	浦島太郎 鈴木右ヱ門の娘の話	浦島太郎	
	博愛	ダイヤモンドと蛙	むく鳥と烏	
	家庭の楽	天長節に家族祝ふ説	新年の絵解	同上
	としより	金次の話	雪子と炭子	年よりに奉仕せる幼児のゑとき
	忍耐	弱虫太郎	烏と水瓶	鬼瓦
	近所の人	鶏の葬式		
	からだ	健造と芳造	お春とお千代の養生法	山の祭
	祖先	神武天皇 神代の話	紀元節の話	
	悪しきす、め	烏と鼠とおむすび	蔓と鼠と鳶	鼠と鏡餅
	自分の過と人の過	ワシントンの話	お千代の謝罪	太郎の謝罪
	行儀言葉遣い	シャベリ王とシャベリ亀		
	天皇陛下と皇后陛下	御尊影ニ付テ	同上	同上
	孝行	燈台の少女	網と片耳	親鳥と雛鳥 雀と鶯
	兄弟	泳ぎ太郎	福の神太郎次郎	兄さん
	召使を憐め	臣を愛せられし殿様の話	大尉と従卒	下婢の過を詫びやりし幼児のはなし
	虚言を吐き虚行をすな	瘤取の爺さん	象と帽子 子供と狼	うそ鳥 正直な樵夫
	約束を守れ	名和長年	蛙と指輪	三尾の金魚
	友達	犬と鳥	土筆坊の話	猫とかなりや
	自分の物と人の物	三郎と次郎	猿蟹合戦	同上
	生き物を憐め	痩せたる馬	花咲し兵隊さんじまんす	きりぎりすと子供
	自分のこと	燕太郎	同上	
	物を粗末にすな	菊の車	玩具の不平	
	けんか	蝶と蜂とが蜜を譲りし話	蝉と蜻蛉	かに崎と亀崎
	規則を守れ	路傍に小便をなし又は裸にて遊び巡査に誡められし子供の話		
	慾ばらぬ事	しめくらの話 慾ばった罰	花咲爺	猿の裁判

表2-9 『保育要目草案』 季節による談話配当表

	月	一ノ組	二ノ組	三ノ組
談話配当表 但季節ニヨルモノ	1月	菅原道真公	蝦の腰の話 十日戎の話　油断鯛敵	天神さま 十日戎に留守居せし話
	2月	飛鳥と水鳥との話	雪姫の話 水鳥の話	年こしの話 雪達磨と燈篭
	3月	大阪城、日露戦争 遅刻して誡められし児童	太閤さんの話 日露戦争の話	太閤さん、日露戦争の話 兵士の話
	4月	朝顔の種子 節句の話	節句の話 野あそびの話	節句の話
	5月	東郷大将、蠶のはなし 虫と炭と藁の話	筍の話、東郷大将の話 蝶と蜂の話	春の野あそび 東郷大将、顔とからだ
	6月	節句の話、金魚の話 仐屋の爺さん	節句の話	同上
	7月	祭とゑとき 三日月と蝙蝠	祭の繪とき	瓜類の話 祭のゑとき
	9月	海水浴川船の話 果物の話	海の遊附海水浴の話 月見の話、尚武の話	太郎丸と次郎丸 海の遊び、月と雲
	10月	蝗とりと稲の話 松茸狩と山の樹木	秋の野遊び、猿の橋 松茸狩の話	柿と栗の話 野遊びの話
	11月	運動会の話	運動会の話 菊の紋の話	運動会のゑとき 動物の旅行
	12月	入営の話 太郎火を過ちし話 風屋福右ヱ門の話 歳暮の話	入営の話 火事の話 年の市の話	入営のゑとき 火事の話

表2-10 『保育要目草案』 談話材料　三ノ組

月	回数	題目	書名	注意要項
4月		付添ナキ幼児登園ノ際門内ニテ保姆ニ礼ヲナセル図解		保姆長上ニ対スル礼ヲ知ラシメ尚保姆ハ親ノ如クニ幼児ヲ愛スルヲ以テ付添ナクシテ速カニ自ラ登園セントスルノ勇ヲ起サシムルコト
		幼児草履袋ニ草履ヲ入ル、図解		上図ニヨリテ幼児等登園ノ際ハ自己ノ持物ハ成ルベク他人ノ手ヲ借ラヌ事ヲ悟ラシム
		欠席シテ遊ベル幼児ニ登園ヲ促セル幼児ノ図解		図中ノ子供ニヨリ出席ヲ奨勵スルコトニ注意スベシ
5月	8回	猿ノ裁判　　　1回	作話	猿ノ裁判ニヨリ慾バラヌコトヲ悟ラシム
		桃太郎　凡　4回	談話材料	此話ハ此組ニ於テハ絵解的ニ話シ雄犬猿等ノ特性ヲシラシムベシ
		日露開戦ノ話 　　　　　　　1回		東郷大将ノ肖像ヲ示シテ同君ノ功績ヲ話シ併セテ我国海軍ノ強キコトヲ至極簡単ニ図解的ニ話スベシ但海軍紀念日ニス
6月	8回	兄サン　　　　1回	こども	兄ハ弟妹ヲ愛スルコトヲ悟ラシム
		三尾ノ金魚　　2回	子供ノ楽園	三尾ノ金魚ガ約束ニ背キテ災ヲウケシ例話ナレバ守約ノ必要ヲ悟ラシムベシ

第 2 章　幼稚園の保育記録にみられる「公正さ」

月	回数	題目	出典	備考
7月	7回	きりぎりすと子供　凡 1回	談話材料	稍ニ道徳的要素ヲ抽出シタル如キ感アレバ宜シク敷衍シテ興ヲ添フベシ
		舌切雀　凡 2回	談話材料	舌切雀ノ談中惨酷なる点ハ訂正スルカ又ハ極メテ簡単ニ話シ去ルベシ
9月	7回	太郎丸ト次郎丸　1回	日本お伽噺	終リノ寓意ノトコロハ幼児ニ不適当ナレバ省ク方ヨロシ
		猿蟹　3回	談話材料	徒ラニ復讐的観念ヲ助長セザル様注意スベキナリ
		海のあそび　附船ノ話　1回		船トハ軍艦、帆船等ヲ談ス
10月	8回	兎ノ出世　1回	幼年画報二巻十号	幼児ノ喜ブ話ナレド学校的ナレバ宜シク幼稚園的ニ話スベシ
		太郎ノ謝罪　1回	作話	太郎ガ友人ノ玩弄物ヲ毀チテ直ニ罪ヲ謝ス友人心ヨリ之ヲ赦フ即チハ直ニ詫ビ人ノ過チハ寛ニスルコトヲ目トス
		蟹崎ト亀崎　1回	こども	濫リニ喧嘩スルトキハ此話ノ如キ結果ニイタルコトヲ悟ラシムベシ
		猫と狐　1回	母のみやげ	此話ノ終リ狐ノ死スルトコロ惨酷ニスグ故ニ捕エラレシノミニテ止ムベシ
11月	8回	両陛下御一族ノ御尊影ニ付キテ		此話ハ十分敬意ヲ表セシムベク保姆ハ言葉遣ヒト態度ニ注意スベシ
12月	7回	入営ノ図解　1回		十二月一日ハ新兵ノ入営期ナレバ入営ノ勇マシキコト、及成長ノ后ハ進ンデ入営スベキ念ヲ起サシメベシ
		正直ナル樵夫　1回	談話材料	虚言虚行ヲ誡ムル意味ヲ含メタル話ナレドモ成ルベク積極的方面ニ興味ヲ添フベシ
1月	7回	新年ニ家族打集リテ雑煮ヲ祝フ図解　1回		祖父母、両親、兄弟等一室ニ集リテ食ヲナス楽シサヲ想起セシメ家庭ノ楽シヲ味ハシムベシ
		鼠と鏡餅　1回		此話ハ猫ノ首ニ鈴ヲ付クルノ困難ナル点ヲ充分説明セザレバ興少ヲ
		トシヨリニ奉公セル幼児ノ繪トキ　1回		幼年時代ハ老人ノ愛ニ馴レコレヲ侮ルモノナレバ如此コトナキ様図中ノ子供ニ付悟ラシムベシ
		天神様ノ話　1回		至極簡単ニ図解的ニ話シ敬意ヲ表セシムルニ止ムベシ
		鶯ト雀　1回	幼年画報三巻二号	此話ハ鶯ヲ高慢者ニ作リ代エテ話ス方ヨカラン
2月	8回	ウソトリ（コブトリ）1回	こども	虚言虚行ノ報ノ恐ルベキコトヲ知ラシム
		鬼瓦　1回	談話材料	忍耐ノ大切ナルコトヲ知ラシムル好材料ナレド消極的ニスグル感アレバ尚鬼瓦ノ忍耐シテ成功セシコトヲ加フベシ
3月	7回	兵士の話　附戦具ノ図解　1回		戦具ハ喇叭、鉄砲等卑近ナルモノニ止ムベシ
		太閤サン　1回		簡単に絵解的ニ話シ敬意ヲ表セシムルニ止ムベシ
		日露戦争談　1回		絵画ニヨリ極メテ簡単ニ戦争談ヲナシ我陸軍ノ強キコトヲ話ス　但陸軍紀念日ニス
		一寸法師　1回	日本昔噺第十九編	鬼ノ現ハレ出ツル処ニ於テ恐怖ノ念ヲ起サシメザル様ニ注意スベシ 一寸法師ノ第一ノ勇気ハ航海第二ノ勇気ハ鬼ト出遭フ処ニアレバ注意シテ話スベシ

規則などの言葉が用いられていることは、一つの特徴と言える。孝行や忠君が何よりも第一としているのではなく、公益という言葉に示唆されるように、公あるいは国家という意識が優先されている様子がみてとれる。また、従来徳目として使用されていた言葉ばかりではなく、欧米の教育書等の翻訳文献において叙述されていた言葉が、徳目として保育項目草案に出現していることを確認できる。

「談話配当表」の後に、談話材料として引用の書名や注意要項が書かれている。幾つかを例として表2-10・11・12に整理した。月、題目欄の数字は原表では漢数字表記されている。回数は、原文にない場合もありそのまま空欄とした。

表2-11 『保育要目草案』 談話材料 二ノ組

月	回数	題目	書名	注意要項
4月	8回	浦島太郎 凡 4回	談話材料	動物愛憐ノ情ヲ養ヒ併セテ海上海底ノ美ナル有様ヲ想像セシメ幼児ヲシテ海ニ対し無上ノ興味ヲ有セシムベシ
5月	8回	烏ト水瓶 1回	談話材料	実験ノ方法ニヨリ石ノ増加スルニ従ヒ水ノ増加スル理ヲ悟ラシメ興ヲ深フベシ
		日露戦争ノ話 1回		日本海戦ノ大略ヲ話シテ大将ノ功績ヲ称スベシ
6月	8回	ツバクロ太郎 1回	幼年画報第三巻十六号	自分ノコトハ自分カラスベキコトニ重キヲオキテ話スベシ
		猿蟹合戦 3回	談話材料	三ノ組ニテ話タル材料ナレバ話シヲ敷衍スベキハ勿論ナレドモ形式ハ変更セヌ方ヨロシ
7月	7回	福ノ神ト太郎ト次郎 1回	談話材料	太郎ト次郎ヲ兄弟トシテ話シ兄ノ仝ヲ用ヒザリシ結果トシテ話ス方適当ナリ
		お千代ノ謝罪 1回	作話	太郎ノ謝罪ノ如クニ扱フ但シ女児ラシクシトヤカニ謝罪スル処ニ注意シテ話スベシ
		兎ノ片耳 1回	日本お伽噺第十二編	此話シモ本書ノ言葉遣ニ注意シ惨酷ノ点ハ省クベシ
9月	8回	蝉ト蜻蛉 1回	幼年画報第二巻九号	蝉ト蜻蛉ガ喧嘩シテ人ニ捕ヘラレシ様話スベシ
		桃太郎 3回	談話材料	三ノ組ニ於ケルヨリモ委シク話シ忠君ノ意ヲ含マシムベシ
		月見ノ話 1回		月ニヨリテ清キ感情ヲ養ヒ尚飲食ニ注意スベシ

第2章 幼稚園の保育記録にみられる「公正さ」

月	回数	題目	書名	注意要項
10月	8回	文福茶釜　2回	日本昔噺第十二編	餘リニ妄想ヲナサゞル様ニ然カモ其話妖怪物談ニ近ケレバヨク考ヘテ話サバ幼児ヲシテ妄ニ物ニ恐レザル習慣ヲ養フベシ
		一寸法師　2回	日本昔噺第十九編	復習的ナレバ三ノ組ニ於ケル形式ヲ変ゼザル範囲内ニテ話スベシ
11月	8回	両陛下御一族御尊影ニ付ニ　1回		敬語ヲ注意シ態度ヲ正シクセシメテ尊敬ノ念ヲ起サシムベシ
		兎ト亀　1回	談話材料	兎ノ怠惰ト亀ノ勤勉ニ付キ知ラシムベシ
		菊ノ紋ノ話　1回	日本お伽噺第一編	
		花咲爺サン　4回	談話材料	裏ノ畑ヲ掘リテ黄金ヲ出テシ処ハ此際爺ハ訴ヘ主ナカリシヲ以テ爺ノ所有ニ帰セシ如ク作リ代フベシ犬ヲ殺ス所ハ惨酷ナレバ怪我シテ死セシ体ニスベシ
12月	7回	雀ノ話　1回		雀老人ニ救ハレシ后瓢箪ノ種子ヲ持チ来リシ話ナレバ面白ク話スベシ
		俵藤太　2回	談話材料	百足ヲ知ラザル児アレバ形ヲ前以テ知ラス必要アリ
1月	7回	油断鯛敵　附十日戎ノ話	日本お伽噺第十四編	此話ハ書物ノ侭ニテハ悪意ノ成功トナレバ宜シク鯛ハ戎ノモノナリシヲ布袋ニ取ラレシ様ニスベキナリ言葉遣ニ注意スベシ
		半太ト小人　2回	談話材料	正直ト勤勉ノ報ヒヲ知ラシム
		鼠ト鼠ト鳶　1回	談話材料	鼠ガ己ノ分ヲ忘レ悪シキ勧メニ従ヒシ報ヲ悟ラシム
2月	8回	紀元節ノ話　1回		
		雪姫ノ話　2回	子供ノ楽園	雪姫ノ話アマリ悲シゲナルハ幼児ノ感情ヲ痛マシム恐レアレバ春ヨリ夏ニ至ル雪姫ノ表情ヲ簡単ニスベシ
		花咲カシ兵隊サン　3回		犬ノ忠実ナル処ト軍人ノヤサシキ心ヲ骨トスベシ
3月	7回	椋鳥ト鳥　1回	幼年画報第三巻第十三号	他国へ旅行セシトキノ苦辛ヲ充分話スベシ
		大尉ト従卒　附戦具ノ話　1回		軍人ノ話ハ幼児ノ好ムモノナレバ之ヲ利用シテ大尉ガ従卒ヲ愛セシ話ヲナスベシ
		日露戦争ノ話　1回		陸軍紀念日ニナシニ百三高地ノ戦乱ノ話シ乃木大将ノ功績ヲ知ラシムベシ
		大阪城ノ話　1回		大阪城ハ豊臣秀吉築キシモノナルコト、及秀吉ノ大業ノ大略ヲ断片的ニ話ス
		獅子ト鼠　1回	談話材料	恩ヲ知リシ鼠ノ行ゐヲ知ラシムルト共ニ弱キモノヲ苦メザルコトヲ話ス

表2-12 『保育要目草案』談話材料　一ノ組

月	回数	題目	書名	注意要項
4月	8回	ワシントンノ話　1回	談話材料	米国ト日本ト国体ノ相違ヲ簡単ニ知ラシオク必要アリ
		再生桃太郎　3回		明治的ニ作リタレバヨク幼児ニ接近セルコト柄ニ付シテ面白ク話スベシ
		シャベリ王トシャベリ亀　1回	婦人ト子供第八巻第十号子供ノ樂園	

月	回数	題目	回数	出典	備考
5月	8回	豆ト炭ト藁	1回		此話ノ終リ裁縫師云々ノ点ハ斟酌シテ話スベキナリ
		蠶ノ話	1回		予テ飼養セル蠶ヲ観察セシメテ説明ス
		日露海戦ノ話	1回	談話材料	前回ノ復習ニ加フルニ他ノ軍人ノ功績ヲモ挙グ
6月	8回	加藤清正	1回	作話	幼年ヨリ勇気ニ富メルコトニ力ヲ入ルベシ
		蝶ト蜂トガ蜜ヲ譲リシ話	1回		互ニ譲リ合ヒスル意味ノ寓話ニ作ルベシ
		盲目蛍	1回	幼児教育	傲慢ノ恐ルベキヲ知ラシム
		金魚ノ話	1回	婦人ト子供第八巻第四号	金魚ノモノ言フ処ニ幼児ハ不審ヲ起スベケレバヨク云ヒ聞カスベシ
7月	8回	泳ギ太郎	1回	幼年画報第三巻十一号	兄ガ弟ヲ救フトコロニ兄弟ノ真情ニ現ハスモノナレバ此処ハ巧ニ話スベシ
9月	8回	イタヅラ橋	1回	談話材料	太郎ト次郎トノ行為ハ消極的ナレバ成ルダケ淡白ニ話スベシ
		犬ト烏	1回	婦人ト子供第六巻九号	此話ハ道徳的真理ノ抽象ニ偏スル嫌アレバ巧ニ敷衍シテ興味ヲ保ツベシ
		懲バッタ罰	1回	談話材料	拾ヒ物ヲ届出テタル正義ノ行為ニ主力ヲオキテ話スベシ
10月	8回	痩セタル馬	1回		飢渇ノ経験ヲ想起セシメ併セテ動物愛憐ノ情ヲ養フベシ
		孔雀ノ話	1回	婦人ト子供第六巻九号	人ヲ嫉マザル様悟ラシム
11月	8回	弱虫太郎	2回		弱虫太郎ノ忍耐セシ点ニ注意セシムベシ
		名和長年	1回	談話材料	名和長年ノ約束ヲ守リシ点ニ重キヲオク
12月	7回	烏ト鼠トおむすび		子供ノ樂園	ミダリニ人ノ勧メニ従ハズ自己ノナスベキコトニ勉ムベキコトヲ知ラシム
		ダイヤモンドト蛙	1回	日本昔噺第二十四編	雪子ハ友ニモ人ニモ親切ニシテ博愛ノ志厚キモノトスベシ
1月	7回	小盲目ノ話	2回	日本昔噺	終リ死スルトコロ余リ悲惨ナレバ父母ノ許ニ帰リタルコトニシテ話スベシ又太郎ガ鬼ヲ射ルトコロ惨酷ナル恐レアリ注意スベシ
		瘤取リ話	2回	第十編	鬼来リヌルニ爺ガ小兎ノ樹ノ穴ニ棲ヘ、様ノ話ハ大ニ注意セザレバ神経質ノ幼児ヲシテ恐レシクム又鬼ト爺トノ対話ノ言葉遣ハ今少シ相対的ニスベシ
2月	7回	楠正成ト正行	2回		断片的ニ面白ク話スベシ
		神武天皇ノ話	1回		御東征ノ大略ト金鵄勲章ノ由来トヲ極メテ簡単ニ話ス
		牛若丸	1回		牛若丸ガヨク勤メ効ヲ奉セシコトヲ知ラシムベシ
		羅生門ノ話	1回	談話材料	鬼ノ腕ヲトリ又之ヲ返セシ処ヲ惨酷ニ陥ラヌ様注意シテ話スベシ
3月	6回	三郎ト次郎	1回	談話材料	積極的方面ニ力ヲ入ルベシ
		日露陸戦ノ話	1回		陸軍紀念日に之ヲハナシ前ニ二回ヨリ敷衍ス
		喇叭卒ト馬	1回	談話材料	馬ノ忠実ナル処ヲ充分悟ラシム

表2-10・11・12の談話材料の注意事項において、3つの教育的配慮がみられる。幼児の興味を高めること、禁止表現でなく肯定的表現を推奨していること、残酷な場面の排除である。

第1は「面白く」と何度も記されていることから、幼児の興味を高めることが重視されていると考えられる。たとえば、イソップ物語の「烏ト水瓶」は幼稚園草創期から用いられていた話であるが、教訓的なことを話すことよりも、幼児に科学的興味を喚起することを注意事項として述べている。また、「楠正成ト正行」の話においても、「断片的ニ面白ク話スベシ」としている。教訓的道徳的な談話を避けている。「犬ト烏」や「きりぎりすと子供」においても教訓的内容を伝えるよりも、話に対して興味を高めるようとの注意が書かれている。

第2の肯定的表現の推奨は、話の「積極的」な方面と表現されている。文脈より、倫理観の育成においては、幼児に禁止事項を伝えるのではなく、「良い」言動を話すよう注意している。たとえば、「イタヅラ橋」では「太郎ト次郎トノ行為ハ消極的ナレバ成ルダケ淡白ニ話スベシ」、「三郎ト次郎」では「積極的方面ニ力ヲ入ルベシ」、「正直ナル樵夫」では「虚言虚行ヲ誡ムル意味ヲ含メタル話ナレドモ成ルベク積極的方面ニ興味ヲ添フベシ」、「鬼瓦」では「忍耐ノ大切ナルコトヲ知ラシムル好材料ナレド消極的ニスグル感アレバ尚鬼瓦ノ忍耐シテ成功セシコトヲ加フベシ」としている。

第3の特徴は、物語を読み聞かせる際に幼児に恐怖心をおこすことがないように配慮していることである。残酷な場面を簡単にしたり省くように注意しているところは、「羅生門ノ話」の鬼の腕がもげるところ、「花咲爺サン」の犬が死ぬところ、「舌切雀」の舌を切られるところである。最後に死ぬのを生きたままに終わるように改変するのは「猫と狐」の狐、「小盲目ノ話」では生きて親の元に帰るとなる。心理的に残酷で簡単に話すのは、白雪姫をいじめるところ、「猿蟹合戦」の復讐心、「一寸法師」の鬼の描写である。

② 注意事項内容による分類

　談話の注意事項を詳細にみていくと、人間関係ではなく一人の判断によって話が進むものと、人間関係の中の人として話が進むものとに分類できる。そこで、話の内容が自由な判断に基づいている場合と人が所属する疑似家族的共同体の人間関係による判断に基づく談話に分類した。

　表2-13より、善悪を西洋倫理で判断する談話が多くなってきていると言えるであろう。注目すべきは、従来忠義を徳目として語られていた加藤清正や名和長年などの談話が、勇気を徳目として話されていることである。悪しきすすめをねらいとするものでは、自己のなすべきことを知るという徳目の場合は、自由に判断をする話と考え、己の分を忘れるという徳目の場合は、正しさではなく立場で判断するという意味で人間関係の中で判断をすると考えた。また、この表には徳目が明らかでないため記載していないが、「楠正成ト正行」の話は「断片的ニ面白ク話スベシ」と、明治初期の修身書では「忠臣の鑑」というねらいをもって話されていたが、おもしろく話すことが注意事項となっている。

表2-13 『保育要目草案』談話材料の分類

	善悪を西洋倫理で判断する談話		善悪を共同体の人間関係によって判断する談話	
	徳目と題目	注意事項	徳目と題目	注意事項
1	勤勉 半太ト小人	正直ト勤勉ノ報ヒヲ知ラシム	付添ナキ幼児登園ノ際門内ニテ保姆ニ礼ヲナセル図解	保姆長上ニ対スル礼ヲ知ラシメ尚保姆ハ親ノ如クニ幼児ヲ愛スルヲ以テ付添ナクシテ速カニ自ラ登園セントスルノ勇ヲ起サシムルコト
2	元気よくあれ 一寸法師	一寸法師ノ第一ノ勇気ハ航海第二ノ勇気ハ鬼ト出遭フ処ニアレバ注意シテ話スベシ	恩を忘るな 雀ノ話	雀老人ニ救ハレシ后瓢箪ノ種子ヲ持チ来リシ話ナレバ面白ク話スベシ
3	元気よくあれ 加藤清正	幼年ヨリ勇気ニ富メルコトニ力ヲ入ルベシ	恩を忘るな 獅子ト鼠	恩ヲ知リシ鼠ノ行ルヲ知ラシムルト共ニ弱キモノヲ苦メザルコトヲ話ス
4	博愛 ダイヤモンドト蛙	雪子ハ友ニモ人ニモ親切ニシテ博愛ノ志厚キモノスベシ	忠君 楠木正成	断片的ニ面白ク話スベシ

5	忍耐 弱虫太郎	弱虫太郎ノ忍耐セシ点ニ注意セシムベシ	忠君 桃太郎	三ノ組ニ於ケルヨリモ委シク話シ忠君ノ意ヲ含マシムベシ
6	悪しきすゝめ 鳥と鼠とおむすび	ミダリニ人ノ勧メニ従ハズ自己ノナスベキコトニ勉ムベキコトヲ知ラシム	忠君 再生桃太郎	明治的ニ作リタレバヨク幼児ニ接近セルコト柄ニ付シテ面白ク話スベシ
7	自分の過と人の過 太郎ノ謝罪	太郎ガ友人ノ玩弄物ヲ毀チテ直ニ罪ヲ謝シ友人又心ヨリ之ヲ赦シ己ノ過チハ直ニ詫ビ人ノ過チハ寛ニスルコトヲ目的トス	召使いを憐め 大尉ト従卒	軍人ノ話ハ幼児ノ好ムモノナレバ之ヲ利用シテ大尉ガ従卒ヲ愛セシ話ヲナスベシ
8	自分の過と人の過 お千代ノ謝罪	太郎ノ謝罪ノ如クニ扱フ但シ女児ラシクシトヤカニ謝罪スル処ニ注意シテ話スベシ	悪しきすゝめ 蘂キ鼠ト鳶	鼠ガ己ノ分ヲ忘レ悪シキ勧メニ従ヒシ報ヲ悟ラシム
9	約束を守れ 名和長年	名和長年ノ約束ヲ守リシ点ニ重キヲオク	兄弟 兄サン	兄ハ弟妹ヲ愛スルコトヲ悟ラシム
10	自分のこと ツバクロ太郎	自分ノコトハ自分カラスベキコトニ重キヲオキテ話スベシ		
11	けんか 蝶ト蜂トガ蜜ヲ譲リシ話	互ニ譲リ合ヒスル意味ノ寓話ニ作ルベシ		
12	慾ばらぬ事 慾バッタ罰	拾ヒ物ヲ届出テタル正義ノ行為ニ主力ヲオキテ話スベシ		

③ 談話材料にみられる戦争・天皇・歴史の話

　前節で明治35年頃から談話に戦争や天皇の話が現れていることが判明した。そこで、談話材料にみられる軍・天皇・歴史関係の話を、表2-14～16に整理した。

　軍人・軍隊の話は、日露海戦時期、海軍紀念日、陸軍紀念日などに話されていたようである。また、毎年入営の時期になるとそれをとりあげており、幼児の身近な出来事、また将来の姿として入営があったことが窺われる。その他、夏の海の季節には船にからめて軍艦などの話をしたり、兵士にまつわる物語を話したりしている。
　日露戦争紀念帖として残されている絵では、図2-3のような日露開戦の絵が残されている。幼児も好んでこのような絵を描いていたことが、明治38年版の第一ノ部の保育日記に記されている。

表2-14 『保育要目草案』談話材料 軍人・軍隊の話

		題目	注意事項
1	三ノ組	日露開戦ノ話	東郷大将ノ肖像ヲ示シテ同君ノ功績ヲ話シ併セテ我国海軍ノ強キコトヲ至極簡単ニ図解的ニ話スベシ 但海軍紀念日ニス
2		海のあそび 附船ノ話	船トハ軍艦、帆船等ヲ談ス
3		入営ノ図解	十二月一日ハ新兵ノ入営期ナレバ入営ノ勇マシキコト、及成長ノ后ハ進ンデ入営スベキ念ヲ起サシムベシ
4		兵士ノ話 附戦具ノ図解	戦具ハ喇叭、鉄砲等卑近ナルモノニ止ムベシ
5		日露戦争談	絵画ニヨリ極メテ簡単ニ戦争談ヲナシ我陸軍ノ強キコトヲ話ス 但陸軍紀念日ニス
6		日露戦争ノ話	日本海戦ノ大略ヲ話シテ大将ノ功績ヲ称スベシ
7		入営ノ話	三ノ組敷衍
8	二ノ組	花咲カシ兵隊サン	犬ノ忠実ナル処ト軍人ノヤサシキ心ヲ骨トスベシ
9		大尉ト従卒 附 戦具ノ話	軍人ノ話ハ幼児ノ好ムモノナレバ之ヲ利用シテ大尉ガ従卒ヲ愛セシ話ヲナスベシ
10		日露戦争ノ話	陸軍紀念日ニナシ二百三高地ノ戦乱ヲ話シ乃木大将ノ功績ヲ知ラシムベシ
11	一ノ組	日露海戦ノ話	前回ノ復習ニ加フルニ他ノ軍人ノ功績ヲモ挙グ
12		入営ノ話	
13		日露陸戦ノ話	陸軍紀念日ニ之ヲナシ前二回ヨリ敷衍ス

図2-3 幼児による日露開戦の絵

表2-15 『保育要目草案』 談話材料 天皇の話

		題目	注意事項
1	三ノ組	両陛下御一族御尊影ニ付キテ	此話ハ十分敬意ヲ表セシムベク保姆ハ言葉遣ヒト態度ニ注意スベシ
2	二ノ組	両陛下御一族御尊影ニ付キテ	敬語ヲ注意シ態度ヲ正シクセシメテ尊敬ノ念ヲ起サシムベシ
3		菊ノ紋ノ話（日本お伽噺第一編）	
4		紀元節ノ話	
5	一ノ組	両陛下共ニ御尊影ニ付テノ話 日ノ丸菊ノ紋等	前二回参照
6		神武天皇ノ話	御東征ノ大略ト金鵄勲章ノ由来トヲ極メテ簡単ニ話ス
7		神代ノ話	

表2-15にあるように、天皇に関する談話は主に11月に行われており、明治節（11月3日）の際に話されていた。年少では写真を見せるだけに近く、年中では日本お伽噺の「菊の紋」の話や紀元節の話（2月）が加わり、年長になると神武天皇の話（2月）や神代の話（3月）が加えられている。

表2-16にみられる歴史や地域の話は、大阪らしく天神、豊臣秀吉、加藤清正、名和長年、楠木正成また十日戎などを中心にして行われている。「祭ノ繪トキ」は毎年7月に行われており、天神祭りへの対応と思われる。名和長年、楠木正成は、南北朝時代の後醍醐天皇への忠義によって、明治に入ってから位を追贈されており、加藤清正も1910（明治43）年に位を追贈されている。なお、海外の英雄偉人は、「三ノ組」でワシントンがとりあげられているのみである。これらから特徴づけられる事は、地域性と明治期に天皇への忠義によって英雄として再び脚光をあびている武将たちがとりあげられていることである。

表2-16 『保育要目草案』談話材料　歴史話や地域の伝承話

		題目	注意事項
1	三ノ組	祭ノ絵トキ	此図ニヨリ父母ニ伴ハレテ雑沓ノ地ヘ往キタルトキハ外レヌ様ニ常ニ注意スヘキコトヲ知ラシム
2		十日戎ニ留守居セル幼児ノ話	年少ノ幼児ガ雑当セル場処ニ臨ムハ危険ナレバ留守居セル方ヨキコトヲ奨勵スルナリ
3		天神様ノ話	至極簡単ニ図解的ニ話シ敬意ヲ表セシムルニ止ムベシ
4		太閤サン	簡単に絵解的ニ話シ敬意ヲ表セシムルニ止ムベシ
5	二ノ組	祭ノ絵トキ	三ノ組ノ注意参照併セテ飲食ニ立寄ラヌ様図ニヨリ云イ聞カスベシ
6		油断鯛敵　附十日戎ノ話（日本お伽噺第十四編）	此話ハ書物ノ侭ニテハ悪franco功トナレバ宜シク鯛ハ戎ノモノナリシヲ布袋ニ取ラレシ様ニスベキナリ言葉遣ニ注意スベシ
7		大阪城ノ話	大阪城ハ豊臣秀吉築キシモノナルコト、及秀吉ノ大業ノ大略ヲ断片的ニ話ス
8	一ノ組	加藤清正	幼年ヨリ勇気ニ富メルコトニ力ヲ入ルベシ
9		祭ノ絵トキ	前回参照
10		名和長年	名和長年ノ約束ヲ守リシ点ニ重キヲオク
11		菅原道真公	
12		楠正成ト正行	断片的ニ面白ク話スベシ
13		牛若丸ノ話	牛若丸ガヨク勤メ効ヲ奉セシコトヲ知ラシムベシ
14		大阪城ノ話　附　豊臣秀吉公	

④ 徳目の変化

『保育日記』明治31年版と『保育要目草案』には、談話の目的が書かれている。徳目の変化を明らかにするため、表2-17のように対照した。枠で囲っているのは、両方に記載されている物語である。

変化の概要は、徳目数が、明治31年は17項目、約10年後の明治40年頃には具体的な33項目の徳目が列挙されている。両方に共通してみられるのは、倫理的内容と生活習慣に関わる内容が混在していること、孝行、報恩、礼儀作法、忍耐、虚言、強欲が目的または徳目とされていることである。異なることは、『保育要目草案』では、、第1、公益、慈善、博愛、社会的規則など西洋思想の影響を受けた言葉があること、第2、天皇や祖先に関することが徳目として出現したこと、第3、軍隊に関わる話が出現したことである。

『保育要目草案』から現れた徳目として、第1の西洋思想の影響をうけた徳目では、公益は「浦島太郎」、慈善は「いたづら橋」、「鈴木右ヱ門の娘の話」、博愛は「ダイヤモンドと蛙」、「むく鳥と烏」である。社会的規則という徳目が現れたことも大きい。ここでの規則の内容は、「路傍に小便をなし又は裸にて遊び巡査に誡められし子供の話」という卑近なものであるが、巡査という社会的規則の代弁者を配していることは、別の徳目である「公益」ともあいまって、保育内容に初めて社会的規則が表れたと考えられるであろう。

第2の天皇や祖先の話は、「天皇陛下と皇后陛下」、「祖先」などで、日本神話が語られるようになった。天皇への忠義において功のあった加藤清正や名和長年が英雄として語られている。ただし、忠君としてではなく、加藤清正は勇気として、名和長年は約束を守るという徳目となっている。

第3の戦争、兵隊の話が出現していることでは、談話材料の注意事項において、物語の悲惨な結末や情景は話を変えたり途中で終えたりしているが、戦争に対しては悲惨さよりも勇壮さを強調していることが特徴である。また、陸軍紀念日、海軍紀念日、入営の日など、軍隊に関わる話を毎年必ず行

っている。

　注目すべきことは、同じ物語で徳目内容が変化していることである。6話においてそれがみられる。「桃太郎」が〈勇気〉から〈忠君〉へ、「金太郎」が〈勇気〉から〈元気よくあれ〉へ、「兎と亀」が〈油断〉から〈傲慢〉へ、「舌切雀」が〈親切〉から〈恩を忘るな〉へ、「ワシントンの話」が〈改過〉から〈自分の過と人の過〉へ、「花咲爺」が〈なし〉から〈慾ばらぬ事〉へと変化している。「桃太郎」と「舌切雀」における徳目内容の変化は、天皇を頂点とした国家主義における忠君、報恩の強調と思われる。「金太郎」の〈元気よくあれ〉という徳目への変化は、軍隊的強壮へと導かれるものと思われる。

表2-17　愛珠幼稚園　明治31年と明治40年前後の談話の徳目比較

		明治31年版の惰身話の目的 （談話回数順）における 日本昔話等の目的	明治40年前後作成の保育要目草案の 徳目（原書類記載順）と 日本昔話等の配当	
1	友愛	金糸雀ト猫ノ話 司馬温公ノ話　毛利元就	勤勉	牛若丸　半太ト小人 兎ノ出世
2	従順	熊ノ話　猫ト虎トノ話 白ト黒ノ犬の話	迷信	狸の月見　文福茶釜
3	報恩	勝々山　蟻ト烏ノ話 力ノ鍵	恩を忘るな	舌切雀 獅子と鼠　喇叭卒と馬
4	作法	礼 行儀善キ子供	人をそねむな	孔雀と鳥　石燈籠 黄菊姫と白菊姫
5	勇気	桃太郎　金太郎 亥太郎ノ話	元気よくあれ	一寸法師　金太郎 羅生門　加藤清正　俵藤太
6	油断	狐ト烏ノ話　兎ト亀ノ競争	公益	いたづら橋
7	親切	舌切雀	忠君	桃太郎　再生桃太郎 楠木正成と正行
8	清潔	目ヲ洗フコト等	傲慢	兎と亀　めくら蛍　猫と狐
9	注意	談話に注意　等	慈善	浦島太郎 鈴木右ヱ門の娘の話
10	孝行	猿ノ孝行猟人ヲ鷲セシ話 鼠ノ孝　春吉ノ話	博愛	ダイヤモンドと蛙 むく鳥と鳥
11	強慾	犬ノ話	家庭の楽	天長節に家族祝ふ説
12	素行	危険ノ遊戯	としより	金次の話　雪子と炭子
13	摂生	運動スル児ト怠惰ナル児	忍耐	弱虫太郎　鬼瓦　烏と水瓶
14	耐忍	小野道風ノ話	近所の人	鶏の葬式
15	改過	ワシントンノ話	からだ	建造と芳造　山の祭り お春とお千代の養生法
16	過食	過食セシ児童	祖先	神武天皇　紀元節　神代の話

17	虚言	鶏ト狐ノ話	悪しきす、め	鳥と鼠とおむすび 蓑と鼠と鳶　鼠と鏡餅
18	なし	花咲爺	自分の過と人の過	ワシントンの話 お千代の謝罪　太郎の謝罪
19			行儀言葉遣い	シャベリ王とシャベリ亀
20			天皇陛下と皇后陛下	御尊影ニ付テ
21			孝行	燈台の少女　網と片耳 親鳥と雛鳥　雀と鳶
22			兄弟	泳ぎ太郎　兄さん 福の神太郎次郎
23			召使を憐め	大尉と従卒
24			虚言を吐き虚行をすな	瘤取の爺さん　うそ鳥 象と帽子　子供と狼 正直な樵夫
25			約束を守れ	名和長年　蛙と指輪 三尾の金魚
26			友達	犬と鳥　土筆坊の話 猫とかなりや
27			自分の物と人の物	猿蟹合戦　三郎と次郎
28			生き物を憐め	痩せたる馬きりぎりすと子供 花咲せし兵隊さんじまんす
29			自分のこと	燕太郎
30			物を粗末にすな	菊の車　玩具と不平
31			けんか	蝶と蜂とが蜜を譲りし話 蝉と蜻蛉　かに崎と亀崎
32			規則を守れ	巡査に諫められし子供の話
33			懲ばらぬ事	花咲爺　しめくらの話 懲ばった罪　猿の裁判

（3）『保育要目草案』における「公正さ」

『保育要目草案』より、明治40年頃の愛珠幼稚園における「公正さ」を考察する。

① 人の認識

注意事項による分類で述べたように、善悪を西洋倫理で判断する談話が増加している。一方で、天皇を中心とする国家主義の根幹をなす日本神話が語られ始めている。したがって、人を疑似家族的共同体の中で位置付け、人間関係の中において善悪の判断をする認識と、西洋倫理で判断する認識が併存していると言えるであろう。

② 事態の把握

徳目の変化で述べたように、第1に社会的規則、第2に天皇、第3に軍隊の3つの軸を特徴とする。第1は、西洋思想における公益などの背景をもつ社会的規則を意味する。1889（明治22）年大日本帝国憲法が発布され近代国家として法律に基づく社会構成となり約20年が経過し、保育内容においても事態の把握の軸として、社会的規則の軸が現れている。第2、第3の軸は、天皇を頂点とする国家主義体制を支える教育が、保育内容においても現れていると言えるであろう。

③ 解決方法

談話材料の注意事項にみられる3つの教育的配慮に、解決方法の特徴が示されている。第1は幼児の興味を中心とする解決方法、第2は良いモデルを示す解決方法、第3は幼児の心理的影響を考慮した解決方法である。

表2-18 『保育日記』および『保育要目草案』における「公正さ」

	『保育日記』	『保育要目草案』
人の認識	幼児主体の保育・個人記録から自由に判断する人として認識。	天皇を頂点とする国の中に位置付けることと、自由に善悪を判断することが併存。
事態の把握	友愛。	社会的規則。 天皇。軍隊。
解決方法	自己決定を促す。	幼児の興味中心。 良いモデル提示。 幼児の心理的影響を考慮。

第2節 東京女子師範学校附属幼稚園の保育記録

東京女子師範学校附属幼稚園は、周知のように1876（明治9）年に設立された日本最初の官立幼稚園である。本節でとりあげる資料は、1903（明治36）年より1909（明治42）年にかけてであるので、学校の名称は、1890（明治23）

年よりの女子高等師範学校から1906（明治39）年よりの東京女子高等師範学校と変遷している。そこで、本節では、資料によって幼稚園の呼称が異なる。

本節では、「保育事項実施程度」[12]、「幼児に適切なる談話の種類及その教育的価値（女子高等師範学校調査）」[13]および「幼稚園における幼児保育の実際」を資料として分析する。「保育事項実施程度」は、1903（明治36）年4月発行雑誌『婦人と子ども』第三巻第四号に掲載されたものである。女子高等師範学校附属幼稚園の、「一ノ組」から「三ノ組」の1年間の保育項目別の内容としている。「幼児に適切なる談話の種類及其教育的價値（女子高等師範学校調査）」は、1905（明治38）年12月発行『婦人と子ども』第五巻第十二号に掲載されているが、官報として発表されたものが転載されたものである。それはまた、「京阪神聯合保育會雜誌」にも転載され、当時の保育界に広く行き渡ったと思われる。「幼稚園における幼児保育の実際」は、1909（明治42）年5月より8月にかけて4回にわたり、2組の1年間の保育を紹介している。資料は、1979（昭和54）年発行の復刻版を用いた。

1．明治10年代の保育

東京女子師範学校附属幼稚園における説話にかかわる保育について、明治後期との違いが明確になると思われるので、明治10年代の資料で概観しておきたい。資料として、明治10年作成と思われる『恩物大意』[14]、作成年は不詳であるが『保育の栞』[15]、1881（明治14）年改定「幼稚園規則」[16]・1884（明治17）年改定「幼稚園規則」[17]を用いる。これらは、東京女子師範学校附属幼稚園において、保姆たちが実際の保育にあたり指針としていた、いわば「保育内容論」とも言えるものである。

（1）『恩物大意』

『幼稚園記』においては欧米の話が勧められていたが、豊田芙雄による

『恩物大意』には、実際に話されていた小話についての説明がある。「従来在りし話と現在の話と、又師、是迄実地経験せし所の修身の解、また其知己の者より見聞せし事に付いて是を為す。」[18]となっており、さまざまな話をしていたことが窺える。その題目は、以下のようである。

　　第一小話　　動物を題にす
　　第二同　　　変化等の事を取交為す
　　第三同　　　人間と他の動物を比較す
　　第四同　　　神仏家旨に関する事
　　第五同　　　住昔より戯の話
　　第六同　　　学校に関する事
　　第七同　　　歴史の話　譬へば神武天皇より今上帝に至る迄のこと

　欧米の話とともに、神仏の話、天皇の話などが行われており、全く欧米の話のみが行われていたのではないことを窺わせる。この後には、「猫と針の話」[19]・「星と谷の話」[20]・「太陽と風の話」[21]があげられ、話の概要と修身上の意味が述べられている。

　修身上の意味は、「猫と針の話」は「慈悲を以ってするときは、獣でも恩を知って、是に報いる。いわんや、人においてをや」、「星と谷の話」は「人に難苦を見て、我が身の凍飢を思はずに、之を恵むとき、愛に由りて（空白）を得る者なり」、「太陽と風の話」は「身の及ばざることを思うと、必ず為すことはできない。その分限を守ることを堅固にするべし」としている。このように、「猫と針の話」（出典不明）と「太陽と風の話」（イソップ話）では、修身上の意味において、恩に報いる、分限を守るというような儒教倫理による修身上の意味をあて、「星と谷の話」（グリム童話）では、西洋思想である愛という言葉によって、修身の意味を説明している。欧米の話がなされていたが同時に神仏・天皇の話がなされており、この時代の説話が欧米一辺倒ではなかったことを『恩物大意』を通して知ることができる。

(2) 保育の栞

　東京女子師範学校附属幼稚園創立当初の保育者として知られる豊田芙雄が書き置いた『保育の栞』について、倉橋（1934）は、「わが国最初の保育論の一つ」[22]と評価している。この書き物の特徴は高邁な保育論ではなく、豊田が実際の保育を行っている中で書き付けられたものであり、彼女がどのような理念で保育を行っていたかがまざまざと目の前に浮かび上がってくる。内容は、一幼稚園、二恩物、三保姆の資格、四保育の注意、五開誘の方法、六保姆の心得の六項目はから成っている。一幼稚園は総論であり、その中で豊田は「上流社会富家の児女、農民職工の子女、各々区別あるを免れず。」と身分による区別が必要であるとしている。三保姆の資格では、「説話をよくするようにしなさい。しかし、子どもに対しては難しく高尚な道徳や難しい歴史や詩句をするのではありません。ただ身近な理解しやすい古今の良い言動に関する話や、昔話風のイソップ物語のような子どもが喜んで聞くような話をしなさい。」[23]と説話の内容選択方法を述べている。保育においては幼児が楽しむことが重要であり、また説話の内容も幼児に適したものを選び保育者はわかり易く話すことが大事であるという豊田の保育論が示されている。

　五開誘の方法では幼児への関わり方を窺い知ることができる。開誘は、遊戯室に幼児が集って歌を歌い当日の礼を述べるという活動を指すが、遊戯室へ幼児を誘導する方法の中で豊田は、「多くの児女は何れも元気よく集まりたるを中央の廊下或は適当の場所に一列せしめ、保姆此れを能く管し、若し悪戯或は他に対して、意地悪しき行為などなからしめ、注意整頓せしめて遊戯室に誘ひて各々席につき．．.」と、一列に並ぶ際に、それを乱す幼児に対しては注意している。

　六保姆の心得は25条示されている[24]。これらの特徴を述べたい。1条「小児は其年齢と発育とによりて開誘すべし。いやしくも成人と見誤ることなかれ。」、2条「小児を導くに必これを急にするを要するなかれ。開誘の仕事は皆遊戯と心得たらんには大なる誤ちなかるべし。」と記され、幼児教育の基

本となる、発達に応じた幼児観、また幼児への関わり方はすべて遊戯とする、つまり遊びを通してということが述べられている。

保育者の幼児との関わり方としては、幾つかの言葉がみられる。「懲戒すべし」は4条に、「諭すべし」は4・5・7条に、「戒むべし」は6条に、「制すべし」14条にみられる。「習はしむべし」は11条に、「養成すべし」は13条に、「知らしむべし」は20・21・22条にみられる。保育者の態度としては、温和な言葉使いで爽快活溌に気長に関わるようにと述べている。今日でいう保育者の援助に関しては、幼児に育てるものという視点での関わりである「習はしむべし」「養成すべし」「知らしむべし」と、保育者が指導するという視点での関わりである「懲戒すべし」「諭すべし」「制すべし」がほぼ同数で表れている。

保育者が指導する場合を見ると、物を壊す、花草を摘み取る等のできごとに対しての対応である。この場合の理由は人や事物に害があるからという理由である。懲戒する・諭す・戒める・制する等の言葉は、保育者からの一方的な語りかけであると思われる。「習はしむべし」「養成すべし」「知らしむべし」としている場合の内容を見ると、物品の整頓を習わせる、良心を養成する、友愛の情を知らせる、生物に対して残酷な取扱をしない事を知らせる、年長者の言葉に逆らわない事を知らせるといった躾あるいは徳育に関する事項であり、豊田は、恩物を通しての保育[25]とは別に、保育者の心得として、これらの躾や徳育を重視していたと考えられる。

「公正さ」の人の認識の視点からは、長幼の間においての礼であり、年長者の言葉に従うことを正しいとする人間関係において、人を認識していたと言えるであろう。事態の把握の視点からは、保育者の計画あるいは保育の流れを乱すことは許されないことであり、秩序の乱れを問題としていた。解決方法の視点からは、保育者には「保姆の権」があるという認識があり、保育者が指導するという解決方法である。幼児への具体的対応としては、注意する、懲戒する、諭す、制するという形態になり、幼児の意見を聞くという解

決方法はみられない。

(3) 1884（明治17）年改定の幼稚園規則

　開設当初の保育では、ほぼ週1回30～45分程度修身話が行われていた。1881（明治14）年改定の幼稚園規則による保育課目では、20分の修身話か庶物話（説話或は博物理解）を、週3回行っている。1884（明治17）年に再び改定された幼稚園規則による保育課程表では、「修身の話」を「六・五・四の組」では週3回、「三・二・一の組」では4回行っている。また「庶物の話」を「六・五・四の組」では週3回、「三・二・一の組」では2回行っている。このように、1881（明治14）年改定より、修身話や博物あるいは庶物の話が保育内容において占める位置が大きくなっている。

　1884（明治17）年の「幼稚園規則」第7条[26]は、「保育の要旨左の如し」として、保育の目的・方法論と各課程に解説を加えている。幼稚園教育は家庭の教育を助け、学校教育の基礎となるという目的を明確に示している。同時に小学校教育と同様に、徳育・体育・智育に言及している。特に身体の成長を最重要視していることが特徴と言えるであろう。各課程のうち、会集については「会集は毎日先つ諸組の幼児を遊嬉室に集め唱歌を復習せしめ且時々行儀等に就て訓誨を加ふる者とす」とし、「修身の話ハ和漢の聖賢の教に基て近易の談話をなし孝弟（まま）忠信のことを知らしめ務て善良の性質習慣を養はんことを要す」としている。和漢の聖賢と明記しており、欧米の話が省かれている。また会集の時間に行儀などの躾が行われていたことを窺い知ることができる。

　保育方法では、幼児が自身で工夫すること、随意活動の際に幼児を観察し指導すること、幼児の興味・関心を考慮した保育活動の流れについて言及している。個々への視点は、明治17年の「幼稚園規則」において初めて明確に示されたと言えるのではないだろうか。また、幼児との応答を保育者に促していることから、「公正さ」の解決方法の視点では、幼児との話し合いと言

える。

2．「保育事項実施程度」にみられる軍隊に関わる教材
（1） 「保育事項実施程度」の内容
① 各組の保育内容

　「保育事項実施程度」は、1899（明治32）年に制定された幼稚園に関する最初の単独法令である「幼稚園保育及設備規程」の保育項目について、その内容の模範を示したものであると思われる。各組の年間の保育項目でとりあげる保育教材が掲載されている。保育項目は、遊戯・唱歌・談話を１つの表で、また別の表では、手技を幾つかの細目に分けて示している。各組の保育項目の内容を『婦人と子ども』より転載し表２-19および表２-20に示した。原表は、各組別になっていたが、比較がしやすいように３組並べて表にした。また、表２-19においては、同じ細目を並べるために「三ノ組」の書き方の順序を変えた。手技では、「三ノ組」より徐々に細目が増えたり簡単なものはなくなったりしている。また、同じ細目でも内容を見ると、年齢が上がるにつれて高度になっている。なお、不明の文字は○とした。

　表２-19の遊戯では、「三ノ組」では運動遊戯と称される歌に合わせて踊るものだけであるが、「二ノ組」には、猫と鼠、盲の遊など鬼ごっこ形式の遊びが加えられている。「一ノ組」では探し物、花売りなど推理や言語表現を要求される遊びが加えられている。行進は３組ともに行われており、保育として行進がさかんに行われていたことが窺われる。豊田の『保育の栞』においても、開誘に向かう際に保育室の前に一列に並んで行進していた様子が述べられている。唱歌は、「三ノ組」11曲、「二ノ組」12曲、「一ノ組」12曲と、季節に合わせて約２・３曲の割合で歌われている。遊戯・談話に関わりのある歌がみられ、保育活動を単元的に行うように変化したと思われる。1887（明治20）年文部省刊行の「幼稚園唱歌集」から引き続き選ばれている歌は、題名から「てふてふ」・「うずまき」・「風車」の３曲のみである。「一

表2-19 「保育事項実施程度」各組の遊戯・唱歌・談話の内容

組	三ノ組	二ノ組	一ノ組
遊戯	一列行進　てふてふ　雀 蓮の花　風車　鳩ぽっぽ 礼の遊　うづまき	二列行進　池の鯉　汽車 お池の蛙　雷　○くゞり 猫と鼠　輪拾ひ　盲の遊	探し物　花売り　時計　花輪 叉行進　四列行進　鎖
唱歌	雁　風車　てふてふ　蓮の花 水遊　箱庭　鳩ぽっぽ 桃太郎さん　雀　椿 さよなら	池の鯉　お池の蛙　螢 とんぼ　夕立　桃太郎 猫の子　金太郎　たこ 汽車　馬　ほーほけきょ	ちらちらほろほろ　遊びの庭 ひばりは唄ひ　花売り（春の部） 朝顔　お月さま　花売り（秋の部） 菊　お正月　大さむ小さむ 軍ごっこ　師の恩
談話	桃太郎 雛鶏と親鶏 舌切雀 犬の小供を救ひし話	犬と影　　　兎と龜 獅子と鼠　　浦島太郎 金太郎　　　象と帽子 狐と猫　　　犬と鳥 蠶と鼠と鳶	烏と水瓶　蝸牛と小供　蟻と鳩 狼と狐　烏と鼠とおむすび 半太と小人　花咲爺　猿蟹合戦 牛若丸　羅生門　神代の話 田原藤太　加藤清正虎退治

ノ組」で2月から卒園前に「軍ごっこ」が歌われており、社会状況の影響と思われる。

　談話に関して、以下のような3つの但し書き[27]がつけられている。配列が意図したものではないので、時期に応じて行うよう、またここにないものでも協議して行えばよい。ある組に配当している話は必ずその組で話すということはなく、幼児の理解に合わせて話せば年少で話した話を年長で話すことができる。自然物、自然現象、人工品などに関係する知識は、保育要項に規定しているように談話の中で話したり庭園や室内で偶発的に話したりする方法を取るのでここには書いていない。躾方に関する談話も同様の理由でここには記載していない。

② 談話の特徴

談話は、参考にあるように、自然物の話、躾方の話は、偶発的に行うとして省かれている。したがって、ここにあげられている話は、いわゆる物語と事実談である。どのような教育的ねらいをもって話されたかは不明であるが、一ノ組に格段に多くなっていることが第1の特徴である。次に、創作話が初

第2章　幼稚園の保育記録にみられる「公正さ」

表2-20　「保育事項実施程度」各組手技の内容

	三ノ組		二ノ組		一ノ組
六毬	（空白）				
積木	（1）塔　（2）汽車 （3）腰掛　（4）椅子 （5）門　（6）汽車遂道 （7）橋　（8）軍艦	積木	（1）机ニ本　本箱 （2）汽車 （3）橋ニ瓦斯燈交番 （4）宮一　（5）宮二 （6）門ニ家　（7）家一 （8）家二　（9）燈臺ニ船	積木	（1）風呂ニ水 （2）橋ニ郵便箱 （3）紋形　（4）宮ニ燈籠 （5）西洋館 （6）宮ニ鳥居　こま犬 （7）軍艦と船 （8）門ニ家　（9）鐘楼
板ならべ	（1）汽車　（2）雁 （3）門　（4）燈籠 （5）汽車	板ならべ	（6）船　（7）燈臺 （9）紋形　（9）橋ニ船 （10）手籠　（11）船二隻 （12）紋形	板ならべ	（13）家　（14）風車 （15）汽車　（16）紋形二 （17）菖蒲　（18）紋形三 （19）軍艦（20）菖蒲二蝶
箸環ならべ	（1）眼鏡　（2）果もの （3）菊の花（6）水ニ （4）紋　形二 （5）紋　形二　魚	箸環ならべ	（7）風車　（8）旗 （9）菓子鉢　（10）汽車 （11）植木鉢（12）時計臺 （13）門（14）山ニ船	箸環ならべ	（15）紋形（16）石燈籠 （17）梅ニ松（18）紋形二 （19）菖蒲　（20）紋形三 （21）軍艦（22）汽車
		紐おき	（1）池（2）山（3）魚 （4）眼鏡（5）渦巻 （6）軍扇（7）蝶 （8）飾餅（9）人	縫取り	（1）本　（2）旗 （3）船 （4）紋形一 （5）扇二（6）紋形二
貝ならべ	（1）幼児雁　（2）山 （3）池ニ鯉金魚 （4）レール箸（5）四角 （6）旗	貝ならべ	（7）魚（8）眼鏡 （9）三日月（10）三角 （11）家（12）船（13）瓢 （14）花（15）紋形		
画き方	（1）山　（2）池 （3）杖　（4）梯子	画き方	（5）山ニ月（6）提灯 （7）旗（8）桜実（9）梨	画き方	（10）門（11）船（12）團扇 （13）魚（14）軍艦
		紙きり	（1）紋形（2）同（3）同 （4）同（5）同（6）同 （7）独楽	紙きり	（8）紋形（9）同 （10）同（11）同 （12）同（13）同
				紙おり	（1）八行一　（2）同二 （3）九行一　（4）同二 （5）同二　（6）十一行一 （7）同二　（8）同三
				紙くみ	（空白）
紙たゝみ	（1）本　（2）屏風 （3）肩掛　（4）山 （5）船　（6）バツタ （7）てふてふ（8）雀	紙たゝみ	（9）座布團　（10）煙草入 （11）家　（12）帽子 （13）二艘船（14）團扇 （15）襦袢（16）塵取 （17）兜　（18）蝉 （19）狐面（20）紋形	紙たゝみ	（21）紋形四角（22）蓮花 （23）襦袢　（24）袴 （25）鐵砲船（26）二艘船 （27）帆船　（28）風車 （29）紋形　（30）宮 （31）朝鮮船（32）三方 （33）四足三方（34）四角箱 （35）鯰　（36）鶴
		豆細工	（1）亞鈴　（2）独楽 （3）彌次郎兵衛 （4）四角（5）鏡 （6）風車（7）旗（8）魚 （9）机（10）屏風	豆細工	（11）梯子（12）竹馬 （13）犬（14）鳥居（18）家 （15）熊手（16）箱 （17）手籠　（21）吹流シ （19）建札（20）椅子
		粘土細工	（1）珠　（2）珠竿 （3）桜実（4）飾餅 （5）林檎（6）卵 （7）盆（8）模様附盆	粘土細工	（9）模様附盆（10）胡羅蔔[28] （11）慈姑[29]（12）花瓶 （13）太鼓（14）白ニ杵 （15）四角

めて入ってきていることが第2の特徴である。『婦人とこども』に掲載されている幼児向けの話を保育に取り入れている様子がみてとれる。第3の特徴は、神代の話は「一ノ組」において初めて行われていることである。歴史や天皇の話は『恩物大意』の小話の説明でもなされている。その他の日本神話や戦争の話は見受けられないことである

全26話を内容で分類すると、表2-21のようになる。

表2-21 「保育項目実施程度」談話の分類

	数	談話材料
日本の昔話	6	桃太郎 舌切雀 金太郎 浦島太郎 花咲爺 猿蟹合戦
西洋の話	9	兎と龜 犬と影 獅子と鼠 鸞と鼠と鳶 烏と水瓶 蟻と鳩 半田と小人（靴屋と小人） 狐と猫 狼と狐
創作話	2	象と帽子（婦人と子ども） 鳥と鼠とおむすび（婦人と子ども）
歴史の話	4	牛若丸 羅生門 田原藤太 加藤清正虎退治
天皇の話	1	神代の話
不明	4	雛鶏と親鶏 犬の小供を救ひし話 犬と鳥 蝸牛と小供

（2）「保育事項実施程度」における「公正さ」

「保育事項実施程度」は、保育活動と教材について書かれたものである。そこで、教材の選択から、事態の把握について考察したい。なお、教材名や保育活動名のみの掲載であり、教材内容は不明である。人の認識、解決方法は、教材内容によるので分析は行わない。

事態の把握における特徴は、軍隊に関わる保育活動や教材がみられるようになったことである。談話においては軍隊の話はみられないが、唱歌では「一ノ組」で「軍ごっこ」を歌っている。また手技では、積木において「三ノ組」から「一ノ組」まで「軍艦」を作っており、「一ノ組」では「板並べ」、「箸環ならべ」、「画き方」に軍艦がある。紙たゝみ（折紙）では、鉄砲

船を作っている。このように、談話において軍隊の話を行うことはなかったが、教材の中に軍隊に関わるものが現れ始めていると言えるであろう。したがって、事態の把握は、善悪を判断する際に軍隊の容認という軸があると考えられる。

3．「幼児に適切なる談話の種類およびその教育的価値」にみられる感情思想の育成陶冶

（1） 談話の目的と種類

「幼児に適切なる談話の種類およびその教育的価値」の内容は、談話の目的、種類、教材の年齢別紹介、談話の意義、談話の方法である。

談話の目的は、幼児の感情を育成し、思想を陶冶して徳性を啓発するとともに、知識を正確にし観察の習慣をつけ、発音言語の練習と定義づけている[30]。常に一定の時間においてするものではなく、その他の保育活動の際に必然的に付随するものと、明治初期の保育課目として説話を行う保育方法から変化している。

談話の種類は、假作、実話、実話に假作を付加したものの3種をあげている。假作とは、寓話や童話をさす。寓話は道徳的訓戒を含む話で「兎と亀」のような話であり、童話は寓話より長くまとまった話で、必ずしも道徳的訓戒を含んではいないと定義づけている。例としては、桃太郎、松山鏡、七匹の山羊をあげている。実話は、偶発事項に関しての談話、庶物の談話、事実の談話を含み、範囲が広いとしている。偶発事項とは、例えば登園の際に起こった事項をとりあげるといったことで、躾に関する話もここに入るとしている。庶物の話は、自然物や身近な物の話である。事実の談話とは、祝祭日、人物、出来事を簡単に説明する話である。実話に假作を付加したものとは、英雄談、神話等をさし、「多少ノ事實ニ想像ヲ附會シテ作爲セラレタル談話」[31]と定義づけ、例として俵藤太、大国主尊の話をあげている。その後に、假作の談話では、小学校のように日本の話にこだわる必要はないとして

いる。その理由を、童話に対する幼児の興味は東西に違いはなく、西洋の教育者が幼児に適しているとするグリム童話やほとんど普遍的となっているイソップ物語などは、幼児の趣味嗜好に適していると論じている。以上のような3種類の分類とは別に、修身教訓を主とするものと知識を啓発するものという分類も示している。寓話・童話・神話・英雄談・事実談話は前者、庶物の話や偶発事項の談話は後者に属する。
② 談話の選択の留意点・教育的意義・方法

選択の留意として「童話の種類を採擇するに際して、必ずしも修身的訓誡の一面にのみ偏することを避け、これによりてまさに幼児の感情思想の全斑を育成陶冶せんことを力(つと)む可なり」[32]と、修身的訓戒と全人的な育成陶冶との違いを意識して叙述している。教材を年齢別に紹介しており、整理すると表2-22のようになる。

表2-22 「幼児に適切なる談話の種類およびその教育的意義」年齢別談話教材

3歳～4歳	4～5歳	5～6歳
桃太郎　舌きり雀 犬が子どもを救った話 ひよこが親とりの言いつけに背いて苦しむ話	浦島太郎　金太郎 犬と影(イソップ物語、以下同じ)　ししとねずみ 兎と亀　かえるとねずみとび　狐と猫(グリム童話)	花咲爺　牛若丸　大国主尊 蟻と鳩(イソップ物語) 鳥と蛤(イソップ物語) 狐と狼(グリム童話) 小人と靴屋(グリム童話)
躾や庶物の話は、年齢別にせず、体、動物、植物、鉱物、自然現象、日用品・衣服・玩具の8項目をあげている。		

談話の教育的意義として、想像力の発達を促して同情することができるようになることによって、道徳的思想行為の萌芽を養うとしている。庶物などの話を通しての観察力を養うことも、徳性発達にとって重要であり、最後に、心力の発達は言語の発達に待つところがあるから言語の発達においても価値が大きいとしている。

談話の方法は、説話式と対話式とにわけられている。説話式は、保育者が

幼児に話して聞かせるもので、新しい教材を幼児に示していくことを目的としている。寓話、童話、神話、英雄談などが多い。対話式は、保育者と幼児との対話であるから、幼児が正しい発音、言葉で発表になれることを目的としている。日常の心得、庶物の談話などがこの方式によって行われるとされている。そして、談話においては、絵画や実物を見ることによって幼児の想像を活発にするので、絵画を用いることが有用であり、特に庶物の話においては、実物標本がなければ目的を達することはできないとしている。

(2)「幼児に適切なる談話の種類およびその教育的意義」における「公正さ」
① 人の認識
　人の認識の特徴は、選択の留意で「修身的訓戒の一面にのみ偏することを避けこれによりてまさに幼児の感情思想の全般を育成陶冶せん」と、幼児の感情思想を一人の個性全体として育成陶冶すると論じていることにみられるだろう。修身的訓戒と捉えると、感情は我慢、忍耐するものとなる。それに対して、人の感情を、心理学を通して科学的に捉えそれに基づいて育成陶冶するというように、人を全人的に教育の対象としていると言える。また、幼児の感情思想の全般を育成陶冶するについては、談話の教育的価値についての項で詳しく述べている。談話により想像力の発達を促して同情することができるようになることによって、道徳的思想行為の萌芽を養う[33]との見解を述べている。これらから、幼児を個人として善悪の判断を行う一人の人として捉えていると言えるであろう。
② 事態の把握
　事態の把握では、道徳的指導という軸がみられた。前述した選択の留意において、感情を育成し思想を陶冶した結果として、「徳性啓発がなされる」というように現われている。ここでは、徳性啓発と修身の訓戒が対比されていた。道徳的訓戒という言葉も寓言の定義にみられ、「寓言は道徳的訓戒を

寓したる簡単なる仮作なり、兎と亀との談、蟻と鳩との談の如し」と使用されている。その上で、談話の仮作には、国民的材料と世界的材料があるという分類を示し、小学校では国民的材料が重きを置かれるが、幼稚園では東西の間に差はないとして、「イソップの如きほとんど普遍的となりたるもの」[34]との考えを示している。このように見ると、ここでは修身的訓戒は従来の儒教的徳目を指し、西洋のイソップ物語にみられる訓戒を道徳的訓戒と区別していると思われる。以上のように、道徳的指導という軸において、修身的訓戒に加えて徳性啓発が新たに出現している。

③ 解決方法

解決方法では、2つの特徴をあげることができる。他人の感情理解と幼児との会話である。

第1の他人の感情理解については、談話によって想像力の発達を促し同情することができるようになることによって道徳的思想行為の萌芽を養うという道徳論にみられる。道徳的思想行為は、善悪の価値判断に基づく行為を含んでいるので「公正さ」と言える。したがって、この道徳論では、問題に直面したとき、相手に同情することによって問題を解決すると考えられる。道徳的思想行為つまり問題に直面したときの解決方法が同情であること、他の人間に対する感情的理解と言える。

第2の幼児との会話は、談話の保育方法に述べられていた。談話は説話式と対話式とにわけられていた。対話式で行われるのは、日常の心得、庶物の談話などである。豊田による『保育の栞』においては、説話は幼児にわかり易く話すことが大事ということで、幼児は聞くだけであった。幼児との対話は時に応じて行うとのことであるので、たとえば、幼児に日常の心得などを話さねばならない事態になったとき、豊田が述べているように保育者は幼児を諭すのではなく、幼児と対話をするという解決方法であると考えられる。このように、問題場面での解決方法として、幼児との会話をあげられるであろう。

4．「幼稚園における幼児保育の実際」にみられる自己表現の評価
（1） 明治42年頃の保育内容
① 年長・年少組の保育内容比較

　「幼稚園における幼児保育の実際」[35]は、明治42年に『婦人と子ども』に掲載された保育実践報告である。第五号に、池田とよが執筆したとの表示があり、表紙裏にフレーベル会庶務幹事として、東京女子高等師範学校保姆の肩書がある。六号以下は、某女史として執筆者の氏名は明かされていないが、東京女子高等師範学校の保育者執筆のものとして本節で資料とした。第五号では「三ノ組」（最少幼児）の１年間の概括、第六号は「三ノ組」の保育項目ごとの概括、第七号では「一ノ組」の保育活動ごとの概括、第八号では「一

表２-23　「幼稚園における幼児保育の実際」各組の遊戯・唱歌・談話の内容

組	三ノ組	一ノ組
遊戯	一列行進　蝶　雁　蓮の花　鳩ぽっぽ　雀　風車　禮の遊　結んで開いて　渦巻	探し物　花賣り　時計　花輪　叉行進　汽車　木曾山路　左右の遊　鎖　猫と鼠　ボート行進
唱歌	蝶　かり　蓮の花　鳩ぽっぽ　君が代　雀　さよなら　飛車　ひばりは歌ひ　みがかずば　水遊び　桃太郎さん　一月一日　お正月　雪やこんこん　紀元節　渦巻　グウドモウニング　椿	ちらちらほろほろ　花売（春秋の部）　朝顔　菊　猿蟹合戦　お正月　大寒小さむ　紀元節　みがかずば　君がよ　師の恩　電車唱歌　牛若丸　アルバベット歌　我等の園生（春秋冬）　ひなまつり　戦友
談話	桃太郎　舌切雀　きりぎりすと金ちゃん　雛鶏と親鶏　兎と亀　猫の話　兎の片耳　強い鶏　犬の子供を救ひし話　鶴と亀の話　蚊と獅子の相撲　獅子と鼠	何度も話した話　金太郎　羅生門　花咲爺　浦島太郎　桃太郎　新たに用ひたる談話　猿の話　　猿ばしの話　帽子売りと猿の話　　猿の魔物語　梅の魔物語　栗山の話　海水浴の話　行啓につきての御話　亀の話（魔物語）　孝子の話（水戸黄門の伝）　天の神の話（婦人と小供）　粉屋の鼠（婦人と小供）　鼠の戦争（少年）　鶏の魔物話（児童）　鶏の巧妙（小波山人おとぎ話）旅順の海戦　宝袋（婦人と小供）　一寸法師の話（唱歌による）
	毎日の躾方　休暇・行啓・天長節・お正月・紀元節・米艦隊の歓迎　天候・植物・昆虫	

ノ組」の談話について、4か月に亘って保育者が報告を行っている。「三ノ組」と「一ノ組」の保育時間の配当表や保育項目である遊戯・唱歌・談話の題目と順序、それに並行して、手技の題目、および保育の方法やその評価が述べられている。各組の遊戯・唱歌・談話の内容を表2-23で示し各組手技の内容を表2-24で示した。

表2-24 「幼稚園における幼児保育の実際」三ノ組・一ノ組手技の内容

	三ノ組		
六毬	雀 風車		一ノ組
積木	正方形4個を随意 長方形4個を随意 正方形2個・長方形2個を随意 長方形6個を随意 長方形・正方形各3個を随意 塔 汽車 腰掛 門 汽車にトンネル 軍艦 橋 凱旋門 燈籠	積木	一学期のはじめ 正方形4個 大なる三角4個 長方体4個 薄き四角4個 漸次増加して第8週に 正方体6個 薄き四角4個 柱4本 長方体4個 大なる三角4個 小なる三角8個 これらを一全体として、箱に収める 随意の積み木 電車 汽車 船 風呂 橋 郵便箱
板ならべ	汽車 門 かり かりに山 燈籠	板ならべ	随意
箸環ならべ	提灯 顔 眼鏡 果実 魚に水	箸環ならべ	随意
		縫取り	2学期の終り2週間より始める
摺紙	本 山 船 バッタ 雀（正方形） 蝶（円形）雀（円形）肩かけ 蝶（正方形）かり	摺紙	3学期に興味が増す 菖蒲 蛙 風船 オルガン トンボ 馬
画き方	山 山に日 池 おだんご りんご 旗 山に旗 舟 波に舟 かほ 梯子 魚 水に魚 その他随意	画き方	随意（臨画 写生画 密画） 画紙の大きさは16切 色鉛筆（消しゴム）
		剪紙	2学期より 随意に新聞紙を切る
		紙織り	随意
		紙くみ	随意
		豆細工	随意 紙くみと合わせて用いる
		粘土細工	珠 円柱 正方形 盆形を教えた 後は随意

② 「三ノ組」の保育

「三ノ組」は、幼稚園に始めて登園した4月の保育の留意事項として、幼稚園に慣れること、付添から離すことをあげている。そのため、幼児の席は

第 2 章　幼稚園の保育記録にみられる「公正さ」　121

決めずに自由に座らせ、5月26日にはすべての幼児が付添なしで幼稚園に入ることができた様子を記している。2学期始めの幼児への評価は、1．幼児がよく幼稚園に慣れて居ること、1．列を作りて歩むことの上手になりしこと、1．尾田前川などが以前より能く色々のことを話すようになりしこと、1．唱歌の拍子がおそくなりしことの4点である。2学期では、「子供をして無理にいやなことをなさしむるが如きは決してなさず飽迄も子供を標準として出来得る限り自由になしたる」[36]ことを目指している。3学期は、男女の遊びが異なってきたこと、男児が少し乱暴になってきたこと、指定した席に座るように計画したが、風邪など病気で休む幼児が多く結局指定した席に座ることはなかったことが記されている。保育活動別の評価では、始業（会集）前の内遊・外遊時には、監督者は室内・室外と2人必要であること、会集では鈴の音で集まる幼児の様子、年上の幼児たちと共に遊戯などをするときの方がきれいにできること、出席調べ・躾け方では名前を呼ばれても返事ができない幼児が2人いること、出席確認について始めは出席簿の順に呼んでいたが、後には幼児が座っている順に呼ぶようになったこと、座り方では足を揃えて手をひざに置くように指導したこと、その他の躾では、下記の11点をあげている。ある幼児が雨の中を走り回ること、腰掛をおもちゃにしないように躾けるのに苦労したことが付加されている。

　　朝先生に「オハヨウ」といふこと
　　朝いえを出づる時及訪ひしときに挨拶すること
　　食事の心得
　　杓子はかたづけること（砂遊用玩具）
　　少し位の事に泣かぬこと
　　泥靴を能く拭ふこと
　　成る可く自分のことは自分ですること
　　雨の降る時は外に出ぬこと
　　玄関で遊ばぬこと

腰かけをおもちゃにせぬこと

　部屋の中や廊下等を静かに歩むこと

翌月の談話[37]では、黒板の前に2列に椅子を並べて行い、時には1列に並べて行うと記されている。絵を示さずに話すことは難しいこと、同じ話をするときは、幼児に話をさせたり、前に出て意見を述べさせようとしていること、恥ずかしがって言えないときはその勇気を誉めたことが述べられている。また、人気の話は桃太郎で、自由遊びのときに年少児が桃太郎となり、年長の「一ノ組」が鬼となって「三ノ組」が征伐のために一生懸命追い駆けたという逸話も述べている。舌切雀は幼児があまりおもしろがらないとしている。唱歌では、新しく教えるというよりも上の組の歌うのを聞いて覚え、その誤りを正すことが多いと述べている。紀元節の歌は、幼児には面白くないので教えるのに苦労したと記されている。

積木は、数え方の練習も兼ねていること、規則正しく出し入れしていること、貝や植物の葉とともに与えると喜んでよく遊ぶこと、何かを作ろうとして積んでいるのではなく、積んでから先生に「これなに？」と尋ねることが多いと報告している。幼児の作品を図にして掲載している。

板排・環排は、立体とならないので幼児があまり興味を起さないとしている。板排では、雁の形が難しく、幼児が喜ぶのは薄い板を使って立体とすることで、家を立体に作って喜んでいると報告している。

画き方は、石盤に石筆で随意に描いている。月に一度は紙に描かせて記録としていると報告している。幼児が多く描くのは、電車・だんご旗などであると、幼児の作品を掲載している。

外遊としてあげている遊びとして報告されていることを下記に記す。かけっこ・鬼ごっこ・かくれんぼ・砂遊び・粉屋ごっこ・電車遊び・採集・園芸の手伝い・人を巻くこと・二人三脚・場所とり・軍ごっこである。留意事項として、初めは幼児のみで遊べないので、保育者が先に立って指導することが必要である。そうでなければ、幼児が「ただぼんやりと佇むなり」。3学

期には、幼児が自主的に遊べるようになるが、そこでも保育者がともに遊びながら監督指導することが大切である。かけっこは、2・3人で行われている。鬼ごっこは、ジャンケンポンヨと勝敗に拘らずじゃんけんをすることを楽しみ、鬼は先生がすることが多い。かくれんぼは、自分の顔を隠して隠れたつもりになっており、先生が探すまねをするという段階である。砂遊びは、入園当初に盛んであり、初めはザルと杓子で遊び、しだいに電車やトンネルを作るようになった。粉屋ごっこは女児に多く、レンガと瓦を擦り合わせて粉を作る遊びであり、米屋・料理屋・植木屋に発展している。電車遊びは、スキで線路を描いた上を数人が帯などをつかんで連なって歩く遊びである。採集は、石・木の実・藤の葉・藤の花・落ち葉・草・昆虫などがあげられている。何人か（実名）がこの遊びを好む。また、昆虫を捕まえたときは逃がしてやるように指導する。花壇の手入れをしていると、必ず幼児達（実名）が来て手伝うつもりでいろいろなことをする。二人三脚は、2学期に盛んであった。場所とりは、鬼もなく相談してただ場所を移り変わる極めて幼稚な遊びである。軍ごっこは、ただスキを肩にして追いかけられたりする遊びで、男児が行っている。

　食事・退園も一つの保育項目として挙げられている。お弁当は、楽器を使って礼をし、お弁当をあけ、茶碗に移し、食べ終わると仕舞うというように行われていた。はじめは全部先生がしていたが、3学期にはたいてい自分でできるようになったと報告している。食べ終わると「ごちそうさま」と言わせ、幼児は自由に遊ぶ。退園は、自由遊びの後で、部屋に入ると手を洗い、帽子・外套・弁当を保育者がそれぞれの幼児に配り、姿勢よく座って、「今日の遊びもすみました・・・」の歌を歌って帰る。朝の出席調べのときと退園のときに、行儀正しくするのを習慣としていると述べている。

③　「一ノ組」の保育

　第七号、第八号の「一ノ組」の説明は、「三ノ組」の説明と異なる形態でなされている。文体もやや硬い。「三ノ組」の説明では、「うれし」や「愛ら

し」との保育者の思いも述べられていたが、「一ノ組」の説明では、幼児の状態に対する評価は述べられているが、保育者の感想は省かれている。それぞれの内容を、「各課目実施の事項順序情況等」という見出しで述べている。

　遊戯は、配当表で外遊と内遊とされている課目で行われる保育活動であり、内遊の場合は楽器などを用いた遊びを行うとしている。初めて行った時の順序で記載している。探し物は、室内に隠した物を探す遊びであり、1学期初めより行っていた。そのときは幼児の興味は薄く、楽器の調子に合わせて探すなどの工夫もあまり効果がなかったとしている。しかし、3学期になると機敏に巧みになって、好む遊びとなったとしている。

　花売りという遊戯は、幼児が円形に手を繋いで立ち、中に花を持った花屋の幼児が2人立つ。先に、花屋の幼児が花を売る歌を歌い、その間周りの幼児は手をつないだまま左が右に回る。次に周りの幼児が花を買う歌を歌い、その間花屋の幼児は内側で丸く歩く。その後、花屋の幼児が誰かに花を売り、花屋を交代して遊びを続けるものである。女児が好む遊戯であるが、花の名前を考え同一の花を売らないというルールを3学期に加えると、男児の方が好むようになったと記している。

　時計は、時の練習、数の練習、話し方の練習となるとしている。遊び方を述べてはいないが、前後から、「ボーン、ボーン・・・」というように、時計が鳴る音を一人の幼児が言い、何時であるか当てる遊びと思われる。遊びが混乱するポイントとして、3つあげている。1．時計の音を数えるときに、幼児が声を出して数えること、1．数えているうちに、幼児の数え方が速くなり、音が鳴っていないのに数えてしまうこと、1．時計の鳴るのを聞き終わったら、針となった幼児に「何時？」と聞くルールを忘れて一斉に何時かを言うこと、である。

　花輪は、歌に合わせて決まった動きをするものである。保育者の評価として、従来はあまり喜ばれない遊戯であったが、この組は好んでいること、大人にはゆっくり過ぎる間があるが、幼児には都合がよく美しく遊戯ができる

としている。また、好む理由として、初めに教えたときに写真を撮ることになり、幼児が一生懸命覚えようとしたこと、引き続いて運動会でも行ったことによるとし、3学期になっても興味をもって行っていると報告している。

行進とは、1列から2列になりさらに4列となって行進し、また2列、1列と戻る行進である。いろいろな隊形で交差も交えて行進したらしく、留意事項として、2列の間を2列が交差するものは、2学期の末より行ったと報告している。

汽車は、全員を2つに分けて、一方が汽車一方がトンネルとなって、歌を歌いながら汽車がトンネルをくぐっていく遊戯である。木曾山路は、説明から推察すると、幼児が円形になって音楽に合わせて手を打ちながら円く行進し、暫時木になって立ち止まって手を打つものらしい。幼児には難しいと評価している。3学期に入ってから行うようになったと報告している。

鎖は、進行方向が反対の2重の輪になり、外の円と中の円の幼児が交互に手をつないで動いていく遊戯のようである。左右を理解して後に行っても、相手の右手を取った場合、相手の左に進むということを理解しがたいこと、進むにつれて第一の幼児の手は放し、次の幼児の手を取ることを理解しがいこと、手の左右に気をとられて音楽に合わせて歩けないこと、間隔が遠いときに自分が進むことを忘れて相手に来いと言って動かないことなどをあげ、幼児には難しい遊戯であると評価している。しかし、3学期末にはその難しさが楽しみとなり、幼児に好まれる遊戯となったとしている。その他、前年よりの続きで好まれた遊戯として、猫と鼠、ボートをあげている。

唱歌については、遊戯・談話・手技に併用する場合が多く、それを幼児が喜ぶと報告している。また、音程の練習を重視して毎日行っており、耳の発達として、汚い声と美しい声、重い声と軽い声、強い声とやさしい声、早い調子と遅い調子、重い調子と軽い調子といった違いを理解するようになったとしている。この後に各唱歌の指導の際の留意事項を述べている。

談話については、この組が特に好んでおり、談話者の技量の巧拙に拘らず

30分から40分にわたる話もよく注意して聞いていると評価している。談話は保育要項にあるもの以外で新しく用いたものをすべてあげている。注として、○印をつけ、それらの話は特に幼児が興味をもったもので、また日本昔話で幼児が興味をもち再三反復して話したものも示している。それらは、帽子売と猿の話、天の神の話、鼠の戦争、鶏の功名、金太郎、羅生門、花咲爺、浦島太郎、桃太郎である。また、年度末に談話の絵を描かせたところ、以下のような結果となったと報告している。

羅生門（男児3）・鼠のいくさ（男児3、女児8）・一寸法師（男児1・女児6）・獅子と鼠（男児1）・旅順の戦争（男児4）・猫とかなりや（女児1）・熊谷直実（男児2）・櫻井の駅（男児1）・宇治川（男児1）牛若丸（男児2）・桃太郎（男児7、女児7）・金太郎（女児1）・兎と亀（男児2、女児2）・八蔵と柿（男児1）

幼児が自ら話をする機会を取ることに関しては、あらゆる機会を利用したと述べ、月曜や休日明けの朝には休み中の話をする活動をしたり、手技の際にはできる幼児ができない幼児に説明をしたり、欠席した場合は出席してきた日にその理由を話させたりとの活動を行ったと報告している。儀礼の言葉の練習として、天長節、紀元節、皇后陛下御誕辰祝日、四方拝の機会を利用したとしている。想像して話すことに関しては、絵を見せたり、題目を与えたり、花・鳥・動物などの幼児が身近に感じるものに成りきって話すようにしたりとの活動を行ったことを報告している。

手技では、2学期から縫取りを始めたことが保育要項とは異なるとしている。その後、それぞれの細目の留意事項を述べている。積木では、小さい三角を4個合わせて正方形にするのが幼児にとって難しいと報告している。板並では、変化に乏しく幼児の思想が制限される傾向にあるとし、幼児もあまり好まないとしている。しかし、板と環を併用すると興味が増し、さまざまな図形を作り出していると報告している。

書き方は、手技の中で幼児が最も好むとしている。保育者は、自由に描か

せて時々指導するのみで、むしろ室内の装飾として図、略図などを掛けておき、幼児が自ら興味をもって描き方を知るようにしたとしている。画用紙は八切りの半分が標準であり、色鉛筆、消しゴムの使用もあったことが記されている。幼児の描画は、3学期末では、臨画、写生画、密画を描くものもあったと報告している。

　縫取りは、2学期の第2週より行い、初めは糸を縫う毎に針から抜いてしまったり、糸をもつらせてしまったりと困難であったが、だんだんと縫えるようになったとしている。また、男女とも喜んでおり、特に絵や剪紙と併用すると喜ぶとしている。剪紙では、1学期は切った紙を与えて行い、2学期のより鋏を用いたと報告している。それまでに鋏を家等で使った経験のない幼児は2・3人であるが、固い紙、綿密な形はまだ切ることができないと評価している。鋏の練習として、新聞を1枚与えたところ、喜んで任意の形や文字を切り抜いて飽きずに遊んだとの報告がある。

　紙織りは、出来上がりの作品で遊ぶことが多いとし、この手技では配色に気を付けていると述べている。紙くみでは、出来上がりの美しいのを楽しんでおり、紙織りと同様に配色に注意していると述べている。紙摺みは、3学期に特に興味を増し、自由遊びにおいても自ら行ったと報告している。教えたものの他に、あやめ・蛙・風船・オルガン・トンボ・馬などの難しいものを摺むものもいたと報告している。また、摺み方は一般に女児の方がきれいであると述べている。

　豆細工は、保育者が教えたものよりも、幼児が任意に製作したものの方が出来栄えがよいとし、紙くみと合わせて行ったりもすると報告している。

　粘土細工は、この組の得意の手技であり幼児の豊かな思想と奇抜な工夫が制限されることなく現れて、成績がたいへん良いと評価している。粘土細工は、書き方と同様手技中価値が大きいと評価し、2学期には毎週2回行ったと報告している。また、手技の作品は保存している。

　以上のように、保育活動の細部にわたり報告がなされている。全体を通し

てみられる特徴は、以下のようなことである。
1．随意の活動が多くみられること。
2．幼児の興味を重視していること。
3．幼児が発言することを重視していること。
4．個々の幼児への評価を行っていること。
5．遊戯・唱歌・談話・手技を、それぞれ関連させて保育を行っていること。
6．談話に新しい教材が多く用いられていること。
7．手技においては従来の恩物よりも、描画や粘土細工が幼児の興味を高め、幼児の思考や工夫を生み出すと評価していること。
8．天長節・紀元節・皇后御誕辰祝日、四方拝など天皇に関わる行事が、保育の中に位置付けられたこと。
9．旅順の話などの戦争の話が保育の中で行われていること。

（2）「幼稚園における幼児保育の実際」における「公正さ」

このような特徴をもつ「幼稚園における幼児保育の実際」の保育報告を、「公正さ」の3つの視点から分析する。
① 人の認識

人の認識の特徴は、天皇を頂点とする国家の中で、人を自由に善悪の判断をする個人として捉えることである。

「三ノ組」の保育活動の説明には、個々の幼児の記録がある。「原三七真に桃太郎となりて「一ノ組」のものを鬼となしこれを征伐せんとて一生懸命に追いかけしは滑稽なり」[38]や、「採集、中略、昆虫等にして非常に悦ぶものなり。浜田栄子、土井富貴子、小平いよ子、千葉たか子、吉村信子、等々なかなか熱心なり、よき遊びなり」[39]など、個々の幼児の保育記録を行い、一人ひとりへの意識を示している。

「一ノ組」の談話の説明では、「幼児は不十分ながらも兎に角進んで自己の

第2章　幼稚園の保育記録にみられる「公正さ」　129

思想を発表せんとする傾とその術とに著しき進歩を与へたることを信ず」[40]として、自己の考えを述べることを非常に重視している。「月曜の朝には土曜日より日曜日にかけての経験を語らしめ、中略、実際の事に当りてその思想を発表せしむることに勉めたり」[41]や「ある絵を示して想像をもってその話をなさしめ題目を与へて知れることを語らしめ時には又花、鳥、獣等幼児に親近なるものにて十分に同情し得べきものを選びて幼児をして自らその物たらしめて一人称（ひとりとなえ）の談話を試みしめたることもあり」[42]との報告がみられる。幼児が自己の意見を述べたり、想像したことを話したりするよういろいろな保育活動を行っていることが窺われる。

　一方で、明治36年の「保育事項実施程度」から明治42年の「幼稚園における幼児保育の実際」の間で大きな変化がみられる。前者では、談話に「神代の話」がみられたり、唱歌において「軍ごっこ」を歌っていたり手技の中で軍艦を作ったりすることがあるが、全体から見ればわずかである。後者では、天長節・紀元節・皇后御誕辰祝日、四方拝など天皇に関わる行事が、保育の中に位置付けられ、また、唱歌においても「紀元節」や「君が代」が歌われるようになっている。保育内容に国家主義政策の影響がみられる。

　このように、「幼稚園における幼児保育の実際」では、天皇を頂点とする国家の中で、人を自由に善悪の判断を行う個人として認識し、そのように育てようとしている保育者の考えが述べられている。

② 事態の把握

　事態の把握の特徴は、評価として自由な発想や工夫の軸がみられることである。

　意志の表現である意見を言うことや、想像力を高めることが重視されるので、手技においても随意の活動がなされ、そこでの自由な発想や工夫が高く評価されるようになっている。手技の説明では、粘土細工の項で「当組幼児が得意の手技にして豊かなる彼らが思想と奇抜なる工夫力とは制限せらるることなくしてその製作品に現はれ成績甚だよろし」[43]と創意工夫のあること

を評価し、豆細工では「予定の材料は教へたれども寧ろ幼児が任意の製作の方成績は優れたるようなり」[44]とも述べている。幼児の製作品に対する評価の軸が自由な発想や工夫となっている。

③ 解決方法

「幼稚園における幼児保育の実際」には、保育者が幼児にどのように対応したか、また保育において何を留意したかの記録がある。それらのうち、解決方法に関わる部分からどのような行動を推奨していたかを分析すると、2つの特徴を見出すことができる。第1は、幼児の気持ちにそって問題解決を図ること、第2は、幼児が自分で問題に取り組み解決するよう促すことである。

第1の幼児の気持ちにそって問題解決を図ることは、「三ノ組」4月はじめの保育のねらいに特徴的にみられる。幼児の感情を考慮して、幼児の気持ちにそった保育によって、幼児が無理なく幼稚園生活に慣れるようにしている。はじめは付添人が付いているが、徐々に離れるようにしていると、5月26日には全幼児が付添人から離れて楽しく遊んだと報告されている。「子供をして無理にいやなことをなさしむるが如きは決してなさずあくまでも子供を標準としてできえる限り自由になしたる積りなり」[45]と、総括として保育者の考えを述べている。解決方法の視点からは、幼児の気持ちにそって問題解決を図ると言えるであろう。

第2の幼児が自分で問題に取り組み解決するよう促すことは、「一ノ組」の手技の説明にみられる。直接指導ではなく環境による指導によって、幼児が自分で問題に取り組み解決するよう促す様子が報告されている。画き方の説明において「また常に室内の装飾として掛図を用ひ之を取り代へまた略画を描きて壁側に掛け置き自らその描き方を知らしむるよう勉めたり」[46]という環境構成について報告がある。また、紙摺み（折紙）の説明では、第3学期に幼児の興味が増したとして、「自由遊にも白紙を取り出して自らこれを楽しむ風ありき」[47]と報告されている。このように、幼児が自由に教材を使

用する環境が整えられていたことを窺い知ることができ、この事は、解決方法の視点からは、幼児が自分で問題に取り組み解決するよう促すと言える。

表2-25　3つの保育記録における「公正さ」

	「保育事項実施程度」	「幼児に適切なる談話の種類およびその教育的意義」	「幼稚園における幼児保育の実際」
人の認識		幼児の感情思想全班を育成陶冶という人の認識。	天皇を頂点とする国家の中で、人を善悪の判断を自由にする個人と認識する。
事態の把握	善悪を判断する際に軍隊を容認するという軸。	道徳的指導という軸において、修身的訓戒に加えて徳性啓発が現れる。	自由な発想や工夫を評価する軸。
解決方法		他人を感情的に理解して問題解決する。幼児との会話を通して問題解決する。	幼児の気持ちに添って問題解決する。自己解決を促す。

第2章のまとめ

　本章では、明治後期の保育者による保育記録として愛珠幼稚園の『保育日記』(明治31年／明治37年度)、『保育要目草案』(明治40年前後)、また東京女子高等師範学校付属幼稚園「保育事項実施程度」(明治36年)、「幼児に適切なる談話の種類およびその教育的意義」(明治38年)、「幼稚園における幼児保育の実際」(明治42年)を資料として、「公正さ」について分析を試みた。それぞれの特徴を表2-26から表2-28にまとめた。

表2-26 人の認識

	内容
『保育日記』	幼児主体の保育・個人記録から自由に判断する人として認識する。
『保育要目草案』	天皇を頂点とする国の中に位置付けることと、自由に善悪を判断することが併存。
「保育事項実施程度」	
「幼児に適切なる談話の種類およびその教育的意義」	幼児の感情思想全班を育成陶冶というように、人を全人的に捉えて陶冶するというように認識する。
「幼稚園における幼児保育の実際」	天皇を頂点とする国家の中で、人を自由に善悪の判断をする個人と認識する。

表2-27 事態の把握

	内容
『保育日記』	友愛。
『保育要目草案』	社会的規則。天皇。軍隊。
「保育事項実施程度」	善悪を判断する際に軍隊を容認するという軸。
「幼児に適切なる談話の種類およびその教育的意義」	道徳的指導という軸において、修身的訓戒に加えて徳性啓発が現れる。
「幼稚園における幼児保育の実際」	自由な発想や工夫を評価する軸。

表2-28 解決方法

	内容
『保育日記』	自己決定を促す。
『保育要目草案』	幼児の興味中心。良いモデル提示。幼児の心理的影響を考慮。
「保育事項実施程度」	
「幼児に適切なる談話の種類およびその教育的意義」	他人を感情的に理解して問題解決する。幼児との会話を通して問題解決する。
「幼稚園における幼児保育の実際」	幼児の気持ちに添って問題解決する。自己解決を促す。

注

1　大阪市立愛珠幼稚園『沿革誌　愛珠幼稚園』1903、p.4。
2　1897～1899　保育日記　三ノ組　（手書き）
　　1904　保育日記　第一ノ部　（手書き）
　　1904　保育日記　第六ノ部　（手書き）
　　1905　保育日記　第一ノ部　（手書き）
　　1905　保育日記　第六ノ部　（手書き
3　1893（明治26）年11月の「幼稚園規則」では、「第十條　第二　談話ハ脩身話［ママ］ト庶物話トス」とされている。1889（明治22）年の「大阪市幼稚園規則」では、談話の言葉はなく、保育の課目［ママ］として脩身話［ママ］と庶物話が別々にあげられている。
4　1902（明治35）年12月の「幼稚園準則」では、「第二條　幼児保育ノ項目ハ遊嬉、唱歌、談話及手技トス」とされている。1904（明治37）年5月の「愛珠幼稚園規則」では、「第三條　幼児保育ノ項目ハ遊嬉、唱歌、談話、及ヒ手技トス」とされている。
5　年少組の場合、明治37（1904）年の第六ノ部によると、4月は園内でどのように振舞うかの話が多い。現在でも初めて幼稚園に通園するようになった子どもに対しては、すぐにいろいろなお話を聞かせることは難しい。1893（明治26）年の幼稚園規則では、クラスは2～4組で構成することとなっている。年長組が「一ノ組」である。31年版は「三ノ組」であるから3組ないし4組で構成されていたことがわかり、年少組である可能性もあるが、この日記の場合、4月から「犬ノ話」「ワシントンの話」を行っているので、現在の年中組にあたるクラスと推測した。
6　明治38年　第一ノ部　4月10日。
7　明治38年　第一ノ部　4月11日。
8　明治38年　第六ノ部　4月20日。
9　明治38年　第一ノ部　4月6日。
10　唱歌遊戯の題目に記載されている引用書籍では、1887（明治20）年文部省発行の「幼稚園唱歌集」や1901（明治34）年共益社発行の「幼稚園唱歌」などから多く用いられている。その他軍歌では、「大搥軍歌勇敢な水兵ノ曲」があげられているが引用先は不明である。ただ、愛珠幼稚園の所蔵書籍目録で軍歌に関する書籍は、1904（明治37）年では修文館の「戦捷軍歌」・関西音樂團の「國民唱歌大和心」、1905（明治38）年発行では十字屋の「進行曲」、1906（明治39）年発行では天眞堂の「修身唱歌をさなゑ」がある。軍歌集はこの4冊のみである。同じ目録による

と、1911（明治44）年には、開成館発行の「唱歌幼稚園」・「教育幼稚唱歌集」の2冊がみられ、その後歌の書籍は大正7年開成館発行の「新作幼稚園唱歌」まで途切れる。これら開成館発行の書籍はまったくこの保育案には記載されていない。日露戦争以降であることは談話材料として用いられていることから明らかである。したがって、この『保育要目草案』は、1907（明治40）年前後に書かれたものと思われる。

11　原文の文字は、「ぶんにょう」に「ふるとり」であったが、PC文字にないので意味より「難」をあてている。

12　フレーベル会『婦人と子ども』1903、『復刻幼児の教育第三巻』名著刊行会、1979、第四号、p.61-66。

13　フレーベル会『婦人と子ども』1905、『復刻幼児の教育第五巻』名著刊行会1979、第十二号、p.59。

14　お茶の水図書館所蔵、豊田芙雄（1845—1941）より寄贈の原書を使用した。

15　1930（昭和5）年初版・1980（昭和55）年復刻版「日本幼稚園史」に掲載されているものを用いた。

16　大阪市教育センター愛珠文庫所蔵の原書を用いた。

17　筑波大学図書館所蔵の原書を用いた。

18　豊田　第三十三葉「幼稚園ノ子女ニ為ス小話ノ事　従来在リシ話シト現在の話ト又師是迄実地經驗セシ所ノ脩身ノ解又其知己ノ者ヨリ見聞セシ事ニ付是ヲ為ス」

19　話の概要：貧しい女が木を拾いに森に入り、病気の猫を見つける。憐れんで介抱し家に連れ帰って薬を与えていると、2、3日で全快した。猫は森に帰って戻らなかった。また女が森に入ると、猫を拾った場所に、美しい人が針を5本持って立って待っていた。その針をもらって帰り、家の机の上に置いておくと、翌朝には股引が一つ縫いあがっていた。女は、不思議に思いながら子どもに与えた。また翌朝一つ縫いあがっており、このように毎日一つ縫いあがるので、そのうち他人に売るようになり、富を得たという。

20　不幸にして両親を失った少女がいた。たった一日分の食べ物しか残っていないある日の事、飢えた少年に出会った。少女は少年に食べ物を与えた。少女は食べる物がなくなった。また寒さに凍える者に出会い、この者がその衣服を欲しがったので与えた。少女は衣服がなくなった。日が暮れ真っ暗になったとき、少女のところに空から星が落ちてきた。見れば、それは金銀財宝であった。この後、少女は豊かになった。

21　太陽と風が、どちらが巧みかと争っていると、旅人が通りかかった。そこで、風

が旅人に風を吹きかけてマントを吹き飛ばそうとすると、旅人はマントのボタンをしめて用心をした。太陽が光を照らして暖めると、旅人はマントを抜いで木陰で休んだ。

22　倉橋惣三『日本幼稚園史』臨川書店、1934。
23　原文は「また頗る説話を明らかに為すことを望むなり。然れ共小児に対して六ケ敷また高尚なる道徳に解し難き歴史或詩句等を望むに非ず。唯卑近にして理解し易き古今の嘉言善行或は昔噺に類似せる伊噂物語の如き小児の莞喜して聞く所のものを望むなり。」である。
24　「保姆の心得」１条小児は其年齢と発育とによりて開誘すべし。いやしくも成人と見誤ることなかれ。２条小児を導くに必これを急にするを要するなかれ。開誘の仕事は皆遊戯と心得たらんには大なる誤ちなかるべし。３条室の内外を問はず礼を施すには能く注意して礼をなさしむべし。（例へば園長或は他人といえども其敬礼すべき場合等）４条遊戯の際器物等を破損するは小児の常情なれども物品に依りて事に害あるものは子供の業なりとして放擲せず、よくよく将来を懲戒すべし。其まま此れを打ち捨て置く時はかえって傲慢の心を増さしめ将来に有害となり而して尚小児自身に製作する事能はざるものは猥りに破損すべからざる旨を諭すべし。其赦すべきは小児に励したるものにて、人にも事物にも迷惑ならざるものを限りと知るべし。５条庭園に散歩する時花卉を折り、草木の芽を摘み取るは小児の好む所なれども猥りに之をなさば美しき花を見る事を得ざるのみならず、鳥これに囀り、蝶これに舞ふ所を失ひ、好ましき果実も亦結びがたき事を諭すべし。６条小児は玩具を破壊し、珍しき草木を見ては枝を折り、花を摘むの特性を有するは即ち身心智能の発育するに従ひ、かかる活動をなすに至るものなれば、あながちに抑制すべき事ならねど能く戒むべし、そは唯、事に害なきものを赦すにあるのみ。又出て土穿ち、石を積み、物体に擬する事を頗る好む所なれば有害にあらざる限りは打ちまかせ為すがままになし置くを良しとする身体の健康に大によろし。７条幼児我意を言ふ時は餘り烈しがらず堅固に弱みなく温和に諭すべし。８条保姆はなるたけ児童に適当する言語を以て説話するは最もよき事なれども、世に所謂片言をば言ひ語るべからず。通常簡易にして正しく言ふべし。９条唱歌はなるたけ歌詞の解し易く、抑揚簡易なるを歌はしむべし。大人の面白く歌ふとも、児童は大人の如くならざれば拍子は四つ拍子にて曲節の活発なるものを選ぶべし。10条保姆誘導の際、規則時間中は自動の随意を許すべからず、若し屢々これを許す時は傲慢放縦の性を増さしむ。11条恩物を与へて始終物品の整頓を為すの良風を習はしむべし。12条会話は専ら簡単にして家庭のあり事、幼稚園往復途上耳目に触れし事等をすべし、（假令ば保姆の

間をなす場合、「汝等は今朝幼稚園に至らんとする時何か珍しき物をみとめざりしや」小児「あり」保姆「さればその見たりし物に就て譚を語りきかすべし云々」或は「汝が家には犬を飼養し置くや又猫或は馬を飼ひおくや」小児答、「何れもなし」保姆、「されば汝は他の家にて飼馬を見しならん。其馬の形體は二つ耳と鼻其他何々より形づくれるや、知れる所を答ふべし」小児答、「知らず」と。「然れば誰か知るものあらん、其人は手をあぐべし」等の如し、此の種の会話は詳に児童の思想をひき起こすもの故、なるたけ多く為すべし。13条修身及び博物の話は最も簡易にして理解し易き譬論等を以て良心を養成すべし。14条物に害あり人に妨げある悪き事は如何に瑣細の事なりとも許すべからず、保姆の権を以て能く制すべし。15条児童若し虚言を言ひたるより相当なる処分を要せんとする時は其重きは保育室に放ちやり、或は群児と等しく恩物を与へず室の一隅に独立せしむる等是なり。16条保姆は慈愛懇篤の精神を以ても偏愛等の念あるべからず。17条保姆は気長く温和なるべし。18条児童に粗暴なる言語あらしむべからず。19条爽快活溌に誘導すべし。20条児童朋友の交際にては予て友愛の情を以てなすべきを知らしむべし。21条小虫小馬及小き植物なりとも残酷なる取扱を為すべからざる事を知らしむ。22条児童は決して年長者の言に背く可らざる事を知らしむべし。23条正直温和純白は幼稚の徳なり、保姆は毎々紳（詳）に記し置くべし。24条保姆は殊に細目に注意すべし。25条諺に曰、今日の小児は明日の大人なり。又曰、小児は大人の師なり。

25　倉橋（1934）によれば、豊田による34葉からなる「恩物大意」では、27葉に恩物の説明とその使用方法を細かく記しており、残りの7葉が唱歌・遊戯・説話の説明である。当時の保育は恩物本位であったとしている。
26　「東京女子師範学校附属幼稚園規則」1884（明治17）年2月改定、p.10。
　　幼稚園は、学齢未満の幼児を保育して家庭の教育を裨け、学校教育の基と成すものなれは、務て徳性を涵養し身体を発育し智能を開導せんことを要す。殊に保育の寛厳其宜を得て、暴慢に流れしめす怯懦に陥らしめさるやう注意すへし。又諸課の開誘は敏捷活溌にして幼児をして倦まさらしめ、務て問を設け其観察注意を起し、事物の観念を得せしめ、応答に由て言語を習はしめ、且幼児自己の工夫に由て成るへき者は、唯其端緒を示して幼児の工夫を促し、自ら成すの良習を養ふへし。幼児も室外に出て随意に遊嬉するときは、己の意を逞うし、稟性の偏倚せる所を現す者なれは、此際最注意を加へて各児の性質を視察匡正すへし。又保育課中数へ方、読み方等心意の労を要する者は、之を時間の始に置き、豆細工、紙織り、紙摺み等の心目を楽ましむる者は、之を時間の終に置き、且一課の開誘終る後に、庭園あるいは遊嬉室に於て、随意に遊嬉又は唱歌をなさしめ、以て其鬱屈を暢開せんことを要

第 2 章　幼稚園の保育記録にみられる「公正さ」　137

す。
　　幼児の生育の為には、室外の遊を最緊要なりとす。故に天気好きときには、放課の際等、務て庭園に遊はしめ、庭園には其快楽を増し、観察を導くへき草、木を植え、魚、鳥等を養ふへし。又幼児の保育は、唯に開誘、遊嬉の際に於てするのみならす。其幼稚園に来るとき、放課のとき、食事のとき、便所に往くとき、家に帰らんとするときの如きも、親に代て不断親切懇篤に看護し、危険不潔等の事なからしめ、風雨寒暑なとのときは、殊に注意を加へんことを要す。

27　原文は「以上排列シタルモノヽ中談話ハ別ニ順序ヲ示シタルモノニアラズ時機ニ應ジテ此中ヨリ授クルモノニシテ又其種類モ茲ニ掲ゲタルモノヽミニ留マラズ適当ト認メタルモノハ協議ノ上採択スルモノナリ　一ツノ組ニ排当シタル談話ハ必ズ其組ニ於テ授ケテ他ノ組ニ用ヒザルニアラズ方法ニヨリ談話ノ簡単複雑幼児ノ理解力ニ適当ナラシムルヲ得ルモノハ三ノ組ニ之ヲ授ケ更ニ其形式ヲ異ニシテニノ組一ノ組ニモ適用シ得ルモノナリ　自然物自然現象人工品等ニ関係セル智識ハ保育要項ニ規定シタルガ如ク之等ノ談話中ニ於テ収得セシメ又ハ庭園若クハ室内ニ於テ偶発的ニ授クル方法ヲ取ルヲ以テ茲ニ採録セズ躾ケ方ニ関スル談話モ同上ノ理由ニヨリテ其事項ヲ載セズ」である。

28　コラフ、人参の漢名。
29　クワイ。
30　『婦人と子ども』、前掲書、第五巻第十二号、p.59。幼稚園における談話は興味ある話題を用ひ幼児を楽ましめつつその感情を育成し思想を陶冶して徳性啓発の資たらしめ発達に応じて漠然たる観念を多少正確ならしめ観察注意の習慣と発音言語の練習とを得しむる目的をもって保育者が幼児に聞かしめあるいは保育者と幼児との間になさるるものを云う。
31　『婦人と子ども』、前掲書、第五巻第十二号、p.60。
32　同上書、p.61。
33　同上書、p.62。
　　すべての道徳的思想行為の萌芽は同情に在りというべく而して同情の発達は実に想像の発達と相伴ふ。幼児期において徳性啓発の資に供せんがために談話を利用するに当りてはすべからくこれにより幼児の心情を育成しその思想を陶冶しその狭隘なる経験界を補充しもって想像力発達の材料を供し、これによって同情の発達を促しよってもって道徳的思考行為の萌芽を培養することを得べきなり。
34　同上書、第五巻第十二号、p.60。
35　フレーベル会『婦人と子ども』1909、『復刻幼児の教育第九巻』名著刊行会、

1979、第五号より第八号。
36　同上書、第九巻第五号、p.26。
37　同上書、第九巻第六号、p.19。
38　同上。
39　同上書、p.24。
40　同上書、第九巻第八号、p.12。
41　同上書、第九巻第五号、p.12。
42　同上。
43　同上書、第九巻第八号、p.15。
44　同上。
45　同上書、第九巻第五号、p.26。
46　同上書、第九巻第八号、p.13。
47　同上書、第九巻第八号、p.15。

139

第3章　保育雑誌などにみられる「公正さ」

　本章では、明治後期発行の『京阪神聯合保育会雑誌』および『婦人と子ども』を資料として、「公正さ」について分析を試みたい。

第1節　『京阪神聯合保育会雑誌』

1．京阪神三市聯合保育会における研究課題

　京阪神三市聯合保育会は、1897（明治30）年11月20日・21日に京都で発足した。当初の参加者は神戸市5名、大阪市20名、京都市80名であった[1]。京阪神三市聯合保育会では、保育における様々な具体的問題を話し合い、また調査なども積極的に行っていたようである。『京阪神聯合保育会雑誌』[2]は、保育会発足後、約7ヶ月経った1898（明治31）年7月に創刊され、年2～3回の発行であった。本研究の対象となる明治期では、1912（明治45）年7月までに27号に至っている。

　記事は雑誌であるのでさまざまな見解が含まれるが、1898（明治31）年より1912（明治45）年の間の明治期後半は、2つの特徴をもっている。日露戦争前後より高まってきた国家主義思想を反映した保育思想や保育内容に関する記事と、教育学の進歩普及によって明らかになってきた日本におけるフレーベル主義保育の形骸化に対し、保育方法の改良を目指した思想の伝播とさまざまな保育上の取り組みに関する記事である。

　「公正さ」は、保育内容の一つである談話によって伝えられることが多い。そこで、談話に注目すると、1906（明治39）年7月発行第17号に、研究問題としてとりあげられている。「保育談話ノ各種類ハ如何ニ　排當スベキカ」と、談話の材料を選択し配列するにあたり、童話・寓話・仮作物語・歴

史的事実・庶物話・偶発事項等の取捨分量順序等に関して話し合われている[3]。前年1905（明治38）年には『婦人と子ども』誌上に「幼児に適切なる談話の種類およびその教育的意義」が掲載されており、触発されたものと思われる。その後、各市で談話材料を調査して雑誌に発表すると話がまとまり、第19号に神戸市、大阪市、第20号に京都市の調査結果[4]が掲載されている。表3-1にまとめて当時の談話の全体像を示しておきたい。

　表3-1にみられるように、それぞれの市で談話の分類方法は異なる。京都市の分類は、1899（明治32）年に『婦人と子ども』誌上に発表された「保育事項実施程度」をほぼ踏襲したままである。三市に共通することは、年齢に対する配慮である。各幼稚園での工夫には、幼児に適した教材を求め続ける保育者の努力を読みとることができる。

　談話の内容においては、偶発的事項と呼ばれている社会事象に関する話の中に、戦争の話が含まれるようになったことが注目される。また、大阪市にみられる「花咲軍人」、「再生桃太郎」、「明治金太郎」などの話は、内容は不明であるが、時局にあわせて日本おとぎ話を作り変えたものではないかと思われる。神戸市の資料は具体的な題目があまり述べられていないが、三市に共通すると思われる談話教材は、今日でいう日本おとぎ話として、「金太郎」、「桃太郎」、「舌切り雀」、歴史談としては、「牛若丸」、「小野道風」、「加藤清正」、日本神話として、「八咫烏」、「大國主神」、イソップ物語では、「うさぎとかめ」・「からすと水瓶」、「ライオンとねずみ」、偉人談としては、「ワシントンの話」である。現在の保育内容と大きく異なるところは、歴史談、日本神話である。その歴史談では、地域に関わる話がとりあげられている。神戸市では、「楠公」、「生田」、「一ノ谷合戦」があげられ、大阪市では「豊太閤」、京都市では、「羅生門」、「小野道風」、「管公」、また歴史談ではないが「一寸法師」など京の都が舞台となる話などである。

　この研究課題の提案者京都市保育者の意図は、保育細目を改良するにあたり、他の園の意見を聞くことであり、仮作物語を中心にしたいが、歴史事実

表3-1　京阪神3市における談話教材

	神戸市	大阪市	京都市
分類方法	1．快楽を主とする談話 　日本御伽噺、 　世界御伽噺、 　伊蘇普物語 2．自然界を主する談話 　動物、植物、鉱物等、 　自然ノ現象等の話 3．社会および人事を 　主とする談話 　歴史談、修身談、躾方、 　事実談・偶発事項等	1．庶物話 　自然物、自然ノ現象、 　人工品等の話。 2．寓話 　絵図に教育的意味に 　ついて話すもの（美し 　い感情、庶物的智識 　徳育的意味） 　（年中）獅子ト鼠、 　　　　　兎ト龜 　（年長）蟻ト鳩 　　　　　鳥ト水瓶 3．童話 　（年少）桃太郎 　　　　　金太郎 　（年中）舌切雀 　（年長）花咲軍人 　　　　　再生桃太郎 　　　　　明治金太郎 4．歴史話 　（年少）牛若丸 　（年中）櫻井驛 　　　　　ワシントン 　（年長）八咫烏 　　　　　櫻井驛、豊太閤 　　　　　羅生門、牛若丸 　　　　　ワシントン 5．事実話 　実際に起る事柄 　日常の偶発事項	1．特別の時間に話す。 桃太郎。金太郎。舌切雀。 花咲ぢゝ。浦島太郎。 牛若丸。加藤清正。 小野道風。俵藤太。 司馬温公。八岐の大蛇。 大国主神。管公。羅生門。 一寸法師。蛙と牛。 子猫と針。三羽のてふ。 狐の猫。犬の影。 あほう鳥。鳥と獣との 戦。猫とかなりや。 正直なる靴屋。蟻と鳩。 親子の鼠。鼠と蛙と鳶。 ひさごの種。兎と龜。 朝がほの種。象と帽子。 三尾の金魚。雁と龜。 まりーの話。鳥と水瓶。 獅子とねずみ。 蝶の御馳走。 2．予定せず話す。 　事実話。 　偶発事項の話 3．他の話に附会して行う。 　庶物話。

談においても、牛若丸のような話はとりあげたいということだった。それに対し、ある保育者は、談話の中で訓戒をし過ぎる害を注意し、物語の芸術的な面に重きを置いた発言をしている[5]。別の保育者は、寓話や物語の内容の消極的な含意に注意を促し[6]、積極的するにはどうすればよいかとの質問に

対し、幼児に対して悪い例をあげて話すのではなく、良い例を話すことを勧めている。京都市の保育者は、幼児の日常生活に起こることをとりあげる談話において、戦争に関するさまざまなことがとりあげられていることを示唆する発言をしている[7]。

2．「公正さ」にかかわる会合内容

　前述したように、京阪神三市聯合保育会では会合に参加した保育者が、熱心に実践上の疑問を提案し意見を交換しており、『京阪神聯合保育會雑誌』にはその記録が詳細に残されている。明治期に発行された1～27号の記事を精査すると、「公正さ」に関わる内容が3か所で話し合われていた。（1）どのような保育内容が有益か、（2）どのように幼児に戦況を話すか、というテーマでの協議である。

（1）　どのような保育内容が有益か

　第1号に、1898（明治31）年4月16・17日開催の第2回会合の報告があり、その中で「如何なる遊戯、唱歌、恩物、実習、談話が最も有益なるを見出されしや」という問題がとりあげられている。

　話し合いでは、幼児に対しての説話は、昔話を通して行うとの報告が多くなされている。説話は修身話と庶物話とに分けられ、一つの昔話を行う中で、修身話と庶物話を織り交ぜるという方法がとられていたようである。京都市の保育者の例えによれば、「桃太郎の話ならば先ず発端より結局までの筋書きを編み置き之により話しを仕掛ける。鬼を退治する所では勇気の有るものは人の手本となることができる（中略）庶物には桃が流れて来た時、桃の話をする。桃太郎が山に登る所では山の話、海を渡る時は海と申す様に話すなり。」[8]というように行われていた。ここで保育者が問題視した論点は、幼児に動物が話すなど寓話を話してもよいかどうか、ということにあり「差し支えなし。」と結論づけている。

第3章　保育雑誌などにみられる「公正さ」　143

　1900（明治33）年4月の第4号では、第2回の保育会の決議に基づいて京都市保育会が修身説話材料を蒐集した報告が掲載されている[9]。その中でとりあげられている談話の目標は、勤勉、兄弟の親睦、忠孝の誠意、同情すること、一家は和気靄然(あいぜん)たるべきこと、父母の恩を知ること、国難のときは義勇奉公すべきこと、自治独立のこと、忠義のこと、忍耐と試練は発明の母、身に適わざることは決して思わないこと、悪いことはしない、老人をいたわること、などがあげられている[10]。生活習慣に関する教材として、京都市待賢幼稚園が独自に考案したものとして、「お国と忠吉との話」が報告されている。これは、幼児に一日の行動を説明するもの[11]であった。
　明治34年5月発刊第6号において、説話として参考にすべき書籍雑誌を紹介している中で、説話材料として幾つかを挙げ以下のように注意書きをしている。「この中、修身説話、修身童話などは、そのまま話しても差し支えはないが、日本昔噺、世界お伽噺、日本お伽噺は、話す人の機転が余程必用である、何故というに、編者はもと文学者たるも、教育専門家でない故に滑稽には走っているが、教育的に書いてないからである。」[12]と、常に道徳的な教訓を含むことが、教育的であるとの見解を示している。

（2）　どのように幼児に戦況を話すか
　1905（明治38）年7月発行第14号に、6月4日に神戸市で開催された第12回京阪神三市聯合保育会の議事記録が掲載されている。京都市保育会より「園児に時局に関する観念を興ふる可否」[13]が議題として提出され、議論されている。時局とは、日露戦争に関する動向であり、そのような戦局を幼児に話すか否かの議論である。
　保育者が教材として、幼児に戦況を話したり武器の絵を見せたりして話すこと、軍歌を教えること、出征軍人の送迎などをさせることは適切かどうかとの質問である。これに対し、国民皆兵の時代だから、時局を利用してその観念と戦時における国民の心得を聞かすことに励むべきであるという意見

と、幼児の好奇心がない場合に保育者が主導的に観念を与えるという方法は、幼児の心性を害し敵愾心を助長させるからよくないという意見が出された。

京都市の幼稚園代表として言っているのではないと断りながら、ある保育者が以下の理由から戦局に関して保育者から進んで話すことはないと意見を述べている[14]。1．内容が複雑で理解できない、2．円満な性質の幼児を育てることを目指し、敵愾心を忌む、3．園で言わなくても社会や家庭で見聞する、4．尚武の教育はしていない。では、保育において実際にどのようにしているかと詳細に説明が続く。まず、談話においては、戦局に関することに好奇心を起して質問してきた時に説明する、またその話の中では、敵を軽蔑した言葉や憎悪を起させるような言葉は用いないよう気をつける、無理に覚えさせようとするのではなく、ただ好奇心を満足させ心身を丈夫にすることを目的として話すというものである。また、軍の様子よりも、忠魂義胆[15]を伝えるために広瀬中佐の話などを行うとしている。戦争に関する図画の取扱いは、掲げているが残酷なものはさけ、幼児が質問してきた場合に絵の説明を行い、軍事的知識を教えるような事はしない。その他、軍歌は全園児が知っているもので歌曲が野卑でないものは歌い、誤りを正しているが歌詞の説明はしない。幼稚園児が製作した慰問の品などは戦地に送っていないとする。その理由は幼児が、軍人を慰める意味を理解できないからであるとし、今は日露戦争で軍人の一人舞台であるが、戦後を考えるとあまり熱中して戦争に偏る保育にならないようにしていると語る。

大阪市の保育者も、市内各園が異なった対応をしていると前置きして、自園の対応を述べている[16]。時局に対する談話もせず、戦争に関する図画も掲げていないが、幼児が遊んでいる中で敵愾心が過ぎるときはそれを正し適当であれば褒めるとしている。時局についての知識を幼児に教える必要はなく、教えなくても国民性に欠けるという事はないとし、幼児においては円満であることを大切にしていると述べている。

第3章　保育雑誌などにみられる「公正さ」　145

　最後に、神戸市の保育者2人が発言している。一人の園は鉄道に面しているので、軍隊列車に幼児達が拍手をしているが、特に談話をする必要は認めず、軍歌なども自然に任せているという意見[17]である。もう一人は、家族の一員が戦死すると幼児が軍役を嫌うようになるので、その誤りは正すが、特に戦争話をすることなく、平和のうちに育てることを大切にするという意見[18]である。

　第16号で、「幼稚園ノ保育主義ハ忠孝ヲ以テ基礎トナスベキ事」[19]があげられている。ここでは、孝行は幼児に教える大切な徳性ではあるが、忠義は幼児にはむずかしい、また従来から孝行を教えているから特に今そのことを強調する必要はないといった結論に達している。

　以上の記事から、日清戦争・日露戦争が幼児の生活圏内に入り込み、たとえば、保育室などに戦争に関する絵画が掛けられ、軍歌が保育の中で歌われているなどの日常のこととして現れている様子を垣間見ることができる。それに対し、保育者がその事態に正面から向かい合い、保育のあるべき姿を模索している様子が議論に現れている。

（3）　保育内容として談話をどのように意味づけるか

　1906（明治39）年、第17号に第十三回京阪神三市聯合保育会の研究課題が掲載されている。「保育談話ノ各種類ハ如何ニ排當スベキカ」[20]という議論が行われ、その中で、二人の保育者の意見が特徴的であった。

　一人は、談話の中で訓戒をし過ぎる害を注意し物語の芸術的な面に重きを置くことを薦めていた。1901（明治34）年5月発刊第6号において、説話の読み方として反対の見解が書かれている。「編者はもと文学者たるも、教育専門家でない故に滑稽には走っているが、教育的に書いてないからである。」[21]と、5年以前には、常に道徳的な教訓を含むことが教育的であるとの記事が掲載されていた。明治後期に近付くにつれて、保育内容としての談話において、徳育のためより感性の教育のための談話への変化を見せている。

もう一人は、寓話や物語の内容の消極的な含意に注意を促している。積極的にするにはどうすればよいかとの質問に対し、「惡シキ事ヲ云ハズ良ク實例ヲトツテ話サバ宜シイデセウ」と答えて、幼児に対して悪い例をあげて話すのではなく、良い例を話すことを勧めている。たとえば、前述の1900（明治33）年、第4号における修身説話材料に掲載の「お国と忠吉の話」と題された幼児の一日の行動を示す創作話では、嘘をつかない、石を投げない、といった禁止事項を述べている。これらは「消極的」また「惡シキ事」と表現していると思われる。イソップ物語の「よくばりないぬ」のように、欲ばりであると悪い結果となるというような話が幼児の行動に及ぼす影響について考察が加えられている。

3．『京阪神聯合保育会雑誌』にみられる先進性と国家主義との相克

　『京阪神聯合保育会雑誌』にみられる「公正さ」は、先進性と国家主義との相克である。保育の先進性は、幼児を自由に判断する人として認識し、事態の把握においては社会の趨勢に反して幼児の心情重視の軸がみられる等である。しかし同時に、孝行などを幼児の徳目の基礎と捉える人の認識も併存し、日清・日露戦争が保育に入り込み国民教育としての保育について保育者が議論を戦わせている。先進性とともに国家主義との相克が読みとれる。

（1）　人の認識

　人の認識は、孝行を重んじて人間関係に基づく善悪の判断を行う人と幼児を認識しつつ、自由に善悪の判断を行う人として認識する併存がみられる。これらは、保育内容に関する記事、戦況を幼児にどう話すかという記事においてみられる。

　第16号の記事にあったように、少なくともこれらの記事が書かれた明治30年代においては、京阪神三市聯合保育会に関わる幼稚園での保育の基礎は、「孝行」であったと思われる。「忠義」を幼児にはむずかしいとし、まず親へ

の「孝行」を第一に教えると考えることは、共同体の一員であり親の判断に従うことを正しいとする人間関係に基づく善悪の判断を行う者として人を認識していると考えられる。

　しかし、一方で幼児の自主性を重んじる保育者の姿を読みとることができる。戦争に関する事項は幼児の心情の発達によい影響を与えないと考え、保育活動に取り入れたくないという保育者の意図が記事のあちこちに見受けられる。京都市の水野は、戦地に慰問品を送ったりしていない理由として、幼児が軍人を慰める意味を理解できないからであると説明している。そこには、自分で判断できないことはさせないという人の認識がある。多くの保育者の報告では、幼児が戦争に対して質問したり軍歌を歌いたいといった場合に、幼児の自主性を重んじて保育活動として行っていると記載されている。これらは、幼児を自由に善悪の判断を行う人として認識していると言える。

　このように、明治30年代の『京阪神聯合保育会雑誌』における人の認識は、対立する認識が併存していたと言える。思想的には孝行という儒教思想による人間関係に基づいた善悪の判断基準を幼児に教えようとしつつ、保育者の保育行動は、物事を自由に判断する人として幼児を認識している。

（２）　事態の把握

　事態の把握では、幼児の心情重視が軸として特徴を示している。これは、時代背景から保育に国家主義の影響が大きくなる中、国難のときには義勇奉公すべし、また忠孝の誠意や忠魂義膽など儒教思想に基づいた国家主義を保育に取り入れようとする考えと、戦争についての知識を教えることがなくても、国民性に欠けるということはないという議論においてみられる。そこでの保育者の意見では、忠義は難しいと忠義に関する見解はそれ以上述べず、むしろ、幼児が敵愾心を持たないように円満な性格、平和な心情などに言及し、国家主義的尚武の心よりも、心情の円満さを重視する様子が窺えた。したがって、事態の把握の軸は、幼児の心情重視と言える。

(3) 解決方法

　解決方法では、行為の積極的な面を強調するという方法が特徴としてあげられる。これは、1906（明治39）年第17号での「保育談話ノ各種類ハ如何ニ排當スベキカ」の議論中での岩崎や野原の意見に代表される。

　岩崎は、談話の中で訓戒をし過ぎる害を懸念して、徳育よりも感性の教育を重視する視点にいる。野原は、消極的な含意のある寓話や物語の話し方について、積極的な表現、たとえば嘘をつかないではなく正直に話す、といったことを薦める。このように、寓話など勧善懲悪の内容に関して危惧が述べられ、行動を禁止するよりも良いモデルとなる行動を話すという心理学的知見に基づいた解決方法が語られている。

第2節　『婦人と子ども』

1．「公正さ」に関わるさまざまな記事

　雑誌『婦人と子ども』[22]は、1896（明治29）年に結成されたフレーベル会によって、1901（明治34）年に創刊されたものである。初代会長は東京女子師範学校長、高峰秀夫は、東京女子師範学校を中心に幼児教育に関する啓蒙に尽くしたとされる。1900年代（1900～1909）の『婦人と子ども』は、前述の『京阪神聯合保育会雑誌』とは異なり、東京女子師範学校の教授等の講義など幼児教育・家庭の育児に関する理論や、アメリカからの報告・新作童話・短歌などが掲載され、保育者の研究会報告というよりも保育者への情報提供という機能が大きいことが特徴である。

(1) 研究者による記事

　1901（明治34）年1月発行の第一巻第一号・第二号に、東京女子師範学校助教授、東基吉による「幼児保育法につきて」という記事が掲載されている。ここで東は「幼児保育の根本主義と云ふものは子供の自由活動にあるこ

第3章 保育雑誌などにみられる「公正さ」 149

とは、フレーベルの言葉でござりまして、既に皆さんご承知のこと、考へます。」[23]と述べ、1899（明治32）年公布の「幼稚園保育及設備規程」では随意遊嬉と書かれているが、自由活動という言葉や考え方が1901（明治34）年にはよく知られた言葉であったことがわかる。この記事で東は、教えるよりも幼児の自由活動を導いていくことが、幼児保育の精神であるということを強調している。幼児の活動の中心は遊戯であるとし、東が考える遊戯の価値は自分の意志を自分で実行していくところと述べている。また、恩物も遊戯として自由に用いさせるよう提案している。談話に関しては、道徳の根源は「愛」であるから、幼児においては愛の情を深くすればよく、いろいろな道徳目的に合致するようにたくさんの話はする必要はなく、修身話などにおいてもアドラーの説を引用して、話を聞かせた後で道徳的な事を言ったりする必要はないとしている。このように、幼児教育において、道徳の根本は「愛」であるということや、幼児における自由意志とその実行に価値を置く考えなどが、単なる翻訳ではなく、保育実践をともなって述べられたことを注目しておきたい。

　1901（明治34）年2・3月発行の第一巻第二号および第三号には、東京女子師範学校教授黒田定治による「児童の道徳的訓練」という記事が掲載されている。第二号では児童の道徳的発達について概説し、第三号では訓練の方法について述べている。記事は「児童の義務の意識は其初め両親の権勢の下に生活する経験より生ずるものにて其悪事をなすを嫌ふは罰をおそる、利己的感情より来るものなり」[24]で始まる。このように、道徳や義務という言葉を用いて、従来の仁義忠孝という徳に関する記事でないことがわかる。黒田は、当時の欧米における心理学に基づき、道徳を規則に従順であることとする思想を紹介している。また道徳を義務とも述べており、義務すなわち規則に従順であることと定義づけている。第三号では、道徳的訓練は第二号で述べた発達に従うものであるとして、児童初期の道徳心は、罰を恐れ賞賛を喜ぶ利己心から来るので、父母等の命令は不変でなければ道徳的習慣が身につ

かないとしている。その上で、以下のような命令に関する9つの原則をあげている。

1．父母または教師の命令は、道徳上の権力を表示するものであるから、条理に合い理由のあるものでなくてはならない。
2．父母または教師の命令は、正確不変であること。
3．教育者は、児童を常に監督して、命令が不変であるようにしなければならない。
4．教育者は、気分で命令を変えてはいけない。
5．教育者の命令は、公平不偏でなくてはいけない。
6．教育者は、児童や父兄に好かれようとして、命令を変化させてはいけない。
7．教育者の命令は、児童が善の自発的動作をする機会を失くすようではいけない。一挙一動一言一行まで命令しない。
8．教育者の命令は、簡単明瞭でなくてはいけない。児童には大概の場合、命令の理由を言う必要はない。全く教育者の威信に任せておくこと。
9．命令する道徳上の法則は、児童が努力すればできることを命じること。そうでなければ、児童は自然に不従順になり、かつその不従順が正当となる。

　上記では、児童は父母・教師に対しては従順であることが求められているが、それは父母・教師が法則の代表者であるという前提に立っている。したがって、父母・教師も法則に従うことが求められており、単に父母・教師に盲目的に従順であることを求めている訳ではない。また、児童が自発的に法則に従うことを道徳的発達の目的としている。
　東の記事においては、幼児を自由に考え実行する人として認識している。

第3章　保育雑誌などにみられる「公正さ」　151

黒田の記事よりは、東と同様に児童が自発的に法則に従う、つまり自由に自己判断する人として認識されていることがわかる。1890年以降、徳育において国家に対する忠義が強調されるようになるが、その一方で、心理学的知見から道徳を法則に従順であるとする見解が紹介されていたことを知ることができる。

（2）「個人主義の弊」
　1909（明治42）年12月発行の第十二号には、鹽野奇零による「個人主義の弊」[25]という小文が掲載されている。個人主義を「我は我なり、自主独立決して他人の干渉をうけないという気風で、（中略）自分の欲するところは何者にも妨げられないといふ考であります」と定義し、「日本は元来この個人主義とは正反対の家族制度の国で、新民法も殆んど両主義を折衷したやうな主義をとつてあります。然るに泰西文物の輸入と共にこの個人主義といふものが、追々行はれて来ることは確かなことで、また現に行はれつゝある」と現状分析し、「その弊害を知っておくことは甚だ必要なこと」としてこの文が書かれたことが示されている。個人主義の弊害として3つ示している。
　第1は、個人主義は家族主義や国家主義とは正反対で、国家にために生命財産を抛つようなことはないとする。例としてロシアをあげ、ヨーロッパから広まった個人主義が浸透して、兵士軍人の間に広まり戦闘に弱くなり負けたというのは、今日の定論であると述べている。個人主義の第一の弊害を非国家主義になることと結論づけている。
　第2の弊害は、家庭の結束力が破壊されるとしている。その理由として、ヨーロッパの婚姻には理解しがたい婚姻契約または夫婦財産契約という観念があるとして、「婚姻して後も、夫がひとり楽をする訳にはいかぬ、妻も同等の楽しみを要求するので、夫のために妻が自分の身心を犠牲にすることは毫もない」とし、また子どもに対する愛情も薄いと読者に伝える。「日本人の我々には、錢は父が所有しておるものときまつて、子供が別の財産主体で

あるなどの考はなかった」と日本との違いを述べ、「個人的の安楽を欲するために、児童を生むことを制限します、避妊、堕胎などの恐るべき罪悪をも行います」とも伝え、また男女同権は個人主義から起こるもので、「個人主義と家庭主義と反対して居る以上は、男女同権は成立しないのです」として、西洋とは根本の主義が異なるとしている。

第3の弊害は、傭者と被傭者との関係としている。日本では主従三世というくらい深い関係にあるが、西洋では個人平等ということで、被傭者の頭が高いとする。職工同盟や職工組合の不従順などが工業の発達に関係すると訴える。

以上のように、西洋思想である個人主義を日本に適さないものとして、日本は家族主義、国家主義であることを非常に強調する記事が掲載されている。その例として、ロシアの敗北があげられており、いかに日露戦争によって日本という国に対する誇りが生まれ、日本としての特質を自覚しようとしているかが現れている。その主張の特徴は、国のために命を抛つことを求める国家主義であり、妻が夫に仕えることを求める家庭主義であり、社会的権威を伴う主従関係が永続的上下関係であることに裏付けられた被雇用者の従順さである。

「公正さ」の視点からは、身分による主従関係が絶対的である共同体の一員であることを強調するような人の認識であり、事態の把握の軸は人間関係であり、解決方法は人間関係において上であるものの命令である。前述の東や黒田の記事から8年が経過し日露戦争に勝利した後でもあり、対照的な主張が記載されている。

(3)「御伽訓話」

1908（明治41）年10月より1910（明治43）年12月まで、表3-2に題名を示したような「御伽訓話」と題された18編の創作童話が掲載された。

第3章 保育雑誌などにみられる「公正さ」 153

表3-2 「御伽訓話」の題目

1908（明治41）年	喋り王と喋り龜の話【とよ子】（10月）
1909（明治42）年	三つの願【とよ子】（1月）　不思議の布呂敷【如柳子】（4月） 猫なしの國【加藤貞子】（5月）（中国の話）　腰折れ雀（12月）
1910（明治43）年	五色の鹿【とよ子】（1月）　不思議な臼【とよ子】（2月） 太郎の豆【鈴木たま】（3月）　玉の靴【とよ子】（4月） 不思議の火打石【硯山人】（5月）三つの難問【硯山人】（6月） 無精な蟻【硯山人】（7月）　花子・仲よし【とよ子】（8月） 曹長と國王【硯山人】（9月） 底ぬけ釜【久留島武彦】太郎さんと次郎さんの話【とよ子】（10月） 無色の球【硯山人】（12月）　　　　　　　　【　】内は著者。

　1909（明治42）年5月の「猫なしの国」までは、他の記事と同じ文字の大きさで記載されており、話も長く複雑で幼児が読むには難しい内容であったが、12月の「腰折れすずめ」より、大きな文字で記載されるようになり、子どもが自分で読もうと思えば読めるようになり、話も単純になっている。18編の御伽訓話で語られている教訓をまとめると、表3-3のようになる。

表3-3 「御伽訓話」の教訓

教訓	題名
だまって人の話を聞く・反省する	喋り王と喋り亀の話
欲張りは不幸になる	三つの願、腰折れ雀、不思議な臼
施して嬉ぶ心	不思議の布呂敷
立身出世	猫なしの国、三つの難問、玉の靴
恩返し	五色の鹿
言いつけに従う	花子
勤勉に働く	無精な蟻、無色の球
友達と仲良く	仲よし
兵隊への関心	太郎の豆、不思議の火打石、曹長と国王

　兵隊に関する話は、兵隊への関心を高める目的であるとして、訓話の中に入れることとした。「太郎の豆」は大将になりたいという思いを喚起するも

のである。「不思議の火打石」は偶然の幸運で安穏に暮らした人の話であり、主人公は兵隊でなくてもよいかと思われるので、兵隊への関心を高めるものと判断した。「曹長と国王」は、一応威張ることを諌めた話であるが、むしろ兵隊の序列を覚えるための話のようであるので、兵隊への関心を高めるものとした。また、「底ぬけ釜」は頓知話であって、訓話という内容ではないと思われるので、表に入れなかった。

　概観すると、「欲張り」と「正直」あるいは「慈悲深い」という二人の主人公の幸不幸を対象させた昔話、幸運により立身出世する話が比較的多い。前者は勧善懲悪がメッセージであり、後者は魔法により運が向いて出世したという趣の話であり、人生の目的を出世することと幼児に概念づける話である。勤勉というよりむしろ楽をして生きることができたという結末もみられる。また、兵隊への関心を高める話が3編みられ、兵隊への親近感や知識を幼児に伝えようとする目的があると思われる。その他の話では、恩返し、言いつけに従う、勤勉に働くと言った従来の教訓が、当時の子どもの名前で語られ、お話に親近感を覚えるように工夫されている。だまって人の話を聞くや友達と仲良くという教訓は、特に幼稚園などの集団活動の際に必要になってきた教訓であると思われる。

　特に注目されるのは「玉の靴」である。お話のプロットは「シンデレラ」である。シンデレラは父母を失い一人で生きているおり、そのやさしさに魔法使いが現れるが、梅子には父母がおり孝行娘でその父母も心懸けがよかったので、魔法を使うおじいさんが現れる。つまり個人の善に対して良い魔法がかけられたのではなく、家庭全体の良さに良い魔法がかけられるという変換がみられる。また、シンデレラでは王子との結婚という夫婦になることが結末であるが、梅子の場合は王様の子どもになるという結末である。なぜ夫婦ではなく子どもであるのか、その必然性は不明である。

　「公正さ」における人の認識においては、言いつけに従うといったテーマでの話から、自由に判断することよりも親や先生の言うことに従うことを善

しとしていると考えられる。また、シンデレラの話は、人の認識が個人から共同体の中の人へと変容したと言えるであろう。事態の把握では、立身出世という社会的地位や経済的豊かさという軸と、明治後期の社会情勢の影響を受け、兵隊を憧れの対象やよいモデルとして描くという軸がある。

2．保育者執筆「保育の実際」の記事

1911（明治44）年1月より9月まで、いろいろな幼稚園の保育者によって「保育の実際」と題された記事が執筆されほぼ毎号掲載されている。保育項目の内容について報告する記事である。著者および掲載題目等を表3-4にまとめた。

表3-4にみられるように、15人の保育者が寄稿している。単に幼児のつぶやきを収集したもの、唱歌を列挙したものなどは対象外として、記事内容を分類すると、（1）保育観について（2）理想の幼児像について（3）指導方法について（4）天皇の話にまとめられる。以下にそれらについて述べる。

（1）　保育者の保育観

宇式かんによる「保育座右の銘」は、静岡幼稚園での毎月の保育談話会で読まれている標語のようなものである。13項目からなり、以下のような内容である。

　「保育座右の銘」　幼児保育の実際に当り必要なる事項
　　一、先づ幼児の性質及び体格を知り序で其家庭を知られよ
　　一、言語は明瞭に口数少なく動作にて示されよ
　　一、緩厳の度に注意し正しき態度を取られよ
　　一、禁止の言葉を避けられよ
　　一、成可く消極的を避け積極的を取られよ
　　一、幼児は反対性を有するを知られよ

表3-4 「保育の実際」執筆者と記事タイトル

執筆者	幼稚園	巻号	記事タイトル
野口幽香	学習院女学部幼稚園	11-1	種子の採集　pp.33-34
		11-5	幼児自作の唱歌　pp.42-45
		11-10	夏休み後の小供　pp.22-23
山下つや	麹町富士見小学校附属幼稚園	11-1	毎朝のお話　pp.34-35
鈴木マサ	麹町区精華学校幼稚部	11-1	体育と衛生　pp.35-36
		11-3	新入園児の取扱方　pp.42-43
	精華学校幼稚部	11-4	自由保育　pp.42-44
宇式かん	静岡市静岡幼稚園	11-2	保育座右の銘　p.38
		11-5	我園の特色　pp.49-50
勝村春枝	長野高等女学校附属幼稚園	11-2	山国の幼稚園　pp.38-40
松田清	赤坂区早蕨幼稚園	11-2	強い子弱い子　pp.41-42
雨森釧	東京女子高等師範学校附属幼稚園	11-3	新入園児の取扱方　pp.41-42
折井彌留枝	岡山市岡山幼稚園	11-3	新入園児の取扱方　pp.41-42
岸邊福雄	東洋幼稚園	11-4	新入園児の取扱方　pp.27-31
橋本はな	日本橋常盤小学校附属幼稚園	11-4	新入園児の取扱方　pp.31-32
佐藤滿壽	神戸幼稚園	11-4	新入園児の取扱方　pp.32-36
		12-7	室の内外　pp.306-309
後藤りん	双葉幼稚園	11-4	新入園児の取扱方　pp.36-40
		11-7	幼児に対しての説話ぶり　pp.40-44
藤田東洋	京都市嘉楽小学校	11-4	文字を書く幼児　pp.40-42
和田くら	坂本小学校附属幼稚園	11-5	子供のあそび　pp.45-48
		12-8	子供のつくりし謎　pp.365-366
膳　たけ	大阪江戸堀幼稚園	12-7	自然物の利用　pp.304-309
みどり	東京女子師範学校材附属稚園第二部（ママ）	12-7	保育の一日　pp.310-312
甲賀ふじ子	日本女子大学附属豊明幼稚園	11-8	唱歌紹介　pp.26-28
小向きみ	本郷第一幼稚園	11-10	夏休み後の小供　pp.23-25

注1　野口幽香　第十一巻五号は署名なし。　注2　和田くら　第十一巻五号は署名なし。

一、幼児との約束は違ふな

一、幼児たりとも人一人なり人格を尊ばれよ

一、幼児は為す如くには為すものなれど云ふやうにはせぬものなるを知られよ

一、幼児悪しとも直に幼児悪しと思はず先自らを反省せられよ
一、自身の子弟妹の愛情を以て幼児を取扱はれよ
一、室内保育より室外保育を重ぜられよ
一、心静かに敏速なれ

　注目されることは、幼児の人格を尊ぶという表現があることである。この語の前に、「人一人」という言葉もあり、幼児個々の人間としての人格という概念を認めることができる。

　鈴木の「新入園児の取扱方」は、副題が「自然を待ちて」となっている。第一にすることは、幼児の性質を調べ「その個性に注意して教育を施す」[26]としている。その後、新入園児がなかなか園に慣れない場合でも、無理やり母親や乳母から離さず、自然に慣れるように待つという方法をとる。そのことを、「随意の方法」と呼んで、弁当をもってくるようにするのも、慣れた幼児が自分から要求してから、長時間保育を行うとしている。このように、幼児の要求に合わせていくという指導方法が取られ、鈴木においても、幼児の主体性を尊重しようとする意図がみられる。鈴木の同様の保育観は、「自由保育」という記事のおいてもみられ、「全幼児に折紙組紙などを与えて一斉に手技をさせて遊ばすといふことは、ある園児にとっては真に効果が無いのみならず、却て苦痛であった」[27]という例を引いて、幼児の自由に任せて手技の材料が有益に用いられるようにしていると述べている。

（2）　理想の幼児像

　山下の「毎朝のお話」では、保育者の語りかけが具体的に書かれている。毎朝強調して話されるのは、幼児が所属する幼稚園の子どもであるとの自覚である。その幼稚園に所属するためには、立派なよい子どもになることが条件として幼児に話される。「立派な良い子どもといふのは、すなほな子、泣かない子、お顔や手をきれいに洗つておく子、お友だちと仲よく遊ぶ子、自

分より小さいものを可愛ゆがる子、まちがつたことをしない子、なんでもほんとうのことを言ふ子、お行儀のいい子、なんでも本気になつて精出してする子」[28]である。山下の理想の幼児像が語られている。

勝村の「山国の幼稚園」では、「当幼稚園に入園しまして、最も目に立つのは、身体の健康になる事と、気の強くなる事とで御座います。」[29]と、信州人であることで園児が心身ともに強健であることを誇っている。

松田の「強い子弱い子」では、先生の命令を聞かず他の子どもを支配する子どもを強い子とし、家では気ままを言うが幼稚園では内気で臆病な子どもを弱い子としている。どのような指導したかについては、保育方法のところで述べる。

佐藤の「新入園児の取扱方」は、年長児中心の対応である。神戸幼稚園の場合、150名定員のうち、80～90人が年長児であると書かれており、1カ月くらいで園に慣れるとしている。最初の仕事として、自分の席や下駄の置き場所などを覚えさせる事の他に「強い子は泣かないもの泣けば弱い事がわかるといふ事をよくよく話してきかせますそれで最初に教へます歌も『泣くな子よ強いよい子は泣きませぬ泣けば弱いがよくわかる』といふので御座います」[30]と強い子をよい子としている。

また、佐藤は「室の内外」という記事も執筆しており、保育室内や戸外の教材を紹介しそれらを用いた保育について述べている。従来のフレーベルの恩物のみでは十分でないとして、観察的玩具、模倣的玩具、練習的玩具など家で遊んでいるような玩具を、保育に用いている。「要するに、保育は室の内、室の外に拘らず、幼児に十分に自由を与えながら之を指導し、指導しながら自由を与える事は、多数の幼児を扱ふ上に於て非常なる考を要する事と、苦心致して居ます」と、教材を幼児が自由に使って遊ぶ様子を描写し自由保育を紹介している。佐藤は、自由保育においては幼児が興味をもって楽しみながらさまざまな活動を行っている事を繰り返し述べている。

後藤の「新入園児の取扱方」は、4月1日から6日までの保育内容を紹介

している。その中で、幼児が幼稚園に慣れているのに、いつまでも付添人から離れない場合は、幼児が泣いても保育者がむりやり付添人から離すというような方法を紹介している。そして、「どうも日本の母親の意志が誠に弱く愛に溺れやすいので、人として大切なるそして幼児のうちから躾なければならぬ服従、忍耐、独立なそは少しも養成されていない」と嘆き、幼稚園に慣れてきていた幼児が突然泣くことがあるのを「お里恋ひし」と言うとし、その原因を4つあげている。第一は勝手なときに口腹を満たすことが出来ぬこと、第二は規律、第三が服従、第四が依頼心とし、後藤においては、服従や忍耐を躾けることを重視している。

（3） 指導方法について

宇式は、「保育座右の銘」で指導方法についても述べている。幼児への指導方法としては、言葉で指導することを避け、保育者の行動で示すという方法が推奨されている。また、指導においては、禁止の言葉を避けること、同じ意味で、消極的な認識とその結果による消極的な言葉による指導ではなく、積極的な認識と言い方をすることを推奨している。ここでの「消極的な指導をする」とは否定的あるいは批判的な指導という意味と捉えてよい。つまり、「〜してはいけません。」と指導するのではなく、「〜しましょう。」というような言葉で指導するのである。

雨森の「新入園児の取扱方」の副題は、「やさしく、やさしく」である。1学期間は園に慣れる事を目標にした保育を紹介している。家庭と同じような気持ちをもって幼稚園で過ごす事ができるように、自由に自分のしたい事ができるように、徐々に幼稚園にいる時間を長くしていく等に基づいた具体的な方法を詳細に説明している。「幼稚園は面白い楽しい場所であると思う様にさせることが第一の仕事」[31]としており、幼児の気持ちに添った指導方法を目指している。

岸邊の「新入園児の取扱方」では、「よく、個性を観察して、一人づ、を

扱うやうな心もちで、大勢の子供を扱ふ事が肝要です」[32]と述べて、岸邊自身が一人の男児をどのように指導していったかを詳細に説明している。また、幼児の個性を知るために、母親と面談し質問をする方法を紹介しており、個性を認めそれに従って保育を行うという保育観である。また、「最初の組は先生の命令を聞かなくてよい、（中略）その上の組が半分聞く、その上のは、命令を全部聞く」[33]と述べているように、幼児が徐々に自己抑制を身につけることができるようにとの考えから、発達に添った保育を行うと言えるであろう。

橋本の「新入園児の取扱方」には、新入園児においても、年長児とその他の年齢の幼児をわけていると書かれており、それまでは年齢別ではなく、初めて幼稚園に来た幼児はすべて同じ組であったことを知ることができる。また、「子供の性質を見て、いろいろに取り扱ふて居ります」[34]としており、幼児の発達段階を考慮し、幼児の性質に合わせて保育を行うと述べている。

前述したように、後藤の「新入園児の取扱方」では、幼児が幼稚園に慣れているのに、いつまでも付添人から離れない場合は、幼児が泣いても保育者がむりやり付添人から離すのであるが、泣いている幼児を「一度意気地なしと強く叱られると自分ながら辱しく亦馬鹿らしく感じて」[35]泣かなくなると、指導方法について述べている。

（4）　天皇について

後藤の「幼児に対しての説話ぶり」には、「天皇陛下の御話に就て」という副題がついており、天皇の話を幼児にする様子を描写している。保育者の話と、それに対する幼児の言葉や反応、またそれを見た保育者の感情を、対話形式で示している。内容は多岐にわたり、御旗・御紋・御服装・侍従・前駆者・別当・騎兵の話があげられており、または「両陛下。両殿下。各皇族方御旗。各條約国の旗印。諸信号旗。日・露・清の兵隊の対照。日本軍艦の対種別。海陸軍の対照。及各任務。或は武器。及び使用法等、幾等でも連

絡、敷衍ができる」[36]と紹介している。後藤は明治後期の一保育者であるが、社会の情勢がどのように保育中の談話に影響していたかを、垣間見ることができる。たとえば、後藤は「今度の戦争で日本がロシアに克つたのも、天子様がお豪（えら）い上に亦臣下（けらい）が君の為国の為に、一生懸命に働いたから、それで捷（か）つたのです、それですから、皆さんも早く成人（おおきく）なって（中略）今よりも、モツトモツト強い日本にしてあげなければなりません」[37]、あるいは「日本は正義の国であるから、弱きを扶（たす）け、強きを挫くの勇あること、日本と同盟した英国は、世界第一の強国であること、日本は今迄東洋の日本でありしが、今度の戦争から、世界の日本に成つたこと、なぞ極く簡単に面白く、感情的に話てやるべし」[38]とする。また「天子様は何処の天子様でもお弱い方は一人も無い、皆んなお豪いのであるが、唯、臣下の内に天子様の御仰をきかぬ人があるから、幾ら大きな国で兵隊や軍艦が澤山あつても負けるのです。日本はさうでない、宛如（まるで）、反対なので、そして第一天子様に背くやうな人は只の一人も無い、皆んな共同一致して君が爲め国の爲めにお命を惜まず働くから、何時何処と戦争をしても負けることはないのです」[39]と言う。幼児が「天子様になりたい」という夢を描いたときには、天皇の子どもしかなれないことを説明して、「大将までなら、誰でもなれるのでありますから」と臣下としての最高の地位を示し目標を与えている。このように、天皇へのあこがれや尊敬を感情を込めて話し、臣下として天皇あるいは日本という国の為に尽くすことを鼓舞し、戦争に勝つことによって日本が世界の中で認められたと、誇りをもって伝えている。後藤は、「保姆のすゝめ」[40]と題する保姆としての心得を箇条書きにした記事も執筆している。そこは最初に「幼児を保育するにも終始勅語の御主旨を忘れざる様心懸くべきこと」[41]と述べ、教育勅語を保育の中心に据えている。

3. 『婦人と子ども』にみられる保育者の相反する主張

(1) 人の認識

　人の認識の特徴は、人格をもつ個人として自由に判断する人と認識する主張の記事が多くみられる一方、国家主義を家庭やその他の集団に敷衍して家長や主従関係に従う人と認識する主張の記事もみられ、相反する主張が併存していることである。

　『婦人と子ども』における人の認識は、創刊時の1901（明治34）年頃と1910（明治43）年頃を比較すると、異なった傾向を持っている。明治30年代半ばには、自由に判断する人という認識を啓蒙しようする記事が多い。1910（明治43）年を過ぎると、多様な様相を示すようになってくる。30年代の積み重ねとして、幼児の個性や興味の尊重など様々な保育方法が保育者により語られるようになると同時に、家族から国へといろいろなレベルで所属する集団への従順が再び重視され、具体的には集団内での上位の人間への従順を善しとする保育を保育者が語るようになる。

　創刊の頃である1901（明治34）年には、東が道徳の根本は「愛」であるとし、幼児の自由意志とその実行に価値を置くことについて提唱し、黒田は児童が自発的に法則に従うように成長することが道徳的発達であるとの理論を提唱した。両人ともに、人を自由に自己判断する人として認識していると言え、人は自由意志をもつという西洋思想が幼児や児童をめぐって語られ、保育者に伝えられた。1911（明治44）年にシリーズとして掲載された「保育の実際」では、宇式の「保育座右の銘」にみられるように、幼児個々の人間としての人格という概念を保育者が持ち、鈴木の「新入園児の取扱方」にあるように、幼児の自主性を育むような保育が具体的に示される。「公正さ」における人の認識の視点からは、東や黒田においては、人を道徳的場面において自由に判断を行い行動するというように認識していると言える。それらの考え方は、10年後に保育者である宇式や鈴木の保育観に継承され、人格を備えた個人として幼児を捉え、自主性を育む保育の実践となっている。

一方で、1909（明治42）年の「個人主義の弊」にあるように、日本は国家主義の国であり、夫が家長として権威をもつ家庭主義であるので、主従関係による権威に対する従順さを善しとする人の認識がある。このような人の認識は、1910（明治43）年の御伽訓話「玉の靴」の変容にもみられる。シンデレラは個人のやさしさによって王子と結婚し幸福を掴むという話であるが、「玉の靴」はシンデレラとプロットは同じでも、梅子は親孝行であったので王様の子どもになるという幸福を掴む。奨励される道徳的資質が、個人のやさしさから親孝行へと変容しており、「玉の靴」では、人を家庭や国など共同体の中の人間関係によって人を認識していると言える。

国家主義の影響が顕著にみられるのは、「保育の実際」における後藤の記事である。「天皇陛下の御話に就て」では、天皇へのあこがれや尊敬を幼児に伝え、臣下として天皇あるいは日本という国に尽くすことを鼓舞し、「保姆のすゝめ」では教育勅語の主旨を忘れず保育するようにと述べている。人の認識の視点からは、共同体の中で人間関係によって価値判断を行うと、後藤は人を認識していると言える。

（2） 事態の把握

事態の把握では、4つの軸を指摘できる。第1は社会的経済的成功という軸、第2は臣下として天皇あるいは日本という国の為に尽くすという軸、第3は道徳的資質の善さとしての従順と強さの軸、第4は自由意志の軸である。

第1の社会的経済駅成功の軸は、「御伽訓話」シリーズにみられる。第2の臣下として天皇あるいは日本という国の為に尽くすという軸は、後藤の熱弁にみられたり「個人主義の弊」にみられる。第3の道徳的資質の善さとして従順と強さの軸において、従順は後藤のように従順さが服従や忍耐とともに語られたり、山下のように素直な子というように表現されたりしている。また、黒田におけるように自発的に法則に従順であるという意味をもつ場合

とがある。強さに関しては、松田においては、強い子は先生の命令を聞かず他人を支配する子ども、弱い子は内気で臆病な子どもというように性格を強い、弱いと表現する。一方で、勝村は、気が強く身体も強健であることを誇っており、強いことを肯定的に捉えている。同様に、佐藤も強い子は泣かないというように肯定的に捉えている。第4の自由意志の軸は、東基吉が人間と規則の関係において自由意志を重視した流れで、雨森、鈴木、佐藤が幼児の自由意志を活かした保育を展開し自由保育として述べている。

(3) 解決方法

「公正さ」の視点としての解決方法は、保育において解決が必要な場面で具体的にどのような行動を推奨しているかである。『婦人と子ども』記載の「保育の実際」中、宇式、鈴木、後藤、佐藤が保育中の実際の指導について述べている。解決方法として、保育者によって4つの方法が示されている。

宇式の「保育座右の銘」では、言葉で指導することを避け、保育者の行動で示すという間接的な指導方法が推奨されている。また、禁止の言葉を避け、幼児の行動に対し否定的あるいは批判的に捉えるのではなく肯定的に捉え、「〜してはいけません。」と指導するのではなく、「〜しましょう。」というような言葉で指導することを推奨する。幼児が無条件に従順であることを求めておらず、社会的に認められる解決方法を保育者が提案するという指導方法である。鈴木の「新入園児の取扱方法」には、弁当を持ってくることを幼児が決定し要求してから個別に持ってくるようにしているとの記述がある。幼児が自己の問題解決を自ら行うまで待つという方法であり、「随意の方法」と呼んでいる。後藤の場合は、幼児が泣いても強く叱るという指導方法である。佐藤は、新入園児が泣いているとき、強い子は泣かないという指導を行う。

「公正さ」の視点としての解決方法では、後藤や佐藤の解決方法は幼児が泣くということに対し、わがままであると捉えたり泣かないことが強い子で

あるとしたりしており、個人の倫理的向上を解決方法としていると考えられる。一方、宇式の場合は保育者が解決方法を提案し、鈴木の場合は幼児が自己決定するという解決方法である。

第3章のまとめ
　本章では、明治期後期発行の『京阪神聯合保育会雑誌』および『婦人と子ども』記載の「保育の実際」を資料として分析した。結果を表3-5、3-6、3-7にまとめる。

表3-5　人の認識

	内容
『京阪神聯合保育会雑誌』	孝行を重んじて人間関係に基づく善悪の判断を行う人と幼児を認識しつつ、自由に善悪の判断を行う人として認識する併存がみられる。
『婦人と子ども』	人格をもつ個人として自由に判断する人と認識する主張の記事も多くみられるが、国家主義を家庭やその他の集団に敷衍して家長や主従関係に従う人と認識する主張の記事もみられる。2つの特徴が併存している。

表3-6　事態の把握

	内容
『京阪神聯合保育会雑誌』	国家主義的尚武の心よりも、心情の円満さを重視するように、事態の把握の軸は幼児の心情重視の軸。
『婦人と子ども』	社会的経済的成功という軸 臣下として天皇や国の為に尽くすという軸 道徳的資質の善さとしての従順と強さの軸 自由意志の軸

表3-7　解決方法

	内容
『京阪神聯合保育会雑誌』	寓話など勧善懲悪の内容に関して危惧が述べられ、行動を禁止するよりも良いモデルとなる行動を話すという、行為の積極的な面を強調する解決方法。
『婦人と子ども』	幼児の倫理的向上。 保育者が解決方法を提案し、幼児が自己決定する。

注

1　京阪神三市聯合保育会『京阪神聯合保育会雑誌』第一号、1898、p.28。
2　本研究では、大阪教育大学図書館所蔵の原書を用いた。
3　京阪神三市聯合保育会、前掲書、第十七号、1906、pp.16-19。
4　同上書、第十九号、1907、p.51；神戸市・大阪市、第二十号、1907、p.20；京都市。
5　「幼稚園ニ於テ用フル談話ハ必シモ小學校ノ修身談話ト連絡サセナケレバナラヌト云フ事ハナイト思ヒマスソレデ私ハナルダケ廣ク行ハレテ居ル童話ヲ美ノ詩的ニ話セバヨイト思ヒマス寓話ノ類モヨイモノヲ選ベバ宜シイガ中ニ訓戒ノ意味ヲ含ンデ居リマスカラコノ點ニ立チ入ツテ注意セシムルト云フ様ニナルト小供ニ對スル話トシテハ大ニ面白クナイト思ヒマス」
6　「寓話ハ幼兒ニトリテ甚適切デアリマスガ假作的ノモノハドーカスルト無味乾燥ニ陷ルコトガアリマス又偶發事項ニ於テモ寓言ニ於テモ大抵消極的ノモノガ多クアリマスコレラハ名譽心ノ盛ンナル幼兒ニ對シテハ甚注意シナケレバナラヌ事ト思ヒマス」
7　「土地ニ起ルコト例ヘバ今日東郷大将ガ見エルトカ又花火ガ上ル何故上ルカ何故ニ賑フカト云フ様ナコトヲ話シテ居リマス」
8　京阪神三市聯合保育会、前掲書、第一号、1989、p.39。
9　同上書、第四号、1900、p.42。
10　１．小山泰山：勤勉。
　　２．楠正行：櫻井訣別。正行自殺を謀るところ。
　　３．毛利元就：兄弟の親睦。
　　４．菅原道真：忠孝の誠意。

5．桃太郎：修身童話及日本昔ばなしその他の著書
　　　勤怠によって応報の異なること。喜憂に同情を表すこと。
　　　　一家は和気靄然（あいぜん）たるべきこと。
　　　父母の恩を知らしむること。国難なるときは義勇奉公なるべきこと。
　　　自治独立の心を養うこと。立身出世は忠孝と勤勉の如何に依ること。
　　　忠義のこと。
　　　その他の昔話も同じとして紹介されている日本昔話。
　　　（舌切り雀・花咲爺・猿蟹合戦・かちかち山）
　　　イソップ物語（兎と亀・二疋の羊道を争う・人と犬・鳥と猫・蟻と鳩・怠惰の鼠・童子と棒売・愚なる栗鼠・三児の性質）
　　6．小学校修身掛図を用いるもの（犬と鳥の話・誠忠なる犬：忠義
　　　　烏と蛤：忍耐と試験は発明の母
　　　　鶴と亀：身に適わざる事は決して思わない
　　　　天女と悪魔：顔は性の善悪邪正を顕す、悪事を思わず行わない
　　　　児童老人をいたわる：小学修身経
　　　　猿恩を報じる：小学修身経
　　　　常太郎の火傷：修身口授教按
　　　　梅吉の過食：修身口授教按
　　　　友太郎火を弄び一家焼失の話：修身口授教按
11　① 朝おきて手水と使うこと　　　② 朝おきると、父母長者に挨拶すること
　　③ 食事の挨拶とこぼさす食べること　④ 外出は必ず父母に告知すること
　　⑤ 友達とは仲良く、親切にすること
　　⑥ 知っている人に出会ったら、挨拶すること
　　⑦ 嘘はついてはいけないこと、石をなげないこと
　　⑧ 落し物を拾ったら、交番か父母・先生に渡すこと
　　⑨ 客が来ていたら挨拶し、物をもらったら礼を言うこと
　　⑩ 物品を大切に扱い、兄弟仲良くすること
12　京阪神三市聯合保育会、前掲書、第六号、1901、p.83。
13　京阪神三市聯合保育会、前掲書、第十四号、1905、p.33。
14　「自分の園では、保姆から進んでやることは避けて居ります其の理由は
　　一、複雑で充分観念を與へられぬこと
　　二、圓満なる性質を持たしたい敵愾心をいみます
　　三、放任して置いても社會や家庭で見聞しますから尚武的の教育は園でハして居

りませぬ
さてその程度は大体次の通りきめて居ります
談話の方法
一、家庭或いは社會で見聞したことから好奇心を起した場合に保姆が説明をしてやります
二、其の談話中には敵を輕侮した言葉や憎惡の念を起こさせる様な事のない様に注意して居ります
三、記臆を強いぬ様に制限して只好奇心の滿足と心身を勇壯ならせるのを目的として居ます
畫圖の取扱
一、戰爭に關する圖畫や武器の畫は掲げて居ますが殘酷なものはさける様にして居ます
二、畫圖と談話との關係は強いて畫の説明を主動的にしないで兒童の質問に應じてする位に止めて居ます
其他
ア、談話は軍の行動の大要よりも忠魂義膽などの例へば廣瀨中佐のごときものを時々します
イ、軍事的智識は吹き込んで居りませぬ幼稚園期の子供には其必要を認めませぬ
ウ、軍歌も保姆が主になつて敎へて居りませぬが家庭や社會で覺えて來たもの、内園の部分のもの、み知つて居るものはさけます全園の兒童が知つて居るもので歌曲が野卑でないものは誤りを正して居ります
エ、歌詞は説明はしませぬ
オ、恤兵犒軍については別に何の方法も取つて居りませぬ
カ、成績品を出征軍に送つて慰めるなどは幼稚園でもいたしてをりますが兒童が眞に犒軍の意を理會して居るか否やは考へねばならぬこと、と思ひます
キ、要するに今日は軍人の獨舞臺でありますけれども戰後の事を慮ると軍人にのみ熱注させるのは弊がないではなかろーかとも思ふので軍事に偏することをさけてゐます
京都では各園にて意見を異にして居りますから京都の方法を代表してお話することは出来ませぬ」

15　忠魂は、ひたすら忠義を盡くす精神、義膽は、正義を貫く精神や正義を行う勇氣を意味する。（大辭泉）
16　「大阪市でも各園とも一致して居りませぬ私の園では時局に關する觀念としては

授けませぬ談話繪畫もさけて居ります、然らば一切課せぬかといふとそーではなく保姆が主動的にせぬといふことで小供が他より得た事柄から極端に敵愾心に走るとそれを防ぎ害のない善い事柄であればほめてやります　軍歌を好み園で授ける歌を嫌ふといふ様な風はありませぬ　幼稚園児には特に時局についての智識を授ける必要を認めませぬ、只小供が自動的にした場合には注意するに止めて居ります　かく特に課せずとも國民性を缺く處はなしと認めます、寧ろ圓滿を目的として居ります」

17　「自分の園は鐵道のレールに沿ふて居るため軍隊列車に對して拍手して居りますまた社會及家庭で充分に見聞しておりますから幼稚園では特に話す必要を認めませぬ　圖畫は遊戯室に掲げて居りますが保育室には掲げて居りません　凡て保姆の受け身の態度を取つて居ります　軍歌ハ自然にまかせて特に教へませぬ」

18　「家族の一員が戰死などすると小供は軍役を厭ふ風があります、こんな場合には其の誤りを正してやります而し特に戰爭話をすることなく平和の中に育てることを主として居ります」

19　京阪神三市聯合保育会、前掲書、第十六号、1906、p.24。
20　同上書、第十七号、1906、p.12。
21　同上書、第六号、1901、p.83。
22　本研究では、1979（昭和54）年刊行の復刻版を資料とした。
23　フレーベル会『婦人と子ども』第一巻第一号、1901、p.70。
24　同上書、第一巻第二号、1901、p.56。
25　同上書、第九巻第十二号、1909、p.16。
26　同上書、第十一巻第三号、1911、p.42。
27　同上書、第四号、1911、p.42。
28　同上書、第一号、1911、p.34。
29　同上書、第二号、1911、p.38。
30　同上書、第四号、1911、p.33。
31　同上書、第三号、1911、p.40。
32　同上書、第四号、p.31。
33　同上書、p.29。
34　同上書、p.32。
35　同上書、p.38。
36　同上書、第七号、p.44。
37　同上書、第三号、p.41。

38　同上書、第七号、p.41。
39　同上書、p.42。
40　同上書、第六号、pp.38-43。
41　同上書、p.38。

第4章　キリスト教保育にみられる「公正さ」

　本章では、1880（明治13）年の桜井女学校附属幼稚園開園を端緒とするキリスト教主義幼稚園における「公正さ」を考察していきたい。本研究では、1889（明治22）年神戸に開園した頌栄幼稚園の保育を垣間見ながら、フレーベル主義思想の真髄を伝授するとして、当時の関西一円に多大な指導的影響力を発揮していた園長Ａ・Ｌ・ハウ（Annie Lyon Howe 1852―1943）と保姆和久山きそ（1865―1943）における「公正さ」を分析する。

第1節　頌栄幼稚園におけるキリスト教保育

　第1節では、ハウの保育思想に基づく頌栄保姆伝道所の様子や頌栄幼稚園の日々の保育の様子を知ることで、ハウの保育思想を概観する。

1．頌栄保姆伝道所の教育課程

　頌栄保姆伝道所は1889（明治22）年10月に幼稚園落成と同時に開所している。後で「公正さ」の分析を行う和久山きそは、開所と同時に伝道所の生徒となり同時に保姆として任命されている。

　頌栄保姆伝習所規則および学科課程は、開所後4年経過した1893（明治26）年に制定されている。この課程[1]によれば、学科として8学科が設定されている。修身、教育学、心理学、理科、保育学（理論、応用、実習）、唱歌、音楽、作文である。その中で修身は一番にあげられ、週時数は、2年間の普通科各学年および2年間の高等科各学年ともに、6時間あてられている。音楽に力を入れていたと言われるハウであるので、音楽、唱歌はそれぞれ7時間と4時間あてられており、実習は10時間、理科は4時間、その他教育学や心

理学などは2時間であった。修身の内容は、新約聖書・旧約聖書を教科書としての口授であった。

　ハウは、音楽を「人類に与えられた神様からの偉大な賜物」[2]と位置づけており、キリスト教の伝道の一部とみなすと、修身と合わせるとかなりの週時数が、キリスト教精神の伝道にあてられていると言える。多くの卒業生が保育者になると同時にキリスト教信徒となっているが、ハウにとっては、キリスト教に基づいた保育のできる保育者が理想の保育者であったことは疑いない。同時代の教育界において修身の内容は「教育に関する勅語」中心であったのに対し、修身を宗教あるいは信仰と読み替えて、キリスト教の伝道を行ったところが注目される。ハウの保育思想は、何よりもキリスト教信仰に基づいていたと考えられる。

2．頌栄幼稚園の保育

（1）　頌栄幼稚園における礼拝やお話

　頌栄幼稚園ではキリスト教に基づく礼拝が毎日行われていた。ハウが頌栄幼稚園で実践した理念は、幼児に神の存在を知らせ、神への愛へと導くこと、「世界人類は皆おたがいに兄弟姉妹であり、お互に助け合うべき責任をもっているものであることを幼な心にしみこませておくこと」、「子どもたちがその一生を通じて善良・方正な生涯を送り得るために必要な善良な習慣を、家庭と協力しながら、じゅんじゅんと、くりかえしくりかえし奨励し、身につけさすこと。―自己信頼、独立（セルフデペンデンス）の習慣、勤勉の習慣、規律正しい習慣等。」[3]であった。ハウが頌栄幼稚園の保姆に対して子どもとの関わり方を厳しく指導していたエピソード[4]からも窺い知れるように、子ども観として「自分の意志を持ち、特有の人格を備えたもの」[5]との考えをもっていた。

　ハウは幼稚園の特別な行事として、感謝祭、天長節、クリスマス、卒業式をあげている[6]。天長節は、天皇の誕生を祝う日であるが、頌栄幼稚園で

は、この時期の主題は「平和」として、一週間あまりをかけてキリスト教の教えと日本の神話を同時に教えて祝っていたようである[7]。「お話し」の内容は、次のようである。「天地創造」から始まり、神がこの世界を作ったが、人間は堕落して争いを続けた。日本でも争いが起こったが、神武天皇が出てお互いに仲良く住める日本とした。それに加えて、ハウは「この輝かしい日に幼き魂に狭い考えが宿らないようにするため」とことわって、次のような話を続けていたらしい。「世界にはいろいろたくさんの国があって、みな天皇と同じ王や大統領が治めている。しかし、それらの国を治めているもっと偉い方がある。それは神様である。その神様に喜ばれるよい子になって、りっぱな日本人となろう。」そして、続く4日間には、発明などを通して人類に貢献した人々の話をしたとされている。

日本の昔話に関して、1898（明治31）年11月に頌栄幼稚園で開催された第三回京阪神聯合保育会において、ハウは「名高い日本の昔話『花咲爺』の話は此真理を解釈するに頗る良き例であります」[8]と述べている。ここでの真理とは、この演説でハウが強調している「幼稚園の目的は人の品格を養成する事」[9]に対する真理であり、「花咲爺」に含まれている真理として、ハウは「よい心がないならばたとえ金を山の如く積んだからと云ってそれは別して幸いを得る所以でない」[10]と解釈し、フレーベルの「魚の遊び」が教えるところと同じであると説明している。このように、キリスト教保育を行う頌栄幼稚園においても日本の昔話は保育内容として語られていた[11]。ただ、保姆が乃木大将の話をすると、「大変不快な顔をして、それは適当な話ではないと強く戒めた。」[12]と伝わっていることから、軍国主義に反対していたハウとしては、天長節後に話す世界の偉人にしても、また日常の保育時に話す日本の偉人にしても、軍人あるいは戦争の英雄はとりあげなかったものと思われる。

（2） 保育日誌や行事

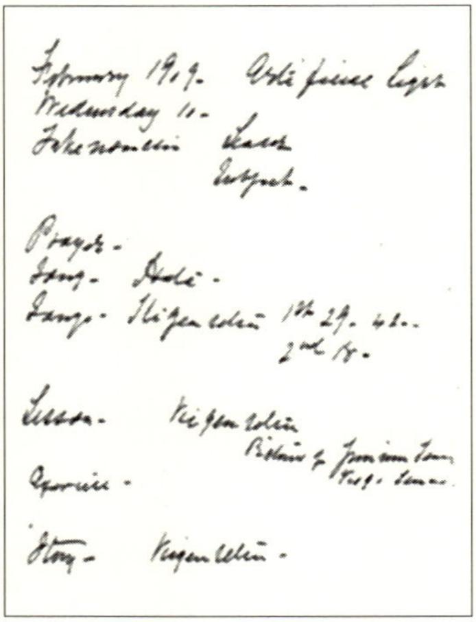

```
February    1909.     ・・・・・
Wednesday   10.
Take・・・       Leader
                   ・・・・
Prayer-
Song-       ・・・
Sings-      Kigensetsu    1st  29_ 42_
                               2nd  18_
Lesson-     Kigensetsu
                 ・・・ of Jinmu Tenno
                         Kogo   tenno
Exercise-
Story-      Kigensetsu
```

図4-1　ハウの保育日誌

　1908（明治41）年よりのハウの手書きによる保育日誌が残されている。内容は、ほぼ図4-1のように日付、その日のリーダー名、祈祷者、歌、課業、練習、話という順序で、行った保育の題目だけを記録している。行わなかった活動は、タイトルだけ書いていたりタイトルも書いていない場合など、一定の形式はない。また、行事などに際しては、ハウが英語で計画を立て、後に日本語の案内やプログラムなどがあると、それを貼り付けている。
　1908（明治41）年12月23日のクリスマス、1909（明治42）年2月10日の紀元節、3月の保育証書授与式の日誌から、当時の様子を垣間見たい。
　クリスマスのプログラムは、図4-2のようになっている。神戸基督教会婦人会の川本夫人や伝習生などとともに園児がクリスマスを祝ったことがわかる。

第4章　キリスト教保育にみられる「公正さ」　175

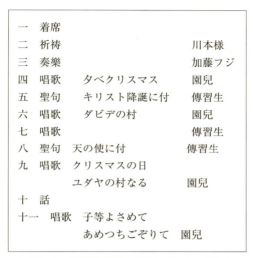

図4-2　頌栄幼稚園クリスマスプログラム

　一方、2月の紀元節の頃の保育では、前述したように、神武天皇の話をしたり歌を歌っていたことが記されている。また、3月の保育証書授与式のプログラムは下記のようである。プログラムの最後には、19名の卒園児の氏名が記されている。

　図4-2および図4-3にみられるように、クリスマスというキリスト教の行事においては、奏楽・祈祷・讃美歌・聖句などが順々に行われ、その信仰をもって祝うことができていたと知ることができる。しかし、2月の保育日誌における紀元節の話や歌、保育証書授与式における勅語奉読や君が代斉唱は、その保育の中でどんなに違和感をもった活動であったかと想像される。教育勅語が煥発され、日清・日露戦争に勝利し、国民教育が浸透していく時期に、キリスト教保育において、日本神話における神武天皇の話は、キリスト教における天地創造の話の中に含まれていたことなど、社会情勢とのぎりぎりの妥協であったろうと思われる。

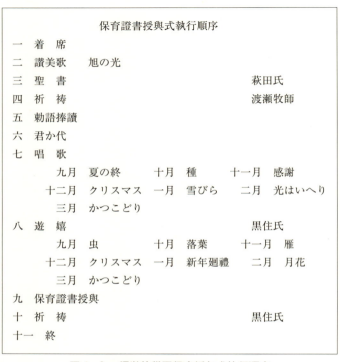

図4-3　頌栄幼稚園保育授与式執行順序

　キリスト教の式典で教育勅語を読んだり君が代を歌うことが求められる社会情勢の中で、ハウは信仰に基づき、フレーベルの提唱した自然の中の規則性を知ることで、神の支配を感じ取り神へと導かれると信じて保育を行っていたと思われる。橋川は「伝道と教育を統一的に捉えるハウは、『幼子をキリストへ』導くことこそが本当の意味での教育であると考えた」[13]と、ハウの幼児教育思想を捉える。頌栄保姆伝道所での修身をキリスト教と読み替える事や音楽に費やす時間の長さなどの工夫、日本神話と天地創造の合体などの天皇に関わる話の工夫から読みとれることは、保育活動の基礎に常にキリ

第4章 キリスト教保育にみられる「公正さ」 177

スト教信仰があり、保育に揺らぎない目標があったことである。

第2節 ハウにおける「公正さ」

　本節では、1893（明治26）年、頌栄保姆伝道所の学科課程が制定された同じ年に生徒のために書かれた『保育学初歩』、および1903（明治36）年、岡山県での講演記録である『保育法講義録』を対象としてハウの「公正さ」を分析する。

1．『保育学初歩』の個人観における責任と尊敬と調和
（1）『保育学初歩』の内容
① 保育学初歩の構成
　「保育学初歩」は、1893（明治26）年に頌栄保姆伝道所の生徒のためを第一義に、一般の読者のためにも書かれたものである。構成は、第一篇恩物理論、第二篇手芸理論、第三篇遊戯及統一、附録第一フレーベル氏小傳、附録第二有名なる保姆の事蹟となっている。
　第一篇恩物理論では、第一恩物から、第八恩物までを扱っている。球、立方体、直方体、円柱といった第六恩物までと、板並べ、箸並べがとりあげられている。第二篇手芸理論は、縫取、縫取（クラウス夫人の講義抜粋）、織紙、粘土細工である。三篇遊戯及統一は、幼稚園の遊戯、統一について述べられている。付録の有名な保姆には、フォン、ブロー男爵夫人、シュラーデル夫人、ピーボデー夫人、クラウス夫人、ブロー夫人、ショー夫人、ハリソン女史をあげている。
② 「公正さ」概念にかかわる内容
　「公正さ」概念にかかわる叙述は、第三篇遊戯及統一の理論にみられる。
　ハウにとってフレーベルによる統一とは、聖書に基づいたものであった。したがって、ハウは、統一の定義として、詩篇133編1節を引用している。

現代語訳[14]では、「見よ、兄弟が共に座っている。なんという恵み、なんという喜び。」[15]という聖句で表現されている。ハウによる実例では地球は各要素が調和して成立しており、また人は死すものであり、諸国民は異なるが、皆人間という一族に属している。他の実例では、花は異なる部位からなるが、果実を作るためにいろいろな部位が存する。人間社会はいろいろな職業から成り立ち、その働きは異なるが相互に助け合うべきであり、また家族も父母、子どもと異なる生活を行っているが相互に助け合うべきである、また自然は神の経綸と調和して働きをなす、としている。このように、ハウは統一を部分からなる一つのものが調和するとの考えを持ち、統一は神の意思であるとの信念を持っていた。そのような統一から、友情幸福平和を目指すことが幼稚園での教育であるとの考えであった。

　部分と統一の概念は、フレーベルの影響を受けたものである。フレーベルは万物のうちに神性を認め、人間が自身の内なる神性を自覚するところに導くことが「人の教育」であるとした。一方、ハウにおいては、人間社会の組織における部分と全体、また自然における部分と全体、それら全体を支配する神という概念である。フレーベルの汎神論的な神と人の認識とは異なり、人間社会と自然とを分離しておりハウ独自のものとなっている。

　ハウはまた、幼児における遊びについて述べている中で、遊びは社交的生活の準備であるとしている[16]。互いに楽しく遊ぶために、遊びの中で役割を果たすことを学び、互いに尊敬することができるとし、このことが幼児に教えることの中で一番大切であるとしている。また、遊びには守るべき法則があり、幼児に自他の関係を知らしめ、同情を発達させるとしている。この主張は統一に関して述べているところでも繰り返され、平和幸福な生活を送ろうとするならば、法則に従わなければならないとし、「公共の社会に於て守らざるべからざる法則ハ幼稚園内にも行ハれんことを要す他人の権利を尊敬する事親切を為す事、長者に従順なる事是幼稚園に於て守らざるべからざるものなり」[17]と述べている。公共あるいは権利という考え方が表れている。

第4章　キリスト教保育にみられる「公正さ」　179

「保育学初歩」が発行されたのは1893（明治26）年であるが、1889（明治22）年に大日本帝國憲法が発布されており、言葉としては流通していた[18]と考えられるが、保育者にどのように理解されていたかは検討の余地がある。

（2）『保育学初歩』における「公正さ」
① 人の認識

『保育学初歩』における人の認識は、人は神の支配のうちにあり、部分として統一に向かっており、その統一は神の意思であるという考え方である。したがって、社会の部分として、人間は相互に助け合うべきであり、また家族も父母、子どもと異なる生活を行っているが相互に助け合うべきであると、人を認識している。ハウにおいては、父母も子どもも神の部分として存在しており対等な関係である。

② 事態の把握

『保育学初歩』においては、ハウが幼稚園教育の目的としている「友情幸福平和」が、事態の把握の軸と言えるであろう。友情では、責任とお互いを尊敬することを学ぶとして、子どもが遊びの中で関わり合うことを重視している。幸福とは神の調和を、音楽を通して感じたり自然を介して感じたりすることと思われる。平和は、文字通りの社会的平和から、心の平安までを意味すると思われる。事態をこれら3つの軸から把握することが、ハウによるキリスト教保育である。

③ 解決方法

解決方法は、規則の重視にその特徴を見出すことができる。ハウが語る規則は、道徳律ではなく実定法としての規則であり、その規則を守ることを幼児は学ばねばならないという考えである。その内容は「他人の権利を尊敬する事、親切を為す事、長者に従順なる事」[19]の3つである。お互いの権利を尊重することが、『保育学初歩』における解決方法である。

2．『保育法講義録』における掟と自由

（1）『保育法講義録』の内容

① 『保育法講義録』の構成

　『保育法講義録』は、1903（明治36）年8月私立岡山県教育会開催の夏季講習会においてのハウの講義記録である。第一講から第五講ではアメリカを中心とした世界の幼稚園情況を語り、第六講から第十一講では、保育内容についての講義である[20]。

　前半は、萬国幼稚園の歴史、米国にある幼稚園の今日の有様、母之本（イ）一般の目的（ロ）米国にての用方（ハ）社会的と智育と徳育の為に用いる礎、萬国幼稚園連合会、米国の保姆学校をとりあげている。後半は保育内容の講義となり、五官の遊戯、指の遊戯、天然界の遊戯、光の遊戯、幼稚園に於ての規則と秩序、自由理想の幼稚園、道徳上の遊戯がテーマである。

② 「公正さ」にかかわる内容

　第六講は、五官の遊戯についての講話であるが、その中でフレーベルの教育についての言及がある。「『フレーベル』氏は、智徳体の三つの者は相関連するといふ事を喧しく申されましたが、然しながら、体育の先ず基礎で、身体が充分に発育すると、智育も従つて発育し、又徳育も完きに至ります。然して五感を練習するに、先、目では充分に物体を観察せしめ、口にて種々の味を試みしめ、鼻はよく物の香を嗅がしめ、耳にて凡ての音声を聞かしめて、充分に物の弁別を遣らす（中略）今度は五感の練習が如何にして道徳に関係するかに就き御話しませう、（中略）総て物の差別がつく、すると従つて物の善悪美醜を識別するやうになる。之と反対で、五感の感応が鈍い者は、物の善悪美醜を識別する事も鈍くなる事は明かであります。此こそ五感の働きが如何に徳育に関係するかを証明」[21]するとフレーベルの教育について智育徳育体育から説明を行ない、かつ体育が基礎であり五感を発達させることが、徳育の発達を促すと提唱している。そのことについては、第六講のまとめで「私どもが理想とせる人は、如何なる人物であるかと申しますと、

第一に体が強健で、智力も健全で、徳性も健強なる者、即ち三育共に健全なる者」[22]と述べていることからも、フレーベル教育を智徳体育という当時の文部省の方針にそった形で説明を行っている。

　第九講は光の遊戯と題されているが、これは光について「一は霊界より一は智識界より此二方面に就いて」[23]と述べているように、倫理的あるいは宗教的な講話である。「これは総ての現象を子供に見聞きせしめて、後には其外部の目や耳で見聞きする事のできぬ、大真理を心の中に秘めさすことの必要を、説いたのであります」[24]と、眼に見えないものを幼児に理解させることについて述べている。具体的には「お互人間の最も大切なる宝とする者は何物でせうか、綾や緞子の帯でもあるまい、金でもなければ玉でもない、只一つの名誉である。即ち目に見えぬ物を心に知る事、或は善き友を持てるとか、或は人より親切なり、同情あつき方と認めて賞讃せらるゝが如き、是ぞ誠の宝である。」[25]と述べている。

　第十講の幼稚園においての規則と秩序、自由理想の幼稚園では、「この掟は世界の何物にも認められますが、此掟に従ふて始めて真の自由が出て来る」[26]と、その当時の極端に規則固めの幼稚園や自由に過ぎる幼稚園を批判する見解を述べている。ハウの考える理想の幼稚園とは「保育事業には必ず掟が無くてはならぬ。其掟の精神は子供の従順を得る事である、然して後には子供の方より秩序に従ふは愉快である、順序に従ふは面白いと云ふところから、最後に掟に従ふが真の自由であると云ふ考より、彼等自動自発して、掟に服従するに至らしめるを期せねばなりませぬ。」[27]という叙述にあるように、掟と自由の調和された子どもたちの集う場である。例としてハウがあげる頌栄幼稚園での保育は、新入園児への対応である。頌栄幼稚園では付き添い人が子どもとともに保育室に入るということは認めないという掟がある。そこで、新入園児は初日から母、祖母、姉、下女などと分かれることとなる。初めは泣いているが、子どもたちを庭などに連れ出し、一人につき一人の練習生がついて話などしているうちに、泣き止む。そのようにして、園の

掟を守ることによって子どもの自立が促されるとしている。幼稚園の掟、つまり規則あるいは約束事は、規則として厳粛に守っていくところに、幼児の自立が育成できるという考えである。

　第十一講の道徳上の遊戯では、理論ではなく保育を行う上で実践に役立つ方法が詳細に述べられている。内容は、附添人に関すること、保育室内の秩序、清潔、美に関して、勤勉についてである。ハウはよほど附添人の幼児への甘やかしへの対応に苦慮したらしく、幼稚園では附添人を保育室内に入れないという規則を作る前に、附添人の行動によって保育活動に支障がでた例を詳しく述べている。保育室内の秩序については、保育者が幼児に何か命令をしたならば、その後注意して命令が貫徹されるようにしなければならないとしている。自分が出した命令を変更しなくてはならないような事態を招かないようにとし、一人の保姆が担当できる幼児の人数の理想は16名としている。清潔に関するハウの見解は、秩序正しくが基本である。掃除が行き届いていることはもちろん、棚の中や押入れの中も秩序正しくと唱えている。美に関して述べている内容は、室内の飾りである。色の用い方や黒板の使用法について言及している。美に関し、フレーベルが「意志を養ふ前に、感情を養へ」と言ったと引用して、感情を養うことが、道徳的心情を育てると考えていたことがわかる。勤勉に関しては、課業と遊びとの別をはっきりさせることが大切であると述べている。

（2）『保育法講義録』の「公正さ」
① 人の認識
　ハウの思想と実践には、はっきりとした個人主義に基づく人の認識がみられる。それは、園の掟を守ることを非常に強調しているところに表れている。掟についてハウは、「地球にせよ、太陽にせよ、月にせよ、星にせよ、総て天体間には一定の掟があつて、運行して居ります。或は一国には定まりた掟があり、社会にも一定の掟があつて、それぞれ成立つて行くので、然し

第4章　キリスト教保育にみられる「公正さ」　183

て其掟に従つて行くところから、真正の自由なる者が出て来るので、結局り掟の上に真の自由は有るので、普通の人の考ふる様に掟あるが為めに自由を失ふと云ふ事は無いのであります。」[28]という考えをもっている。フレーベルが幼稚園の掟を定めて真の自由を得ることができるようにしたと引用し、幼稚園における掟の意義を述べている。規則と秩序および自由の関係を述べ、自律した人間が自由に行動できるという個人主義に基づいた人の認識である。

② 事態の把握

　事態の把握に関しては、2つの軸が示されている。第1の軸は、秩序と自由である。第2の事態の把握の軸は、美醜である。ハウは、美醜の認識が善悪の認識である徳育につながると考えている。

　第1の秩序と自由の軸では、子どもが秩序に従順であるように育てることとしている。つまり、まず子どもに規則に従うことを強要し、徐々に自発的に秩序に従うことが楽しい、あるいは順序に従うことは面白いと思うようにして、掟に守ることが自由を得る方法であることを自覚させると述べている。例として、フレーベルの恩物における秩序を簡単より複雑に入る掟と捉え、その秩序に従って幼児が遊ぶ中で自由を得ていくとしている。また、輪になって遊ぶ遊戯の中にもルールという掟があって、幼児はそのルールを守って楽しく遊び、掟を守る楽しさを知るとしている。

　第2の事態の把握の軸は、美醜である。美醜の認識は、智育において感性が豊かであることであり、それは物事を詳細に観察することから生れると、ハウは考える。それは、環境の整備を重視にも軸としてみられる。清潔に関する講話の中で、環境の秩序を保つことが幼児の感情や道徳に関係するとの見解を述べている。前述したように、ハウは感性における美醜の認識やそれが道徳に関係するという見解を持っているが、保育においてそれらのことを、室内の掃除、棚などの整理を通して幼児が生活の中で身につけていくとしている。また、保育室内の美に関し、色の調和、むやみに壁面を飾らない

などを注意事項としている。環境を秩序だったものに保つ責任を保育者に求めており、また付け加えて、課業において行儀が悪いことや怠けることは、保育者の内面に責任があるとして反省するよう戒めている。このように道徳的な保育内容に関して、物的人的環境に言及しているところに特徴があり、今日の環境を通しての保育の源流と言えるであろう。美醜に関する感性の鋭さが、事態の把握の軸となる。

③　解決方法

　解決方法は、規則の遵守が特徴である。保育者が幼児にいかに規則を守らせるかの方法をいろいろ説明している。命令が守られているか注意深く見守ることと、保育者が出した命令を変更しなくてはならないような事態を招かないようにすることなど、保育者が幼児を把握することが重要であると述べている。特に部屋への出入り、課業を与える順序と遊びとの区別、遊戯の際に秩序を保つことができれば、後は細かな規則は入らないとしている。保育方法において、規則を最小限度にして、それを確実に実行するために、保育者が自分の命令を自覚し幼児が守ることのできるような命令を与えることとしており、幼児に適した規則への言及と捉えることができるであろう。ハウにおいては、幼児が自律的に規則を守り楽しいと感じることが最終目標である。

第3節　和久山における「公正さ」

1．『保育法講義録』における消極的指導

（1）『保育法講義録』の内容

① 『保育法講義録』の構成

　1903（明治36）年8月私立岡山県教育会開催の夏季講習会では、ハウの講義と同時に、頌栄幼稚園[29]の保姆であった和久山きそによる講義も行われている。和久山は、ウィギンズ[30]及びハリソン[31]の著書より学んだこととして、

第4章 キリスト教保育にみられる「公正さ」 185

主に保育内容に関して保育者の幼児理解から述べ、保育方法をも述べている。

　第一講から第五講までの内容は、幼稚園遊戯、自然界の研究、活動の本能即筋肉の教練、認識の本能即意志の教練、正義の本能即正不正の罰である。
② 「公正さ」にかかわる内容
　和久山の『保育法講義』[32]では、書物の内容を要約しつつ説明し、ところどころに和久山自身の見解を挿入している。第一講の幼稚園遊戯では、遊戯のねらいとしてウィギンズの分類である8つの項目[33]を紹介している。

1．遊戯は肉体の発達のみを目的としているのではなく、精神の発達に関係がある。
2．遊戯は幼児が将来社会生活を送るための準備となる。
3．遊戯によって世界に関する智識を得る。
4．幼児の思想を明確にして、好奇心や求知心などの心情を養成する。
5．自己の観念を確実にし、自他の区別を了解する。
6．遊戯への興味を通して、服従[34]という習慣を得る。
7．将来の完全なる社会の一分子、完全なる国民となる準備である。
8．自己が自然の子どもであり、人間の子どもであり、神の子どもであることを知るようになる。

　和久山は「要言すれば、児童は言語、思想、韻律、身振等に由り、他日に至り、智育、体育、徳育の三育を施すに適当なる素地を作る」[35]とウィギンズの分類および内容を、その当時の日本教育界で流布していた智育、体育、徳育という概念に合わせて解説している。また、遊戯の際の保育者の役割は「先生自身も子供の一人と云ふ考を以て居て、何事も自己を彼等の境遇に置きて行くと云ふ事が、必要である。」[36]と子どもと同じように遊び感じるようにと説いている。

次に述べているのは、遊戯における一致共同である。和久山は公平とともに、社会国家の一員という意味で一致協力する[37]ことを同時に述べている。一致共同の認識を公平な対応によって子どもが理解するとしており、また普遍的に行うようにと述べている。集団活動における公正さについての言及であり、後半は、国家社会の一分子になることを目的として、集団活動においてはどの子どもも同じように活動するよう導くこととしている。この次に、実際に保育を行っている和久山らしい解説[38]が続く。遊戯を行うとき一致がなくてはならないが、無理に従わせようとするべきではなく、子どもが自由に一致を望むように指導しなくてはいけない。こういう理想に対し、集団活動を通して子どもが自立することを学ぶよう指導する困難を和久山は述べて、管理的な言語を用いてしまう保姆に対して、理解と激励を与えている。

第三講からは、ハリソンの児童の性質に関する研究からの講話である。幼児の活動に関しては「活動も善良なる者は刺激して行かねばならぬが、其宜しからぬ活動は厭制しないで静かに此活動の方向転換、即ち一つの善良なる道を与えて、此方面に進ましむるが適当の処置と思ひます。」[39]というように、幼児の望ましくない行動に対し方向転換する道を与えるという対応を示している。また、幼児の破壊するという本能については、破壊することは必要なことであるとし、この時代を批評的時代と名づけている。その指導方法は、破壊の後に組織する、組み立て直すという機会を幼児に与えることとし、そのような玩具を幼児に与えるようにと説いている。このことを和久山はまとめで「無闇に厭制するよりか、是等児童の天性を利用して、彼等の活力を注がしむる水導管をして善良の方面を見つけて、即ち消極に導くと云ふ事が、最も有効であつて、且つ真理である」[40]としている。

第四講では、意志の教練について述べている。これは幼児が従順になるというテーマに関し、克己心ということから述べたものである。従順の捉え方は、「今若しも子供に或事を斯くせよと命令すると、子供は之れを聞きて成程是は斯うせねばならぬかと思ひ始めました時、こゝに初めて自由の本能が

第4章　キリスト教保育にみられる「公正さ」　187

働きかけた時であって」[41]というように、盲目的に従うことを意味するのではなく、子どもの選択する意志[42]が働いて行動を起すことを従順としている。和久山はその例として、ある保姆が何もかも母の命令に従う人であり、ではどのような働きをするかというと優柔不断で物の役に立たないと述べている。

　また、意志の発達に4つの段階があると紹介している。「或動機が起つたならば、軽々しく行はないで、其善悪利害に付き充分に思慮する。其次ぎには思慮した結果に就き、是れをしようか、彼れをしようかとの選択が起る。次ぎには其思慮選択した後、これがよいと極まつたら之を決行しようと云ふ心構への状態、即ち決断する。最後に之を行為に現はす様になる」[43]である。この4段階を踏んで幼児の行為が行われるようになったなら、心から喜んで従順になったとしている。

　方法として、和久山は、幼児に常に2つの物を示して選択させるように勧めている。例として、一人の幼児が静かにしなくてはいけない時に、命令を聞かない場合、「あなたは今静かにしないが、静かにしないなら、室外に出なさい。室外に出て仲間の権利を失うか、静かにして愉快に権利を保つか」[44]と問いかけ、幼児に考えさせるようにと説いている。従順に関し、「何事も掟正しく遣ると云ふ事も必要であります。なぜなれば掟には従はねばならぬと云ふ心の状態が、真の従順であるからであります。」[45]と、規則を守ろうとする心が従順であると述べている。ここでは具体的な掟として、時間を守ることをあげている。その次に述べているのは、「子供自身も一個の人間であると云ふ事を知らしむる事が大切である。」[46]と、幼児を一個の人間として捉える認識を示している。その方法として、幼児にも名誉心があるから、どんなに小さな善行でも見過ごさずに、必ず賛同を与えて、保育者が認めていることを幼児に示すように述べている。それによって、幼児の良心の発達が促されるとする。

　第五講では、罪と罰について具体的に述べることを通して正義の説明を行

っている。あるアメリカの保育者が、降園の際幼児が帰らないと言って動かなかったとき、どのように対応したかを例にあげ、ハリソンの理論[47]に従って、規則を軸にして、正不正を判断し、罪があるならばそれに見合った罰があることを幼児が理解するようにし、罰を与えることによって、幼児に自制や克己心が培われるとしている。その罰に関しては、その幼児の特性に適した罰とするよう、保育者がよく判断しなくてはならないと述べている。その後の説明において、和久山は、因果応報という言い方でより詳細な説明を試みている。「人間の行為には自然の応報なる、一の法則のあることを知らしむるが、大切であります。其故、子供を罰するには母保姆たる者が、己の専断で遣るよりか、自然に由る応報の処罰こそ、最も価値があります。且つ之れに由りて公義と云ふ事を知らする事も出来ます。」[48]と、自然という表現を用いて、聴衆の理解を促している。具体的方法は、例えば、子どもが何かをこぼしたとき、それを言葉で叱るのではなく、静かに「あなたがした失策だから、自分でこれを拾いなさい。」というような対応を紹介している。

(2)『保育法講義録』における「公正さ」
① 人の認識
　和久山の『保育法講義録』における人の認識は、ハウやウィギンズの思想に影響されたものであるが、和久山の見解を追加して説明しており、そこに特徴を見出せる。
　和久山は、幼児を一個の人間として認識している。「子供自身も一個の人間であると云ふ事を知らしむる事が大切である。」[49]とし、幼児の善行に保育者が賛同し認めていることを示す必要性を説いていることから、幼児を個人として捉えていると言える。それらは、幼児の問題行動に対する認識にも現れ、第五講の正義に関する箇所で「其子供の行為は、其性質を現はす者であるから、其行為に由りて其性質を看破し、其上で罰する事が必要であります」[50]と、個々の幼児がそれぞれ別個の存在であり、その行為の独自性を認

めている。

　また、個人と社会との関係を一致共同として説明し、自律した個人として社会を構成するという認識を述べている。例としてあげていること[51]は、遊戯をやりたくないという幼児に対して、少しやりたくないこともあえて他人の為めに共同してやる事が大切であると、よく理解させることが必要である、ここに保育の価値があるとする。

② 事態の把握

　事態の把握に関しては、2つの軸を見いだすことができる。第1は　幼児の自由意志あるいは自発性である。第2は機会の平等である。

　第1の軸は、掟に基づく集団の秩序に従順であるとも表現される。これが意味するところは、子どもの自由の本能に基づいて選択する意志が働き、集団の秩序に従順に行動をするということである。幼児が自発的に掟に従うことであり、他の人の命令に従うことではないことが大きな特徴である。幼児の自発的な活動を目指しており、保育者は個々の幼児の内面を観察し評価する必要があることを説いている。しかし、共同の遊戯を行う際には、一人嫌だと言って集団に加わらないことを認めておらず、集団の秩序が優先されている。

　第2の公平については、遊戯の展開で、役割に対して個々の幼児に機会を平等に与えるようにと説いている。身分や貧富、体格や年齢、理解力に関わらず機会の公平な配分を行うべしとの認識を持っている。

③ 解決方法

　解決方法では、3つの特徴をあげられる。第1は、問題が起きたとき幼児を善良な方向に導くこと、第2は、自由と結果への責任、第3は、罪と罰の適合性である。

　第1は、第三講で述べられた消極的な指導法である。和久山は「無闇に厭制するよりか、是等児童の天性を利用して、彼等の活力を注がしむる水導管をして善良の方面を見つけて、即ち消極に導く[52]と云ふ事が、最も有効であ

つて、且つ真理である」[53]として、良くない行為を制止するのではなく、その行為の本質を見極めて善良な方向へ転換させるという解決方法を推奨している。

　第2は、選択の自由と結果に対する責任である。幼児に選択を促すという指導方法にみられる。和久山は、自発的な従順を養う方法として、問題が起きたとき、幼児に二つの解決方法を示してどちらかを選択させると述べている。このことによって、幼児に問題解決について考える機会を与え、またその結果に対し責任を負わせるという方法である。考え方の基礎として、ある人が行う行為は自由でありその権利があるが、その結果に対する責任を負うのである。

　第3は、幼児の行動に対する罪と罰の適合性である。和久山は因果応報という概念で説明しているが、ハリソンの理論の紹介では、正義という概念を用いている。ハリソンでは、幼児教育において幼児を罰する目的は、ある間違った行為に対する罰は、罪の償いであり行為の結果を表すから、規則があることを認識させ、同じ行為をしないようにするのである。何時でも罪と罰とは原因結果の関係にある事を知らせると、自制心や克己心が養われるとする。ハリソンにおける罪は、規則を犯すことであり、規則が正不正の基準となっている。一方、和久山は、因果応報という言い方を用いる。具体的方法の例で、子どもが何かをこぼしたとき、それを言葉で叱るのではなく、静かに「あなたがした失策だから、自分でこれを拾いなさい。」というように対応し、罪と罰との適合性を、自然による応報の処罰に求める。たとえば何かをこぼすということは罪ではない。和久山においては、規則に反することが罪であり不正であると明確に意識されていないと思われる。したがって、因果応報の範囲が広範囲になっており、幼児にとって不正と単なる失策との違いがわかりにくいであろうと考えられる。

第4章 キリスト教保育にみられる「公正さ」　191

第4章のまとめ

　明治後期のキリスト教保育について、頌栄保姆伝道所、頌栄幼稚園を通して概観した。国家主義政策が深まる中、修身の時間や音楽の時間を用いて、キリスト教信仰を伝道していたり、日本神話と天地創造の話を通して神と人の関係を話したりと、時代の中での苦労がみられた。ハウによる『保育学初歩』・『保育法講義録』、和久山の『保育法講義録』を対象に「公正さ」について分析した。表4-1にまとめた。

　ここで、ハウと和久山を比較してみる。和久山はハウに学び、一緒に保育していたので、二人の「公正さ」には共通点が多い。人の認識では、幼児を個性をもつ人間として認識しており、解決方法ではともに規則に対する厳格さを示している。和久山では消極的な指導方法として現れている方法は、ハウでは自発的に規則を守るように指導するという表現となっていると思われる。自発性を重んじるところも共通している。二人において異なる点が1点だけみられる。それは美醜の軸である。『保育学初歩』によれば、ハウは神

表4-1　キリスト教保育にみられる「公正さ」

	『保育学初歩』	『保育法講義録』（ハウ）	『保育法講義録』（和久山）
人の認識	人は神の支配のうちにあり、部分として存在しており、人と人は対等である。	自律した人間が自由に行動できるという個人主義思想。	幼児を、個性をもつ一個の人間であると認識している。
事態の把握	友情の軸。 幸福の軸。 平和の軸。	秩序と自由の軸。 美醜の軸。	自由意志・自発性の軸。 機会の平等の軸。
解決方法	規則を守る。 お互いの権利を尊重する。	幼児に適した規則を与え確実に守らせる。 自発的に規則を守るようにする。	問題が起きたとき 第1は、幼児を善良な方向に導くこと、 第2は、自由と結果への責任、 第3は、罪と罰の適合性、

による調和に喜びを感じていた。音楽を重んじていたことも、音楽には神の調和が表わされていると考えていたからである。そういう意味で美醜への感性を重視する軸が、ハウにはある。その点は、和久山の『保育学講義』にはみられなかった。

注

1　日本キリスト教保育連盟『日本キリスト教保育百年史』、百年史編纂委員会、キリスト教保育連盟、1986、p.63。
2　ハウ、エー．エル著井上訳『幸福なる可能事』、頌栄保姆伝習所、1917、pp.7-10。
3　同上。
4　高野勝夫『エ・エル・ハウ女史と頌栄の歩み』頌栄短期大学、1973、pp.60-62。
　　エピソード1：道路で転んだ子どもが泣いていても、すぐに駆け寄り「かしこい、かしこい」などと言って抱き起こしてはならない。他人に頼らず、自分で起き上がらなければならない。エピソード2：鼻水は自分でふき取るよう、前掛にハンカチをつけさせた。エピソード3：登園して付き添いから離れて、一人で保育室に入ること。泣き叫ぶ子どもは、自分に部屋に入れてほっておく。等の話が伝わっている。
5　同上書、p.62。
6　日本キリスト教保育連盟『ANNUAL REPORT OF THE JAPAN KINDERGARTEN UNION』第7巻、1985、p.16。
7　高野、前掲書、p.64。
8　京阪神三市聯合保育会『京阪神保育會雑誌』第2号、1989、p.21。
9　同上書、p.19。
10　同上書、p.22。
11　ハウ「保育日誌」1909、3月17日に、「Story Hanasakijiji」の記載がある。
12　高野、前掲書、p.63。
13　橋川喜美代「A.L.ハウの幼児教育思想とキリスト教主義」『鳴門教育大学研究紀要』(教育科学編)、20、2005、p.85。
14　日本聖書協会『新共同訳　聖書』、1995、p.975。
15　ハウ、アンニー・エル著、坂田幸三郎訳『保育学初歩』、p.235、「視よ同胞相睦みてともに居るハいかに善くいかに楽きかな」

16　ハウ、前掲書、p.228。
17　同上、p.241。
18　公共に関しては、第八条に「天皇ハ公共ノ安全ヲ保持シ又ハ其ノ災厄ヲ避クル為緊急ノ必要ニ由リ帝国議会閉会ノ場合ニ於テ法律ニ代ルヘキ勅令ヲ発ス」、第九条に「天皇ハ法律ヲ執行スル為ニ又ハ公共ノ安寧秩序ヲ保持シ及臣民ノ幸福ヲ増進スル為ニ必要ナル命令ヲ発シ又ハ発セシム但シ命令ヲ以テ法律ヲ変更スルコトヲ得ス」、第七〇条に「公共ノ安全ヲ保持スル為緊急ノ需用アル場合ニ於テ内外ノ情形ニ因リ政府ハ帝国議会ヲ召集スルコト能ハサルトキハ勅令ニ依リ財政上必要ノ処分ヲ為スコトヲ得」と、3ヶ所につかわれており、権利に関しては、大日本帝國憲法、第二章に「臣民権利義務」、告文に「朕ハ我カ臣民ノ権利及財産ノ安全ヲ貴重シ及之ヲ保護シ此ノ憲法及法律ノ範囲内ニ於テ其ノ享有ヲ完全ナラシムヘキコトヲ宣言ス」、また第六十一条に行政官庁ノ違法処分ニ由リ権利ヲ傷害セラレタリトスルノ訴訟ニシテ別ニ法律ヲ以テ定メタル行政裁判所ノ裁判ニ属スヘキモノハ司法裁判所ニ於テ受理スルノ限ニ在ラス」と、3ヶ所に使われている。
19　ハウ、前掲書、p.241。
20　第一講　萬国幼稚園の歴史
　　第二講　米國にある幼稚園の今日の有様
　　第三講　母之本　（イ）一般の目的　（ロ）米國にての用方
　　　　　　　　　　（ハ）社會的と智育及徳育の為に用ゆる礎
　　第四講　萬国幼稚園聯合會
　　第五講　米國の保姆学校
　　第六講　五官の遊戯
　　第七講　指の遊戯
　　第八講　天然界の遊戯
　　第九講　光の遊戯
　　第十講　幼稚園に於ての規則と秩序、自由理想の幼稚園
　　第十一講　道徳上の遊戯
21　ハウ、エー．エル『保育法講義録』、1903、pp.30-32。
22　同上書、p.34。
23　同上書、p.45。
24　同上書、p.48。
25　同上。
26　同上書、p.49。

27　同上書、p.53。
28　同上書、p.50。
29　和久山の講義録では、冒頭において「神戸幼稚園保姆」と紹介されているが、この時期和久山は頌栄幼稚園に奉職していた。ハウの講義録の冒頭にあるハウの略伝においては神戸頌栄幼稚園と紹介されているので頌栄が略されたと思われる。
30　Wiggin, Kate Douglass（1859—1923）ウィギンズはエンマ・マーウエデルの養成所を卒業し1870年西海岸に無償幼稚園を設立した。
　　"Froebel's Gifts", Boston: Houghton Mifflin, 1895.
　　"Froebel's Occupation", Hoghton Mifflin Company, 1896.
　　"Kindergarten Principle Practices", Hoghton Mifflin Company, 1896.
31　Harrison, Elizabeth（1849—1927）ハリソンはブロー、ペルテ、パトナムらの指導をうけた後、ドイツでシュレーダー婦人やマーレンホルツ＝ビューロー婦人のもとで学んだ。和久山が講義を行った1903年以前にハリソンが書いた書籍は、
　　"A Study of Child-Nature: from the kindergarten standpoint", Chicago; Chicago Kindergarten Trainig School, 1891.
　　"In Storyland", Project Gutenberg, 1895. である。
32　　第一講　幼稚園遊戯
　　　第二講　自然界の研究
　　　第三講　活動の本能即筋肉の教練
　　　第四講　認識の本能即意志の教練
　　　第五講　正義の本能即正不正の罰
33　和久山きそ『保育法講義録』、私立岡山縣教育會、1903、p.62。
34　同上。文脈より、ここでの「服従」は遊びの規則を守るという意味であり、規則に服従する習慣と捉えることが妥当であると思われる。
35　同上書、p.62。
36　同上書、p.64。
37　同上書、p.65。
　　次に遊戯の一致共同と云ふ事であります。彼の一團の兒童が輪を作ると云ふ事は、即ち此遊嬉の一致協力の眞理を現はせる者であります。然して世の保姆たちがよくやる如く彼の子は怜悧であるからとか、或は年が大きいからとか云ふて、今日も明日もいつも、或一部の子供にのみ、一定の役を與ふるが如きは、必ず避くべきである。それでは一致協力と云ふ點が缺げて来る。そこで保姆は、年かさといはず、年少といはず、富者の子弟といはず、貧者のと云はず、或は性質の良否如何に

拘らず、總て一方に偏する事を避け、最も公平に、然も普遍的に遣る心懸が、必要であります。扨て今爰に一團の子供が、一つの遊戯を成さんとするに當り、其中の一人の子供が此遊戯を好まないところから、頑固に先生の命令を奉じない事があると、遂には此子一人の爲め、全體の子供が遊戯に對する興味を減殺し、遂に折角の催も中止するに至る事があります。かゝる場合に當り、總て自分は少々好ましくないとも、まげて他人の爲めに共同してやる事が大切であると云ふ事をよくよく悟らしめねばなりません。愛が即ち幼稚園保育の價値の存する處で、彼等が他日社會の一分子たるに及んで、己も社會の一員たる以上は、己の利益を割いても國家社會に一致協力するに至るの素地をなすのであります。

38　同上。

　最後に遊戯の訓練に就き御話しますが、前にも申しました如く、遊戯には一致といふ事が行はれねばならぬ。此一致といへる事は無理に強ふとて得べき者ではない、即ち前に言ひし自由の中に眞の一致を得らるゝもので、無理に強行に一致を得んと望まば、却て面白くない結果を來します。然し此一時は保育上最も切要の點でもあるが、同時に最も困難なる點であります、諸君が常に經驗するが如く、或子供は前の者を突き飛ばす、前の者は後ろの子供を蹴りかへす、或は左に走り右に馳せ、殆ど底止する處を知らずと云ふが如き、子供もある處から、保姆はそれ何して居ますか、どこ向きますか、なぜ人を突きますか、なぜ立たないですかと、いつて、屢管理的の言語を用ふるの止むを得ぬに至つて、遂には一致を缺ぐと云ふ事も屢ある、然しかゝる時に當りて、世の保姆たる者、決して落膽してはならない、彼の太陽でさへ、時には黒雲も掩ふ事もあれば、かゝる不幸の日を迎ふとも、益々是等に就き充分なる研究と忍耐とを以て、宜しく活氣を求むる事を勤めて、他日の成功を得る事を心懸けねばならぬ。

39　同上書、p.72。
40　同上書、p.77。
41　同上。
42　従順とは子どもが選択することであるとするハリソンの言葉として、和久山が引用しているのは、「幼き兒には勿論正しき事は言ふて遣つて、良き習慣を就けねばならぬ。然しながら、之のみで放任して置くと、彼等の身邊には絶えず色々の誘惑が来る。そこで己を保護する意志が必要となる、ところが意志が出て来る迄には、其誘惑が善であるか悪であるかを選択することが起つて来る。此選択が度重なることに因りて、益々意志は強くなる、故に子供には總ての者を対照して、其事が善か悪か、可か不可かを選ぶ練習をせねばならぬ」である。

43　同上書、p.80。
44　同上。
45　同上書、p.81。
46　同上。
47　同上書、p.84。

　　正、不正の罰に就いては、其子供の行為は、其性質を現はす者であるから、其行為に由りて其性質を看破し、其上で罰する事が必要であります、且つ子供を罰する目的はと云はば、正しく罰すると、罰は罪の償いとなるのみならず、其犯したる罪の結果を現はし、彼等の心中に斯くの如き行に対しては、必ず斯く結果がある。即ち掟を云ふ者があるといふ事を感じ、再びかゝる罪を犯す事もなき道を開らくのであります。此故に、子供を罰するには、何時でも罪と罰とは原因結果の関係にある事を知らしめますと、自制とか、克己とか云ふ如き、高尚なる域に達する事を得るに至りませう。

48　同上書、p.85。
49　同上書、p.81。
50　同上書、p.84。
51　同上書、p.65。
52　同時期の愛珠幼稚園などの記録では、積極的な方向とは良い事を意味し、消極的はここで和久山がいう厭制の方法を指しているが、和久山は指導方法として消極的に関わるという今日的な意味で用いている。
53　和久山、前掲書、p.77。

終章　保育内容における日本的「公正さ」

　本章では、第1章で述べてきた明治前期の教育界の「公正さ」を踏まえて、第2章、第3章、第4章で述べた明治後期の保育における「公正さ」をまとめる。序章で述べたように、本研究は、日本的な「公正さ」があるのではないかという仮説に基づいている。「公正さ」の3つの視点をまとめた上で、明治後期の保育内容における日本的な「公正さ」について考察したい。そして、その日本的「公正さ」を基に、現代の保育へ若干の示唆を行いたい。

第1節　明治後期の保育内容としての「公正さ」

1．人の認識における特徴

　人の認識における特徴を、第1章～第4章のまとめにおいて表にしてきた。それらを表5-1にまとめた。明治初期には年長者の言葉にしたがうことが正しいとされており、儒教文化に基づく人間関係において人を認識していたことが明らかになった。明治後期に至ると、個性をもつ個人として幼児を捉え、幼児が自由に判断することを尊重しようとする保育となった。この変化の過程について、第1章における関係する教育界の動向との呼応について述べ、その後、明治後期では、多様な様相が示されていることを述べていきたい。

（1）　教育界の動向との呼応

　明治初期の頃は、まだ欧米の思想を紹介するという段階であり、全く新しい概念に関しては、翻訳語も翻訳者によって異なっていた。福沢の『童蒙教

表5-1 人の認識

	内容
『童蒙教草』(1872)	個人の独立を主張しながら身分社会における国民あるいは人民として自分を位置づける「人」である。
『民家童蒙解』(1874)	儒教倫理による君臣関係を重視しながら、同時に西洋思想を同等に紹介する。
『幼学綱要』(1882)	天皇を頂点にした儒教倫理に貫かれた国家の中に、人を位置付ける。五倫の人間関係で人を認識する。
『幼稚園初歩』(1885)	個人として自立すること。 儒教的家族観の中で倫理を身につけること。
『育幼論』(1887)	子どもを個人として認識する。人の善さの基本を自主独立とし、具体的には勇敢で元気にあふれ前向きであること。
『保育学初歩』(1893)	人は神の支配のうちにあり、部分として存在しており、人と人は対等である。
『保育日記』(1898・1904)	幼児主体の保育・個人記録から自由に判断する人として認識する。
「保育事項実施程度」(1903)	
『保育法講義録』（ハウ）(1903)	自律した人間が自由に行動できるという個人主義思想。
『保育法講義録』（和久山）(1903)	幼児を、個性をもつ一個の人間であると認識している。
「幼児に適切なる談話の種類およびその教育的意義」(1905)	幼児の感情思想全般を育成陶冶というように、人を全人的に捉えて陶冶するというように認識する。
『京阪神聯合保育会雑誌』(1898・1905・1906)	孝行を重んじて人間関係に基づく善悪の判断を行う人と幼児を認識しつつ、自由に善悪の判断を行う人として認識する併存がみられる。
『保育要目草案』(1907頃)	天皇を頂点とする国の中に位置付けることと、自由に善悪を判断することが併存。
「幼稚園における幼児保育の実際」(1909)	天皇を頂点とする国家の中で、人を自由に善悪の判断をする個人と認識する。
『婦人と子ども』(1911)	人格をもつ個人として自由に判断する人と認識する主張の記事も多くみられるが、国家主義を家庭やその他の集団に敷衍して家長や主従関係に従う人と認識する主張の記事もみられる。2つの特徴が併存している。

草』1872（明治5）年の人の認識では、「people」を「臣民」と訳したり、「person」を文脈の流れで「上」または「主人」と訳したりする場合があった。欧米の概念を紹介する際に、その内容をわかりやすく伝えることを求めて、儒教文化に基づいた用語を用いるために、新しい概念を伝えようとする意図とは逆に、儒教倫理によって欧米の思想を理解する状況が生まれたのではないかと指摘した。青木による『民家童蒙解』1874（明治7）年では、洋と和と漢の倫理を混在させたまま述べていた。人の認識においては、まず人の徳を五倫五常によって説明するが、後の章では人間が基本的に平等であると述べる。しかし、その後にすぐ続けて君臣の礼と忠に関する話を入れており、基本的には儒教文化を継承している。このように、教育界では、修身に欧米の翻訳書が導入されたが、それらは儒教文化の中で語られていたと考えられる。また、1882（明治15）年には、翻訳修身書への批判として元田による儒教倫理に基づく『幼学綱要』が発行された。教育においては忠孝を基本として仁義を大切にするという趣旨で20徳目が説明されており、善悪を人間関係に基づいて判断する人の認識が、教育界において再び重視される方向に向かった。

　では、その頃の幼稚園教育の保育内容における人の認識はどのようであったろうか。東京女子師範学校附属幼稚園の豊田による「保育の栞」によれば、保育において重視していたのは、長幼の間においての礼であった。年長者の言葉にしたがうことが正しいとされる人間関係において人を認識していたと言えるであろう。1883（明治16）年、愛珠幼稚園の図書目録のうち修身話に注目すると、江戸時代の教訓話、欧米の物語、小学校の修身書などを教材として用いていたと推察される。1885（明治18）年、飯島による『幼稚園初歩』では、フレーベルの恩物ばかりでなく、日本固有の玩具を保育に取り入れようとしたり、折紙に幼児の認識や想像性を養う目的を見出したりしており、保育内容として日本独自の広がりがみられる。一方で、ままごとの人形を「家倫の道」を教える教材として位置づけ、儒教文化の中で人を認識し

ている。明治初期の頃の保育内容における「公正さ」の視点である人の認識
は、翻訳書を通して欧米の個人観や自由観は紹介されたが、保育の場におい
て、子どもたちが身につけるべき倫理として、善悪を自由に判断する人とい
う概念を伝えることはなかったと考えられる。明治10年代に入ると、教育界
において、欧米の倫理観に対して儒教倫理が重視される動きが生まれ、幼稚
園教育においても、孝行を幼児に教えるべき徳目として重視するようにな
り、教育界と呼応した動きがみられる。

　明治20年代は、1889（明治22）年大日本帝国憲法発布後、翌年国会が初め
て召集され国家としての体制が整いつつある中、教育勅語が煥発されてい
る。1895（明治28）年には日清戦争に勝利し、天皇の臣下としての国民とい
う意識が浸透していく時期である。教育界では、1890（明治23）年小学校
令[1]において、小学校の目的を「児童身体の発達に留意して道徳教育および
国民教育の基礎ならびにその生活に必須なる普通の知識技能を授くる」と規
定し、道徳教育、国民教育を教育の中心に据えた。そのような中、1887（明
治20）年、自由民権論者の植木は『育幼論』で養育に関して論じている。人
の認識の視点では、人を善悪を自由に判断する人として認識し、子どもを尊
重し自尊心を育て自主独立を目指していた。

　幼稚園教育を見ると、1887（明治20）年に幼稚園数は全国で67園であった
が、1897（明治30）年には222園と徐々に増加する。神戸の頌栄幼稚園は、
1889（明治22）年、アメリカ人宣教師ハウによって設立された。ハウは、遊
びを通して幼児が互いに役割を果たし互いに尊敬をするようになることが、
幼稚園で幼児に教える一番大切なことと考えていた。1893（明治26）年『保
育学初歩』には、幼児の遊びには守るべき法則があり、「公共の社会に於い
て守らざるべからざる法則ハ幼稚園内にも行ハれんことを要す。他人の権利
を尊敬する事親切を為す事長者に従順なる事これ幼稚園に於いて守らざるべ
からざるものなり」[2]と述べられている。教育界においては、臣下として国
家に尽くすという国民教育が形成されていく時期に、特に欧米の宣教師によ

って設立されたキリスト教の幼稚園教育では、幼児がお互いを尊敬できるように善悪を自由に判断する人として認識している。なお、1896（明治29）年には、フレーベル会が設立され、『婦人と子ども』が創刊されている。1897（明治30）年には、京阪神三市聯合保育会が設立されている。

（2） 明治後期の相克

明治30年代に入ると、1902（明治35）年日英同盟締結、1904（明治37）年日露戦争勃発、1905（明治38）年日露講和条約調印と、戦争の渦が巻き起っていた。

明治30年代の『京阪神聯合保育会雑誌』における人の認識は、対立する認識が相克していた。道徳的には孝行という儒教文化における人間関係に基づいた善悪の判断基準を幼児に教えようとしつつ、保育者の保育行動をみると、物事を自由に判断する人として幼児を認識している。同時期の『婦人と子ども』における黒田や東による記事では、人を道徳的場面において自由に判断を行い実行すると認識していた。

同じような傾向は、愛珠幼稚園の『保育日記』（明治31年版）でみられる。修身話の徳目は友愛が多く、人間関係と言っても長幼ではなくなっている。そして、『保育日記』（明治37年版）では、幼児の興味・関心にそって保育を行ったり、幼児個々の記録が残されるようになったりと、幼児を自由に判断する人として認識するという特徴を示していた。

明治40年代には明治30年代の特徴がより鮮明となってくる。明治40年代初頭頃と思われる『保育要目草案』におけるように、天皇を中心とする国の中に人を位置づける人間関係に中において善悪の判断をする認識と、自由に善悪を判断する個人と認識することが併存する。1911（明治44）年『婦人と子ども』記載の「保育と実際」のように、保育者である宇式や鈴木の保育観に、人格を備えた個人として幼児を捉え、自主性を育む保育の実践がみられるようになる。

一方で、1909（明治42）年『婦人と子ども』記載の「個人の弊」において主従関係による権威に対する従順さを良しとすることや、御伽訓話「玉の靴」にみられるように、奨励される道徳的資質が、個人のやさしさから親孝行へと変容するように、共同体の中の人間関係によって人を認識することを良しと主張することも目立ってくる。

1909（明治42）年「幼稚園おける幼児保育の実際」では、天皇を頂点とする国家の中で、人を自由に判断する個人として認識している。個々の幼児の記録がなされるなど、一人ひとりへのまなざしがみられたり、保育活動において幼児の興味および発言を重視する様子が記載されている。また、「三ノ組」の保育活動の説明の間には、個々の幼児の様子が報告されており、「一ノ組」の談話の説明では、自己の考えを述べることを非常に重視している。一方で、保育活動に天皇に関する行事が導入されたり唱歌において「紀元節」が歌われていたりするように、天皇を頂点とする国家主義思想が保育に浸透し始めている。

以上、明治期における保育内容における「公正さ」を中心に、人の認識の視点における特徴を述べた。明治初期には、儒教文化の中で人を認識していたが、明治中期頃から徐々に幼児を個人として認識するようになるが、明治後期においては特に、幼児を個人として認識すると同時に、天皇中心の国家主義の中で幼児を位置付ける人間関係の中で人を認識するという特徴をもつ。

2．事態の把握における特徴

事態の把握における特徴を、第1章〜第4章のまとめにおいて表にしてきた。それらを表5-2にまとめた。明治初期からさまざまな事態の把握の軸が見出された。明治期を通してあらわれる特徴に、『民家童蒙解』における「感情」、『幼稚園初歩』における「人の評価」や「感情や気持ち」、明治後期の『京阪神聯合保育会雑誌』における「心情の円満さ」にみられる「感情」

終章　保育内容における日本的「公正さ」　203

に関わる言説である。明治初期から後期への変化では、保育においては中期には「友情」や「友愛」の軸がみられるが、後期から「天皇」や「軍隊」が明確に現れてくることである。また、キリスト教保育においては、「秩序と自由意志」、「自発性」、「機会の均等」などの軸がみられることが特徴である。

表5-2　事態の把握

	内容
『童蒙教草』（1872）	国を軸として事態を把握し、報恩をよしとする。
『民家童蒙解』（1874）	感情を軸として事態を把握する。 生活から乖離した状態で社会という軸がある。
『幼学綱要』（1882）	公と私という関係で事態を把握する。 公平を判断する事態の把握の軸は、私情。
『幼稚園初歩』（1885）	人の評価という軸。 感情や気持ちという軸。
『育幼論』（1887）	人民と政府を対置するという軸。 科学的理解という軸。
『保育学初歩』（1893）	友情の軸。　幸福の軸。　平和の軸。
『保育日記』（1898・1904）	友愛。
「保育事項実施程度」（1903）	善悪を判断する際に軍隊を容認するという軸。
『保育法講義録』（ハウ）（1903）	秩序と自由の軸。　美醜の軸。
『保育法講義録』（和久山）（1903）	自由意志・自発性の軸。　機会の平等の軸。
「幼児に適切なる談話の種類およびその教育的意義」（1905）	道徳的指導という軸において、 修身的訓戒に加えて徳性啓発が現れる。
『京阪神聯合保育会雑誌』（1898・1905・1906）	国家主義的尚武の心よりも、心情の円満さを重視するように、事態の把握の軸は幼児の心情重視の軸。
『保育要目草案』（1907頃）	社会的規則。天皇。軍隊。
「幼稚園における幼児保育の実際」（1909）	自由な発想や工夫を評価する軸。
『婦人と子ども』（1911）	社会的経済的成功という軸 臣下として天皇や国の為に尽くすという軸 道徳的資質の善さとしての従順と強さの軸 自由意志の軸

このような特徴を、保育の乱れという事態、けんかという事態において何を軸として把握していたかとしてまとめ考察したい。

(1) 保育の乱れという事態

保育の乱れという問題場面に関しては、秩序を重視するか、規則に従うことを重視するか、幼児の自由な発想や自己表現を重視するか、幼児を心理学的客観的に理解しようとするか、という軸を指摘できる。

① 秩序の重視

東京女子師範学校附属幼稚園の豊田は、保育者の計画あるいは保育の流れを乱すことは許さず、秩序の乱れを問題としていた。明治の初期には、保育者の指示に従順に従い、幼児が机にむかって静かに恩物に取り組んだり、保育者の話を聞く状態を良しとしていた。

② 規則の重視

頌栄幼稚園では、規則に従順であることが重視されている。この場合は、幼児が自由に自発的に規則に従順であることを目指している。ハウにおける秩序は神による調和である。そのような社会理解に基づいて社会の法則を守るように、幼稚園でも他人の権利を尊敬し長者に従順であることを幼児に求めている。また、愛珠幼稚園『保育要目草案』では、規則が徳目として示されていた。前述したように内容は、「路傍に小便をなし又は裸にて遊び巡査に誡められし子供の話」という卑近なものであるが、「公正さ」の根拠が規則であり、保育内容としての幼児の「公正さ」は、規則に従うことである。

③ 幼児の自由な発想や自己表現を重視

東京女子高等師範学校附属幼稚園において、明治42年になると、「幼稚園における幼児保育の実際」「一ノ組」の報告に特徴的にみられたように、意志の表現である意見を言うことや、想像力を高めることが重視されている。手技においても随意の活動がなされ、そこでの自由な発想や工夫が高く評価されるようになっている。

④ 心理学的客観的理解を重視

　心理学的な観察が、明治後期に新しく出現した。問題場面を道徳的発達という心理学的視点から客観的に捉えようとする軸である。『京阪神聯合保育会雑誌』には、談話を通して幼児の中に育成することとして、徳育という視点から訓戒を話すのではなくて、感性を育てることを重視する意見が述べられていた。また、雑誌『婦人と子ども』では、黒田定治による「児童の道徳的訓練」という記事が掲載され欧米における発達心理学に基づき、道徳を規則に従順であることとする思想を紹介している。父母・教師も法則に従うことが求められ、児童が自発的に法則に従うことが道徳的発達の目的としている。

（2）　けんかという事態

　保育活動において、よく生起する事態に幼児同士のけんかがある。その事態に対して、強くや仲良くという軸としてまとめられる幼児の資質という軸、他人に対する感情的理解という軸、望ましい倫理的行為という軸にまとめることができる。

① 幼児の資質という軸

　幼児の資質として、『婦人と子ども』において、強い子と弱い子という評価を幾人かの保育者が語っている。幼児が泣くという問題場面に対しても、「泣く子は弱い子どもである」から「泣かない強い子どもになれ」という指導が行われていた。また、愛珠幼稚園で戦争について語られるときの注意事項では、勇壮さを強調していた。このように、強く、勇壮という軸がみられる。一方で、幼児の資質として温和という軸がある。明治31年版の愛珠幼稚園保育日記では、保育の目的、友愛についての話が幼児に語られた談話では一番回数が多く、「仲良くする」ことを強調するようになった。京阪神三市聯合保育会の議論中、戦争に関しては「幼児の心性を害し敵愾心を助長させる」から戦争の話は保育者からは行わないという意見もあった。これらは、

幼児の資質という軸から事態を把握していると言えるだろう。
② 他人に対する感情的理解という軸

　『幼稚園初歩』の談話に対する飯島の解説では、人からどう思われるかという軸から事態を把握したり、好き嫌いなど感情や気持ちを軸として事態を把握していた。また、「幼児に適切なる談話の種類及その教育的価値」では、談話により想像力の発達を促して同情することができるようになることによって、道徳的思想行為の萌芽を養うとの見解を述べている。他の人間に対する感情的理解によって、善悪を判断し行動することができるようになるという道徳論である。けんかなどの事態に対して、他人に対する感情的理解を軸として事態を把握すると言える。
③ 望ましい倫理的行為という軸

　望ましい倫理的行為の軸では、他人に尽くす行為と、社会に尽くす行為がみられる。

　他人に尽くす行為は、愛珠幼稚園の『保育要目草案』の孝行という儒教思想に基づく倫理的行為と、慈善、博愛という西洋思想に基づく倫理的行為から考察できる。それぞれは、意味の重みをどこにおくかによって異なっている。孝行は、親に尽くす行為であり、親への従属というところに意味の重みがある。慈善では、善意に基づく行為というところに意味の重みがあり、博愛では、すべての人を平等に愛すというところに意味の重みがある。愛珠幼稚園では、明治後期に善意に基づく行為やすべての人々を平等に対象とするという思想が保育内容に加わったと考えられる。

　次に、社会に尽くす行為については、国のために尽くすことと公益とを見いだした。

　国のために尽くすは、明治後期の大きな特徴であると言える。儒教文化の中では忠義を社会に尽くす行為と考えた。保育においては、明治38年の『京阪神保育会雑誌』に、「幼稚園の保育主義は忠孝をもって基礎となすべき」であるが、ただし、孝行は幼児に教える大切な徳性ではあるが忠義は幼児に

難しい、という意見が述べられている。忠義の対象について考察すると、女子高等師範学校附属幼稚園の、1903（明治36）年「保育事項実施程度」から1909（明治42）年「幼稚園における幼児保育の実際」の間で大きな変化がみられる。前者では、天皇に関する話は、全体から見ればわずかである。後者では、天皇に関わる行事が保育の中に位置付けられる。同様に、愛珠幼稚園の『保育要目草案』にみられるように、徳目に「天皇陛下と皇后陛下」が加わる。またその根拠として「祖先」という徳目では日本神話が語られるようになる。天皇への忠義において功のあった加藤清正や名和長年が英雄として語られる。『婦人と子ども』では、保育者である後藤に国家主義の影響が強くみられ、教育勅語の主旨を保育活動で実践するように努力している。このように、明治後期には、天皇を忠義の対象として国のために尽くすという軸が現れる。

　一方で、同じ『保育要目草案』では、忠義よりも上位に公益という徳目が挙げられている。談話材料としては、積極的に社会に尽くすという題材ではなく、いたづらをして社会に迷惑をかけてはいけない、という話であるが、公益という思想が保育内容に出現したと言えるであろう。

3．解決方法における特徴

　解決方法における特徴を、第1章～第4章のまとめにおいて表にしてきた。それらを表5-3にまとめた。解決方法の分析の視点で示した4つの方法は、1つを除いて明治期を通してみられた。4つとは、(1) トラブルはあってはいけないもので、常に秩序を保つことを公正として保育者が対応しているもの、(2) 集団や権威に従って我慢することを公正として、倫理的向上が解決方法であるもの、(3) 幼児が自己の考えにそって行動することを公正として、自己決定を促すもの、(4) 誰も責任をとる必要のない偶然にまかせた解決を図るものであった。今回の分析でみられなかったのは、(4) の偶然にまかせた解決方法である。分析の視点 (1) から (3) に対応

表5-3　解決方法

	内容
『童蒙教草』（1872）	自由な自己決定を提唱する。 秩序を乱すことは許されない。
『民家童蒙解』（1874）	権威に従う。
『幼学綱要』（1882）	義や孝を重んじる儒教倫理による、人間関係を重視した問題解決。
『幼稚園初歩』（1885）	個人として自立する。 儒教的家族観の中で倫理を身につける。
『育幼論』（1887）	個々人が自発的に問題解決に取り組む。 子どもを脅かさない。間違った場合は親でも謝る。 親は干渉し過ぎない。
『保育学初歩』（1893）	規則を守る。 お互の権利を尊重する。
『保育日記』（1898・1904）	自己決定を促す。
「保育事項実施程度」（1903）	
『保育法講義録』（ハウ）（1903）	幼児に適した規則を与え確実に守らせる。 自発的に規則を守るようにする。
『保育法講義録』（和久山）（1903）	幼児を善良な方向に導くこと。 自由と結果への責任。 罪と罰の適合性。
「幼児に適切なる談話の種類およびその教育的意義」（1905）	他人を感情的に理解して問題解決する。 幼児との会話を通して問題解決する。
『京阪神聯合保育会雑誌』（1898・1905・1906）	寓話など勧善懲悪の内容に関して危惧が述べられ、行動を禁止するよりも良いモデルとなる行動を話すという、行為の積極的な面を強調する解決方法。
『保育要目草案』（1907頃）	幼児の興味中心。良いモデル提示。 幼児の心理的影響を考慮。
「幼稚園における幼児保育の実際」（1909）	幼児の気持ちに添って問題解決する。 自己解決を促す。
『婦人と子ども』（1911）	幼児の倫理的向上。 保育者が解決方法を提案し、幼児が自己決定する。

する解決方法として3つの特徴が見出された。（1）保育者による解決、（2）幼児の倫理的向上（3）幼児主体の解決である。

終章　保育内容における日本的「公正さ」　209

(1)　保育者による解決
① 　管理的指導

　明治初期の豊田による『保育の栞』では、保姆の権として保育者が幼児を「懲戒すべし」「諭すべし」「制すべし」と考えられていた。保姆と園児という人間関係において保姆の懲戒等に従うことが、保育内容としての幼児における「公正さ」であった。幼児への具体的対応としては、注意する、懲戒する、諭す、制するという形態となる。問題場面の解決方法として、まず考えられる方法と言えよう。明治初期には、保育者が問題場面と捉えた事態に対して、指導するという解決方法が一般的であったと思われる。明治中期に、道徳教育が教育の基礎として重視され、孝行などの徳目が教育の場に定着した時期、幼稚園においても従順さが強調されていた。『婦人と子ども』誌上で、山下は、理想の子どもとして、「すなほな子」を一番にあげている。

② 　良い行動の奨励

　解決方法として、明治後期に多くみられたのは、良い行動を奨励する関わりである。1907（明治40）年頃愛珠幼稚園の『保育要目草案』では、談話の注意事項に話の「積極的」な方面ということが意識されており、幼児の行動に対しては、禁止するのではなく良いことを奨励するとしている。同様に、1911（明治44）年『婦人と子ども』誌上で宇式は、「保育座右の銘」を示し、指導においては、禁止の言葉を避けると述べている。消極的な認識とその結果による消極的な言葉による指導ではなく、積極的な認識と言い方をすることを推奨しているのである。これは、解決方法においては大きな変化と言えるであろう。儒教文化においては、基本的に「〜するべからず」という形式で、行動規範が示されていた。明治後期に、保育者が禁止し指導するのではなく、良い行動指針を指導するとなったと言えるであろう。

(2)　幼児の倫理的向上

　明治後期『婦人と子ども』記載の「保育の実際」では、幼児が泣くという

問題場面に対して、後藤や佐藤は泣くことはわがままであると捉えたり泣かないことが強い子であるとしたりし、「強い子は泣かない」と指導する。この場合、幼児は保姆に従って泣くことを我慢するのである。後藤においては、服従や忍耐を躾けることを重視した「新入園児の取扱方」を奨励しているように、幼児の倫理的向上を解決方法としている。

(3) 幼児主体の解決
① 幼児の気持ちに従う

問題解決にどの程度幼児が関わるかとの視点でとりあげると、東京女子師範学校附属幼稚園の1884（明治17）年「幼稚園規則」に、幼児との応答を奨励する記載があるように、かなり早い時期からみられる。幼児が自身で工夫するように保育を行い、随意活動の際に幼児を観察し指導し、幼児の興味・関心を考慮した保育活動を行うよう言及されている。1903（明治36）年「保育事項実施程度」では、幼児の気持ちにそって問題解決を図ることが、「三ノ組」4月はじめの保育のねらいに特徴的にみられる。「子供をして無理にいやなことをなさしむるが如きは決してなさずあくまでも子供を標準としてできえる限り自由になしたる積りなり」と総括としている。同時期1904（明治37）年版愛珠幼稚園『保育日記』においても同じような傾向がみられる。個々の幼児の様子が記録されるようになり、幼児との談話が増加し、幼児の希望により保育活動を変更するなどが記されている。このように、幼児の気持ちにそって幼児が結果を選択することは、幼児が解決に取り組む一つの形態と言えるであろう。

② 自分で問題に取り組み解決する

幼児が自分で問題に取り組み解決するよう促すという形態もみられる。「保育事項実施程度」の「一ノ組」、手技の説明では、直接指導ではなく環境による指導によって、子どもが自分で問題に取り組み解決するよう促す様子が報告されている。画き方や紙摺みの説明において、幼児が自由に教材を使

用する環境が整えられていた。また、1911（明治44）年『婦人と子ども』では、雨森が「新入園児の取扱方法」で、家庭と同じような気持ちをもって幼稚園で過ごす事ができるよう、自由に自分のしたいことができるようにしていると、幼児が自己決定するという解決方法を示している。

4．保育内容における日本的「公正さ」

序章で仮定した日本的「公正さ」に関して、これまでの分析から抽出すると、人の認識から集団目的への自発的適応、事態の把握から他人に対する感情理解に日本的特徴を見いだした。

（1） 集団目的への自発的適応

人の認識における特徴は、明治初期には儒教文化の中で人を認識し、明治中期頃から徐々に幼児を個人として認識するようになったことである。本研究がとりあげた明治後期においては特に、幼児を個人として認識すると同時に天皇中心の国家の中に幼児を位置付け、人間関係の中で人を認識するという特徴をもっていた。

人を自由に善悪の判断を行う個人として認識することは、明治初期に福沢が啓蒙しようとしたように、個人主義思想として明治期に日本に流入している。社会状況から見れば、自由民権運動が起り選挙が行われ議会政治が始まり、民主主義が浸透しているようである。保育界においても、明治中期から個々の幼児の観察、個人差に対する配慮がみられ、明治後期になると幼児が自由に判断する環境を整えたり、幼児が自身の意見を述べるような保育活動が始まったりしている。

しかし、1890（明治23）年に教育勅語が煥発されてより明治後期にかけて、天皇を頂く国に対する忠義を道徳の基礎とした国民教育が強化されていった。保育においては、孝行が明治期と通して幼児に教えられていたが、明治後期になると、天皇に関する話や神話が保育教材となっており、国民教育

の影響を明らかに受けていた。この場合、人の認識は、日本という共同体の中にあって、天皇の臣下として幼児は自己を位置づけることになる。善悪の判断は、自由に行われるのではなく共同体のより上の者の判断に従うこととなる。あるいは、判断を行うことはなくより上の者の指示に従い行動することが正しい行いとなる。

このように、日本においては、人の認識として、個人主義的認識と儒教文化に基づいた認識が併存している。これはどのように可能であるのだろうか。また、どのような「公正さ」となっているのだろうか。

丸山は、「儒教的民本主義が結局、政治的権威の慈恵的統治を出でず、その人間尊重からは人権理念を内在的に導き出すことはできない」[3]と述べている。明治期の儒教的民本主義には、民主主義においては属性として個人に備わる人権は存在しなかったと言えるであろう。丸山の考えを借りれば、明治後期の「公正さ」は、個人は慈恵的に与えられた範囲において、自由に善悪を判断し行動するという形で併存を可能にしていると言えるであろう。

一方、アイゼンシュタットは、明治イデオロギーという捉え方をして説明を試みる。明治イデオロギーでは、個人を基礎とする業績志向と、集団志向的な枠組みとの間の緊張と矛盾があった。つまり独立独歩の人を目指していたが、社会的経済的成功を目指すという特徴があり、日本的個人主義と言える。そこで、アイゼンシュタットは、日本的個人主義は、明治末頃から国家主義的な「国体」思想によって囲い込まれるとともに、「近代化を推し進める日本の全体的集団目的に縛り」[4]つけられたと考える。その結果、原理的な個人主義は日本においては、ほとんどエゴイズムと決めつけられ、建設的な権力中枢への開かれた回路をもつ自律的な市民社会の再構築にはつながらなかったとしている。アイゼンシュタットの考えを借りれば、明治後期の「公正さ」は、隠された形での人間関係に基づく善悪の判断と考えられる。日本という国の全体的集団的目的を無自覚にあたかも個人が自由な判断を行ったかのように認識し、善悪の判断を行うという形での併存である。

終章　保育内容における日本的「公正さ」　213

　明治後期の保育内容における人の認識は、個人主義的認識と儒教文化に基づいた認識が併存している状態である。丸山が言うように人として尊重するという意識がみられる。しかし、アイゼンシュタットが言うように無自覚というでは訳ではなく、日本という全体的な集団目的に自覚的に適応するように保育していると考えられる。明治後期の保育内容における「公正さ」の人の認識では、個人として尊重し、同時に日本という全体的な集団目的に自覚的自発的に適応して善悪の判断を行うことが、日本的特徴と言えるであろう。

(2)　他人に対する感情的理解
　「公正さ」の分析の視点としての事態の把握では、明治期の特徴で述べたように、明治期を通してあらわれた特徴は「感情」に関わる言説である。そこで、他人に対する感情的理解を通して、公正判断を行う日本的特徴について考察したい。
　アイゼンシュタットは、「日本人の人格観において情緒的感受性が非常に重視されていること、しかもその感受性が、かなり独特な形で、社会的役割の遂行と関わっている（中略）『精神』は、より功利主義的で手段的な動機とは対照的に、強い義務の意識、情緒的感受性を重視する個人主義的傾向を含意している。」[5]と述べている。同様のことを加藤も「日本の『気持』主義、『心』尊重主義です。このように日本社会の一方には、外面的な形式主義があり、他方には極端な主観主義がある。」[6]と述べている。
　では、この感情を重視することがどのように保育内容における「公正さ」と関係するのであろうか。アイゼンシュタットは、内面の感情の重視は真正なものへの探求を伴うと述べ、そういう感受性の一つの現れが「精神」であるとしている。この「精神」は一途な目的志向をもち、様々な理不尽をも含む困難を乗り越えることができるという特徴があると述べている。どのように強い気持ちであるかが価値あることなのである。一途であることに正当性

が付与されるのである。さらに、それと対照して「西洋的な高潔さ、原理的一貫性の重視は日本人には、生真面目で、あわただしく、厳格だと受け取られるようだ。」とも述べている。

　また、加藤は日本の集団内部の秩序維持の装置という意味で、２つの特徴を指摘する。一つは極端な形式主義であり、もう一つは極端な「気持ち」尊重主義である。実際にどういう行動であったにしろ、その動機が重視され、その際の当人の「気持ち」や「心」が重視される。したがって、「悪気で言ったのではない」や「悪気でやったのではない」ことで、行動や結果がどうであれ、正当性が付与されるのである。

　明治後期の保育内容における「公正さ」の事態の把握においても、他人に対する感情的理解という軸がみられた。この場合は、他の人間に対する感情的理解によって、善悪を判断し行動することができるようになると述べられている。

　保育内容における「公正さ」の日本的特徴として他人に対する感情理解が見出されたが、著者が期待していた事態の把握における正しさの軸は見出されなかった。自分が正しいと思う行動は何であるか、「公正さ」について正しさを巡って幼児と考えることは、保育記録や実践に見出すことはできなかった。

5．今後の課題

　以上の考察を終えてみると、分析方法の問題点と分析結果からの疑問が課題として残った。

　「公正さ」を分析する視点を人の認識、事態の把握、解決方法として、多くの資料を分析した。人の認識では結局のところ儒教倫理によるのか個人主義倫理によるのかとなったが、「公正さ」の視点としては必要な視点であった。事態の把握においては、非常に多くの軸がでてきた。とりあげた資料がテーマとするところで、事態の軸を見出せるからである。それらをまとめて

終章 保育内容における日本的「公正さ」 215

いく作業の中で、最後には保育の乱れとけんかという事態に集約していった。この集約が果たして妥当であるのか、著者の持つ「公正さ」における事態の把握に対する偏向がある可能性も否定できない。また、事態を問題があるとして捉えないという事態の把握は、保育記録に残らないため資料からの分析で現れることはない。以上のような分析方法における問題点が今後の課題となる。

　次に、分析結果からは、「公正さ」の解決方法（4）であげた偶然に従う方法がでてこなかった。実際の保育場面ではよく見受けられる行動ではあるが、これも保育記録として書きとめておくことは稀であると思われる。保育内容における「公正さ」は、保育中の保育者のさまざまな日常的行為に現れるものである。研究方法として、保育観察による分析も今後の課題となる。

第2節　現代保育への示唆

　前節で、保育内容における「公正さ」の日本的特徴について述べた。本節では、それらの特徴が現在の「幼稚園教育要領」において見出されるかどうかを検証し、その上で、「公正さ」を志向し集団を形成する主体としての幼児を育てるために、保育活動について、また保育者のかかわりについて若干の示唆を述べたい。

1．「幼稚園教育要領」における日本的特徴

　「公正さ」の日本的特徴である集団と個人について、幼稚園教育要領を検証する。幼児期の「生きる力」として幼児が自立的な生活態度を培うことができるよう教育課程を編成するよう述べられているが、これは「幼児期には、自我が芽生え、自己を表出することが中心の生活から、他者とかかわり合う生活を通して、他者の存在を意識し、自己を抑制しようとする気持ちも生まれるようになり、自我の発達の基礎が築かれていく」[7]という発達観に

基づいている。また、「生活に必要な能力や態度などの獲得のためには、遊びを中心とした生活の中で、幼児自身が自らの生活と関連付けながら、好奇心を抱くこと、あるいは必要感をもつことが重要である。」[8]と、態度の獲得のために幼児の好奇心や必要感を重要視している。総則第1節幼稚園教育の基本では、幼児期の教育は人格形成の基礎を培うことが明記されており、幼児が主体性を発揮して自ら活動を展開することが、幼稚園教育が目指しているものである[9]としている。また、幼児期の特性として、一人一人の発達の特性に応じた指導が重視され、幼児一人一人がもつその幼児らしい見方、考え方、感じ方、かかわり方を理解することが保育者に求められている。これらのことから、幼稚園教育要領では、幼児を個人として捉え、幼児が自己を発揮しつつ善悪の判断を自分で行う、という人の認識を示していると考えられるであろう。

　では、個人と集団との関係はどのように捉えられているだろうか。集団生活に対する教師の役割は、「一人一人の思いや活動をつなぐよう環境を構成し、集団の中で個人のよさが生かされるように、幼児同士がかかわり合うことのできる環境を構成していく」[10]とされている。このような環境のなかで、幼児が集団のなかで主体的に取り組んでいるかどうかを教師が見極め、さらに、学級は幼児が仲間意識を培う基本となる集団であるとして、時期に応じた学級づくりに言及している。そして、「幼児は、様々な友達とのかかわりの中で多様な経験をし、よさを相互に認め合い、友だちとは違う自分にょさに気づき、自己を形成していく。(中略)このような集団での活動を通して、自分たちのもの、自分たちの作品、そして、自分たちの学級という意識が生まれ、幼稚園の中の友達やもの、場所などに愛着をもち、大切にしようとする意識が生まれる。」と幼児が集団の中で育つ姿を示している。

　次に、領域の中で、個人と集団の関係はどのように捉えられているかを確認しておきたい。領域人間関係の(7)友達のよさに気付き、一緒に活動する楽しさを味わう、についての解説では、「それぞれの違いや多様性に気付

いていくことが大切である。また、互いが認め合うことで、より生活が豊かになっていく体験を重ねる」[11]と、集団の質についての言及がある。集団の中で幼児たちは、個々がお互いに他者を認め合うような関係を持ち、お互いが意見を言い合うことのできる関係を持つ。(8)友達と楽しく活動する中で、共通の目的を見いだし、工夫したり、協力したりなどする、についての解説では、「さらには、学級全体で協力して遊ぶことができるようになっていく。学級全体で行う活動の場合、幼児は、小さなグループでは味わえない集団での遊びの楽しさや醍醐味を感じることができる。」[12]と、集団活動の規模について述べている。そういう集団活動で重要なことは、「一緒に活動する幼児同士が、目的を共有し、一人では得られないものに集中していく気分を感じたり、その中で工夫し合ったり、力を合わせて問題を解決したりして、自分も他の幼児も生き生きするような関係性を築いていくことである。」[13]と、集団内での幼児同士の関係性について述べている。また、(11)友達と楽しく生活する中できまりの大切さに気付き、守ろうとする、についての解説では、「幼稚園生活には、生活上の様々なきまりがある。幼児は、集団生活や友達との遊びを通して、これらのきまりがあることに気付き、それに従って自分を抑制するなどの自己統制力を徐々に身に付けていく。(中略)単にきまりを守らせることだけでなく、必要性を理解したうえで、守ろうとする気持ちをもたせることが大切である。」[14]と、規範意識について述べている。領域「人間関係」の内容の取扱い(2)の解説では、「教師の重要な役割の一つは、教師と幼児、さらに、幼児同士の心のつながりのある温かい集団を育てることにある。(中略)その一人一人がかけがえのない存在ととらえる教師の姿勢から生まれてくるのである。」[15]として、一人一人を尊重する教師の心のあり様が、幼児たちがお互いを認め合い尊重し合う集団に影響を与えると指摘している。

　このように、現在の幼稚園教育要領の理念は、個人は尊重されるように、またその集団内で意見が自由に述べられる関係であるようにとされている。

その集団と個人との関係では、個人が集団の中で成長していくこと、自我を形成していくことが何度も述べられている。学級規模の集団的活動については、目的を共有し協力して問題解決すると述べられている。これらの理念は、民主主義に基づいた個人を尊重した理念と言えるであろう。

しかし、ここで指摘できるのは、幼児が集団を形成していく主体であるとの視点が希薄という特徴である。集団の質や集団の規模については述べられており、集団の中で成長する幼児については述べられているが、どのように幼児が集団を形成していくかについては述べられていない。「公正さ」を育む場合、個々の幼児が集団の中で育つのみならず、個々の幼児が徐々により大きな集団を形成していく主体であるとの視座が必要である。

（2） 事態の把握における「気持ち」と「正しさ」

明治後期の保育内容における「公正さ」の日本的特徴として、他人に対する感情的理解という軸がみられると分析した。しかし、正しい行動は何であるか、正しさを巡って幼児と考えることはみられなかった。では、現在の幼稚園教育要領にはどのような特徴がみられるであろうか。

① 善悪の判断

善悪の判断についての言及は、まず総則の発達段階の定義にみられる。「他者とのかかわり合いの中で、様々な葛藤やつまずきなどを体験することを通して、将来の善悪の判断につながる、やってよいことや悪いことの基本的な区別ができるようになる時期である。」[16]とある。領域人間関係の内容の取り扱い（4）では、「道徳性の芽生えを培うに当たっては、基本的な生活習慣の形成を図るとともに、幼児が他の幼児とのかかわりの中で他人の存在に気付き、相手を尊重する気持ちをもって行動できるようにし、また、自然や身近な動植物に親しむことなどを通して豊かな心情が育つようにすること。特に、人に対する信頼感や思いやりの気持ちは、葛藤やつまずきをも体験し、それらを乗り越えることにより次第に芽生えてくることに配慮するこ

と」[17]と、道徳性の芽生えを培う言及の中で、「特に」との書き出しで、「人に対する信頼感」や「思いやりの気持ち」を重視していることを示している。そして、その解説では、「自他の気持ちや欲求は異なることに気付かせ、自分の視点からだけでなく相手の視点からも考えることを促して、他者への思いやりや善悪の捉え方を発達させる。」[18]としており、善悪の判断を他者の気持ちや人間関係から捉えるという日本的特徴がみられる。

内容の取扱い（5）では、「集団の生活を通して、幼児が人とのかかわりを深め、規範意識の芽生えが培われることを考慮し、幼児が教師との信頼関係に支えられて自己を発揮する中で、互いに思いを主張し、折り合いをつける体験をし、きまりの必要性などに気付き、自分の気持ちを調整する力が育つようにすること。」[19]とし、幼児が葛藤の中で、自分の気持ちの調整をすることに視点が置かれている。また、解決方法としては、気持ちに視点が置かれているので、気持ちの「折り合いをつける」という解決方法となる。したがって解説では、「友達とかかわりを深め、互いに思いを主張し合う中で、自分の思いが受け入れられないこともあり、相手と折り合いをつけながら遊ぶ体験を重ねていくことが重要である。」[20]とある。気持ちを重視しているところに、他人への感情的理解という軸がみられ、ここでも日本的特徴を示していると言えるであろう。

② 教師の指導

善悪の判断に対する教師の指導について確認をしておきたい。第1章総説第1節幼稚園の基本5教師の役割では、「ここで教師は、幼児一人一人の発達に応じて、相手がどのような気持ちなのか、あるいは自分がどのようにすればよいのかを体験を通して考えたり、人として絶対にしてはならないことや言ってはならないことがあることに気づいたりするように援助することが大切である。また、集団の生活にはきまりがあることに気づき、そのきまりをなぜ守らなければならないかを体験を通して考える機会を与えていくことが重要である。」[21]としており、道徳性の芽生えにおいて、相手の気持ちを理

解することが重視され、どのように行動するか、「公正さ」に関しては体験を通して考える、とのみの記載である。また、規範意識に関しても、きまりをなぜ守らなければならないかについて考えるとあるが、どうすることが正しい行動かという視点での指導については述べられていない。このことは、領域人間関係内容の取扱い（5）においてもみられる。「自分の気持ちを調整しつつ周囲との関係をつくることができるようになる中で、次第に自分の思いを大切にしながら、きまりを守ることができるように、教師は適切な援助をする必要がある。」[22]と、幼児が気持ちを調整して、周囲との関係をつくる、つまり集団の中に存在するとしており、集団の中で自分の気持ちを調整することで集団に適応するという、前項で指摘したように、集団を形成するのではなく、集団に適応するということに重みが置かれている。次に、自分の思いときまりが並列される中では、自分の思いときまりとの間で正しい行動を選択する段階が欠如している。きまりは守るべきものとして幼児の前に提示されており、自分の思いや行為の善悪について考える視座が欠如していると言える。

　では、正しさを考えさせる教師の指導に関する記述は、幼稚園教育要領にはないのであろうか。領域人間関係の内容（9）の解説では、「人としてしてはいけないことに対しては、悪いと明確に示す必要がある。このように、教師はときには、善悪を直接的に示したり、また、集団生活のきまりに従うように促したりすることも必要になる。」[23]との記述があり、教師が幼児に、善悪を直接的に明確に示す必要性を述べている。また、「幼児は、他者とかかわる中で、自他の行動に対する様々な反応を得て、よい行動や悪い行動があることに気付き、自分なりの善悪の基準を作っていく。とくに信頼し、尊敬している大人がどう反応するかは重要であり、幼児は大人の諾否に基づいて善悪の枠を作り、また、それを大人の言動によって確認しようとする。したがって、教師は幼児が何をしなければならなかったのか、その行動の何が悪かったのかを考えることができるような働き掛けをする必要がある。そし

て、人としてしてはいけない事は『悪い行為である』ということを明確に示す必要がある。」[24]とあり、幼児が善悪について考える指導の必要性を述べている。

しかし、続いての解説で相手の気持ちから善悪を判断するとあり、「公正さ」の事態の把握を他人に対する感情理解とする日本的特徴が示される。「ただし、幼児であっても、友達とのやり取りの中で、自分の行動の結果、友達が泣いたり、怒ったり、喜んだりするのを見て、自分が何をやったのか、それがよいことなのか悪いことなのか自分なりに考えることはできる。教師は、ただ善悪を教え込むのではなく、幼児が自分なりに考えるように援助することが重要である。」[25]との記述がある。この場合、教師は幼児が直面する事態に対して、「友達が泣いたから」、「友達が悲しい気持ちになったから」と感情理解を促すことになる。他人に対する感情理解となっている。

解説の中で繰り返された言説は、「相手の視点から考えることを通して、他者への思いやりや善悪の捉え方を発達させる」[26]である。幼稚園教育要領では、領域人間関係内容（10）にあるように、「他者との様々なやり取りをする中で、自他の気持ちとは異なった他者の気持ちを理解した上での共感や思いやりのある行動ができるようになっていく。自己中心的な感情理解ではなく、相手の立場に立って考えられるようになるためには、友達とかかわり、感情的な行き違いや自他の欲求の対立というような経験も必要である。」[27]と、気持ちの理解が非常に重視されており、日本的特徴が明治後期より継続していると言えるであろう。また、善悪を考えさせる指導を行うようにと記述されているが、内容は他人への感情理解による善悪の判断となっており、自己の行為を自己の善悪基準に照らして考えるという自分の「正しさ」との葛藤がないことを指摘できる。

2．正しさを志向する意志をもち集団を形成する主体としての幼児

前項で、現在の幼稚園教育要領では、民主主義に基づいた個人を尊重した

理念の下、主に領域人間関係を中心に、幼児の自立と集団づくりが目標として掲げられているが、幼児が集団を形成していく主体であるとの視座が希薄であると指摘した。そこで、正しさを志向する意志をもち集団を形成する主体としての幼児を育成するため、保育者のかかわりや保育活動について述べ若干の示唆としたい。

（1） 正しさを志向する意志を育む援助

　自己の行為の善悪を考える際に、自己の善悪基準との葛藤がないと指摘した。現在の子どもたちが抱える課題、教育の課題を考えるとき、自分で善悪を判断し、その判断に従って行動できること、正しさを志向する態度を養う事は重要である。小1プロブレムにしても、いじめ問題にしても、「公正さ」の視点から言えば、倫理的に正しい事、正しい行為は分かっていても、行動が伴っていない。つまり、自己の善悪基準に従った行動がとれないのである。日本的な「公正さ」において欠けている、正しさを志向する態度を幼児期にこそ育みたい。正しさを志向する態度を育むことは、生涯にわたる人格形成の基礎として、その後の教育期間における集団生活、また社会人となった時に所属する集団において、規範を守るのみならず、自己の善悪基準に基づいて行動するという人間として最も自律した態度へとつながる。では、具体的には、どのような保育者の援助が、こうした態度を育むだろうか。

　『幼稚園教育要領解説』では、「幼児一人一人に応じた指導をするには、教師が幼児の行動に温かい関心を寄せる、心の動きに応答する、共に考えるなどの基本的な姿勢で保育に臨むことが重要である。」[28]と述べられている。このように、幼児の生活の中で、幼児が善悪の判断場面に向かいあったときも、常に保育者がそばでともに考えたり、ときには、善悪の判断を示したりする生活を保育者と幼児は送っている。その中で、現在の保育者は、幼稚園教育要領に示されているように、けんかの際には「相手の気持ち」を代弁して伝え、相手がどのような気持ちでいるかを想像し理解する手助けをしてい

ることが多いであろう。保育者は、「○○ちゃん、△△ちゃんは、どんな気持ちかな？」というような言葉で問いかける。すると、幼児は相手の気持ちを思いやり、自分の気持ちとの葛藤では、「おりあいをつけ」て、相手が納得のいく行動を選ぶのである。極端に言えば、相手との関係でおりあいをつけることになる。同年齢でも意見を押し通す幼児に対し、遠慮気味の幼児は自分の意見を引いておりあいをつけるだろう。これでは、けんかは収拾するかもしれないし、幼児は自分の気持ちとの葛藤を経験したかもしれないが、正しい行動を選択しようとする葛藤は経験していない。

　保育者は、けんかの際に、「○○ちゃん、△△ちゃん、正しくする事はどうすることかなあ？」と問いかけることもできる。この場合、幼児は「正しい事はこうすること、でも自分はこうしたい」と倫理観と自己の欲求との間の葛藤を経験する。このような葛藤こそが、自律した人間を育む葛藤と言えるのではないだろうか。保育者は、幼児が「自分は正しい行動をする！」という意識を持ち、「正しい行動をしたい！」という意欲を持つことができるような関わりをしていくことが重要である。

　幼児が正しさを志向する意志を持つような保育者のかかわりは、日々の保育にある。日々の「正しい事は何？」という問いかけを通して、幼児は自己の欲求と倫理観との葛藤を経験し、生涯を通して自己の善悪基準に合致する行動をとる自律した人間になることができるだろう。

（2）　集団を形成する主体としての幼児

　個人と集団との関係で重要なことは、集団を形成している個人が、①あるテーマについて自己決定すること、②それを集団内で自己表現すること、③集団での決定に向けて討論すること、④集団での決定を実行することの4段階であろう。これらを満たすような保育活動が、集団を形成する主体としての幼児を育むことになる。

　たとえば、『道徳性の芽生えの育成　心を育てる幼児教育』[29]では、「集団

で暮らす喜びを味わうようにする」ために、ルールのある遊びを薦めている[30]。そこでは、大勢が一緒に遊ぶ楽しさを知って、ルールを逸脱すると遊びが成り立たないので自己主張することや自己抑制を学ぶとしている。確かにルールのある遊びを通して、集団の中で幼児が行動することを学ぶのであるが、どういう集団での遊びが適切であるかについて、もう少し具体化していきたい。

カミイとデブリースによる『集団あそび 集団ゲームの実践と理論』[31]では、よい集団ゲームの基準として3点[32]をあげている。①どうやったらよいかを幼児たちが自分で考えられるような興味性と挑戦性がある、②幼児たちが自分でゲームの結果を判断できる、③ゲームに全員が積極的に参加できる、である。例えば、鬼ごっこでこの基準について考えてみたい。好きな遊びの時間に、年長児のうち鬼ごっこがしたいと思う幼児が6人くらい集まって、鬼ごっこという集団ゲームをしたと想定する。①に対しては、したい幼児が集団で遊びたいという気持ちを満たし、追いかけられたり追いかけたりという中にいろいろなルールを創造していく挑戦性を持っている。②については、鬼が他の幼児を捕まえるというシンプルな結果を目で見て判断できる。③に関しては、『全員が』というところに疑問符が付く。6人と想定したが、鬼によく追いかけられる幼児は楽しいが、なかなか追いかけてもらえない幼児は、ゲームから抜けていくという場面もみられる。また、ゲームのルールについての話し合いにおいても、6人というグループ規模は、意見を強く主張する幼児が主導権をにぎるという場合が多い。

もう一度、『幼稚園教育要領解説』を確認すれば、「幼児一人一人のよさを生かしながら協同して遊ぶようになるためには、集団のなかのコミュニケーションを通じて共通の目的が生まれてくる過程や、幼児が試行錯誤しながらも一緒に実現に向かおうとする過程、いざこざなどの葛藤体験を乗り越えていく過程を大切に受け止めていることが重要である。」[33]と、幼児一人一人が集団の中で試行錯誤する必要性、また自己表現する必要性について述べてい

る。一人一人の幼児が自己決定し、自己表現できる集団規模を考える必要があるのではないだろうか。

　そこで、考えられるのは、2～3人規模の小グループ活動を行うことである。2～3人のグループで培われる社会性については、ビュッヘルらによる以下のような実践報告[34]がある。

　　・共に、規則に従い行動する。
　　・共に、何かを計画し働く。
　　・自分の意見や必要性に関する考えを持って、議論して自己主張する。
　　・他の幼児との話し合いを通して、自然と納得する。
　　・活動は、幼児たちがお互いに調整することを要求する。
　　・小グループは、独立して決定を行う。
　　・グループ全体とその結果に、責任を負う。

　2～3人の小グループ活動のこのような特徴は、幼児が集団を形成していく主体となるように、十分に自己主張し討論し納得して共に行動する経験を得ることができる教育方法と言えるであろう。より大きな集団での活動を行う前に、特に3～4歳児においては、いきなり4人やもっと人数の多い集団活動を行うのではなく、2～3人の集団で自己発揮し協同する喜びを得ることが必要である。また、5歳児においても、より深く考え議論するには、小さな集団での討論が適切と思われる。物事に深く取り組む姿勢を養うためには、5歳児においての2～3人の小グループ活動が効果的だろう。このような2～3人の小グループ活動を行うことによって、日本的な集団への関わり方を変化させることが可能となる。既存の集団に参加するという意識を、自己が集団を形成するという意識へ転換させ、集団を形成する主体としての幼児を育成するのである。このような2～3人の小グループ活動を、意図的に保育課程に組み入れることが現在の保育に必要であろう。

注

1　内閣官報局『法令全書』第二十四冊、内閣官報局、1887-1912。
2　ハウ，A.L.「保育学初歩」1893、福音社、岡田正章監修『明治保育文献集』にほんらいぶらり、1977、p.241。
3　丸山眞男『丸山眞男講義録［第7冊］』、東京大学出版会、1998、p.249。
4　アイゼンシュタット，S.N.、『日本　比較文明論的考察　1』岩波書店、2004、p.64。
5　アイゼンシュタット，S.N.、『日本　比較文明論的考察　3』岩波書店、2010、p.97。
6　加藤周一「日本社会・文化の基本的特徴」『日本文化のかくれた形』岩波現代文庫、1984、p.41。
7　同上書、p.9。序章　第2節幼児期の特性と幼稚園教育の役割　1幼児期の特性（1）幼児期の生活②他者との関係。
8　同上書、p.10。序章　第2節幼児期の特性と幼稚園教育の役割　1幼児期の特性（2）幼児期の発達①発達のとらえ方。
9　同上書、p.21。第1章　総説　第1節　幼稚園教育の基本2環境を通して行う教育（2）幼児の主体性と教師の意図。
10　同上書、p.39。第1章　総説　第1節　幼稚園教育の基本2幼稚園教育の基本に関して重視する事項（5）教師の役割　②集団生活と教師の役割。
11　同上書、p.87。第2章　ねらい及び内容　第2節　各領域に示す事項2人とのかかわりに関する領域「人間関係」。
12　同上書、p.88。第2章　ねらい及び内容　第2節　各領域に示す事項2人とのかかわりに関する領域「人間関係」。
13　同上書、p.88。第2章　ねらい及び内容　第2節　各領域に示す事項2人とのかかわりに関する領域「人間関係」。
14　同上書、p.91。第2章　ねらい及び内容　第2節　各領域に示す事項2人とのかかわりに関する領域「人間関係」。
15　同上書、p.94。第2章　ねらい及び内容　第2節　各領域に示す事項2人とのかかわりに関する領域「人間関係」。
16　同上書、p.12。序章　第2節幼児期の特性と幼稚園教育の役割　1幼児期の特性（1）幼児期の生活③発達の特性。
17　同上書、p.99。第2章　ねらい及び内容　第2節　各領域に示す事項　2人とのかかわりに関する領域「人間関係」内容の取扱い。

終章　保育内容における日本的「公正さ」　227

18　同上書、p.98。第2章　ねらい及び内容　第2節　各領域に示す事項　2人とのかかわりに関する領域「人間関係」内容の取扱い。
19　同上書、p.99。第2章　ねらい及び内容　第2節　各領域に示す事項　2人とのかかわりに関する領域「人間関係」内容の取扱い。
20　同上書、p.100。第2章　ねらい及び内容　第2節　各領域に示す事項　2人とのかかわりに関する領域「人間関係」内容の取扱い。
21　同上書、p.40。第1章　総説　第1節　幼稚園教育の基本2幼稚園教育の基本に関して重視する事項　(5) 教師の役割　②集団生活と教師の役割。
22　同上書、p.100。第2章　ねらい及び内容　第2節　各領域に示す事項　2人とのかかわりに関する領域「人間関係」。
23　同上書、p.88。第2章　ねらい及び内容　第2節　各領域に示す事項　2人とのかかわりに関する領域「人間関係」。
24　同上書、p.89。第2章　ねらい及び内容　第2節　各領域に示す事項　2人とのかかわりに関する領域「人間関係」。
25　同上書、p.98。第2章　ねらい及び内容　第2節　各領域に示す事項　2人とのかかわりに関する領域「人間関係」。
26　同上書、p.98。第2章　ねらい及び内容　第2節　各領域に示す事項　2人とのかかわりに関する領域「人間関係」。
27　同上書、p.90。第2章　ねらい及び内容　第2節　各領域に示す事項　2人とのかかわりに関する領域「人間関係」。
28　文部科学省、前掲書、p.32。第1章　総説　第1節　幼稚園教育の基本　3幼稚園教育の基本に関連して重視する事項　(3) 一人一人の発達の特性に応じた指導③一人一人に応じるための教師の基本姿勢。
29　神長美津子編著『道徳性の芽生えの育成　心を育てる幼児教育』東洋館出版社、2004。
30　同上書、p.38。
31　カミイ，C.，デブリース，R. 著　成田錠一監訳『幼稚園　保育所　集団あそび　集団ゲームの実践と理論』北大路書房、2000。
32　同上書、p.5。
33　文部科学省、前掲書、p.97。第2章　ねらい及び内容　第2節　各領域に示す事項　2人とのかかわりに関する領域「人間関係」。
34　P.Büchel H.Gretler-Kägi Susi Schmid "Immer drüü mitenand... kleingruppen als Unterrichtesform im Kindergarten" Lehrmittelverlag des Kantons Zürich

1995, S. 6.

引用・参考文献

[A]

アーガイル，M.・ヘンダーソン，M. 著、吉森護編訳『人間関係のルールとスキル』、北大路書房、1992。

安部崇慶『芸道の教育』ナカニシヤ出版、1997。

アイゼンシュタット，S.N. 著、梅津順一・柏岡富英訳『日本　比較文明論的考察１−３』岩波書店、2004、2006、2010。

愛珠幼稚園（大阪教育センター愛珠文庫所蔵）

『愛珠幼稚園志留辨』、1880。

『東京女子師範學校撰　愛珠幼稚園訂正　幼稚園唱歌』、1880。

『出席表（1月、4月）』（手書き）、1882。

『書籍目録簿』（手書き）、1883。

『愛珠幼稚園幼児保育法傳習科規則』、1886。

『大阪市幼稚園規則』、1889。

『幼稚園規則』、1893。

『保育日記　三ノ組』（手書き）、1897〜1899。

『幼稚園準則』（手書き）、1902。

『〔愛珠幼稚園〕沿革誌』、1903。

『愛珠幼稚園規則』（手書き）、1904。

『保育日記　第一ノ部』（手書き）、1904。

『保育日記　第六ノ部』（手書き）、1904。

『保育日記　第一ノ部』（手書き）、1905。

『保育日記　第六ノ部』（手書き）、1905。

『日露戦争　紀念帖』（幼児の描画）、不明。

『保育要目草案』（手書き）、不明。

『愛珠　壱　所蔵圖書目録（明治・大正編）』、1968。

秋山治子「東京女子師範学校附属幼稚園の保育音楽について：先行研究の検証及び音楽美学的立場からの考察」『白梅学園短期大学紀要』33、pp.57-72、1997。

阿久根直哉「明治初期における外国教育受容に関する一考察―E，シュタイガーと幼

児教育に関連して」『琉球大学教育学部紀要　第一部・第二部』32、pp.145-164、1988。

青木輔清『民家童蒙解（巻一・二）』同盟社、1874。

　　　『民家童蒙解（巻三・四・五）』温故堂、1876。

青山佳代「明治期における幼児教育の展開：愛知県の事例」『金城学院大学論集人文科学編』7（1）、pp.117-127、2010。

荒木見悟　責任編集『朱子　王陽明　世界の名著続4』中央公論社、1974。

アリストテレス著、高田三郎訳『ニコマコス倫理学』（上）（下）岩波書店、1971。

アルマン，W. 著、鈴木利章訳『中世における個人と社会』ミネルヴァ書房、1970。

アザール，P. 著、野沢協訳『ヨーロッパ精神の危機』法政大学出版局、1973。

[B]

ブルンナー，E. 著、寺脇丕信訳『正義―社会秩序の基本原理』聖学院大学出版会、1999。

[C]

Chambers, William & Chambers, Robert 著：福沢諭吉訳『童蒙をしへ草』尚古堂、1872。

Chambers, William & Chambers, Robert *"Chambers's educational course; The Moral Class-Book"* W. & R. Chambers. Edinburgh, 1889.

千葉昌弘「植木枝盛の自由教育論――集成並びに解題」『高知大学教育学部研究報告』第1部、pp.187-196、1993。

　　　「近代以降日本道徳教育史の研究　第3報　植木枝盛の道徳教育論の検討」『高知大学教育学部研究報告』第1部（57）、pp.75-81、1999。

[D]

弾琴緒、弾舜平、柳原喜兵衛「改正教育令」『戸長必携甲編　明治元年1月-14年9月』国立国会図書館近代デジタルライブラリー、pp.364-372、1881。

Damon, W. *"Eary conseptions of positive justice as related to the development of logical operations"* Child Development, 46 pp.301-312, 1975.

　　　"The Moral Child: nurturing children's natural moral growth", THE FREE PRESS, 1988.

[E]

Eisenstadt, S.N. *"Japanese Civilization"*, University of Chicago Press, 1995.

越中康治「被分配者の努力要因が幼児の分配行動に及ぼす影響」『広島大学心理学研究』4、pp.103-113、2004。

　　　「制裁としての攻撃の正当性に関する幼児の認知（2）」『広島大学心理学研究』4、pp.115-128、2004。

越中康治「幼児の分配行動に及ぼす被分配者の努力・能力要因の影響」『広島大学心理学研究』5、2005、pp.177-185。

　　　「仮想場面における挑発、報復、制裁としての攻撃に対する幼児の道徳的判断」『教育心理学研究』53（4）、2005、pp.479-490。

　　　「攻撃行動に対する幼児の善悪判断の発達的変化」『広島大学大学院研究科紀要　第三部　教育人間科学関連領域』55、2006、pp.227-235。

　　　「制裁としての攻撃に対する幼児の善悪判断に及ぼす損害の回復可能性の影響」『広島大学大学院研究科紀要　第三部　教育人間科学関連領域』55、2006、pp.237-243。

　　　「攻撃行動に対する幼児の善悪判断に及ぼす社会的文脈の影響；社会的領域理論の観点から」『教育心理学研究』55（2）、2007、pp.219-230。

　　　「保育士及び幼稚園教諭と小学校教諭の道徳指導観に関する予備的検討」『宮城教育大学紀要』46、2011、pp.203-211。

[F]

藤井嘉津美「明治初期における西洋幼児教育の受容過程―明治6年ウィーン万国博を中心にして」『広島大学教育学部紀要．第一部』(31)、pp.25-35、1982。

藤永芳純「道徳教育の多義性」『岩波応用倫理学講義6 教育』岩波書店、pp.165-179、2005。

福原昌恵「草創期幼稚園における唱歌遊戯［2］愛珠幼稚園における保育を中心に」『新潟大学教育学部紀要．人文・社会科学編』33（2）、pp.99-111、1992。

　　　「1880年より1899年に至る愛珠幼稚園における保育内容の変化」『新潟大学教育学部紀要　人文・社会科学編』37（1）、pp.1-17、1995。

　　　「明治年間の愛珠幼稚園書籍所蔵について―遊戯書とその利用を中心に」『舞踊教育学研究』（4）、pp.42-46、2002。

フレーベル会『婦人と子ども』第一巻―第十一巻、1901-1911、幼児の教育復刻刊行会『復刻幼児の教育』名著刊行会、1979。

古橋和夫「和田實の幼児教育論—遊戯論と遊戯分類法について」『研究紀要』31、pp.105-112、聖徳大学短期大学部、1998。

古市久子「文化財総合調査〔大阪市立〕愛珠幼稚園に所蔵される教材資料について」『大阪の歴史と文化財』（7）、pp.18-28、2001。

二見素雅子「フェアネス概念成立についての一考察—ヨーロッパにおける『個人』に関する観念の変遷との関連において—」『聖和大学論集—教育学系—』第27号 A、pp.219-229、1999。

――――「保育における小グループ活動（1）（2）」『大阪キリスト教短期大学紀要』(38) pp.145-191、1998、(40) pp.45-51、2000。

――――「幼児期の道徳教育 – 学習指導要領との比較を通して–」『大阪キリスト教短期大学紀要』(43)、pp.61-68、2003。

――――「明治時代の幼稚園教育における道徳教育—修身話を中心に—」『乳幼児教育学研究』(14)、pp.109-119、2006。

――――「日露戦争前後の幼稚園教育における国家主義思想の影響—愛珠幼稚園における保育内容および保育方法の変化を通して—」『大阪キリスト教短期大学紀要』(46)、pp.65-78、2005。

――――「修身教科書『民家童蒙解』が示す欧米化の一様相」『大阪教育大学幼児教育学研究室・エデュケア』27号、pp.25-40、2007。

――――「『童蒙教草』における人間に関わる概念についての一考察—原語と翻訳語の比較を通して—」『関西教育学会研究紀要』第8号、pp.16-33、2008。

――――「保育者の『公正さ』研究の位置づけについての一考察」『大阪キリスト教短期大学紀要』(49)、pp.103-116、2010。

――――「明治中期の幼児教育関係書における保育者の『公正さ』概念についての比較」『教育実践学論集』12号、pp.1-13、2011。

二見素雅子・山名裕子・戸田有一・橋本祐子・卜田真一郎・玉置哲淳「幼児の分配行動に関する調査手続きの検討 – 予備調査の実施過程からの考察 – 」『エデュケア』23、pp.17-28、2003。

[G]

グレーヴィチ, アーロン著、川端香男里　栗原成郎訳『中世文化のカテゴリー』岩波書店、1992。

[H]

Harrison, Elizabeth, "*A Study of Child-Nature: from the kindergarten standpoint*", Chicago; Chicago Kindergarten Trainig School, 1891.

　　"In Story-land", Project Gutenberg, 1895.

花折了介「和田實の幼児教育思想における自由保育への視座」『幼年児童教育研究』17、p.1-11、2005。

原担、黒坂知帆里「大阪市立愛珠幼稚園の現状に関する若干の考察（1）：設立経緯と現在の使われ方について」『学術講演梗概集　E―1　建築計画Ⅰ、各種建物・地域施設、設計方法、構法計画、人間工学、計画基礎』pp.283-284、1995。

　　「大阪市立愛珠幼稚園の現状に関する若干の考察（2）：アンケート調査について」『学術講演梗概集　E―1　建築計画Ⅰ、各種建物・地域施設、設計方法、構法計画、人間工学、計画基礎』pp.285-286、1995。

橋川喜美代　松本なるみ「子どもの"こだわり"に寄り添う保育（2）トラブル場面に見られる保育者の道徳性と乳幼児のこだわりとの関係を探る」『鳴門教育大学紀要』20、pp.27-36、2005。

　　「A・L・ハウの幼児教育思想とキリスト教主義」『鳴門教育大学研究紀要教育科学編』20、pp.81-91、2005。

長谷川宏「青木輔清の履歴と著作について」『行田市郷土博物館研究報告』第4集、pp.1-9、1997。

橋本祐子「社会道徳的発達に関する研究の教育実践への適用――認知発達的アプローチを中心に―1―」『聖和大学論集』19、pp.123-130、1991。

ハウ、アンニー・エル著、坂田幸三郎訳『保育学初歩』福音社、1893。

　　『保育日誌1908－1909』（手書き）（頌栄短期大学図書館所蔵）。

　　定平和佐久訳「保育法講義録」、私立岡山縣教育會、1903：岡田正章監修『明治保育文献集』第九巻、pp.4-87、日本らいぶらり、1978。

　　井上訳『幸福なる可能事』頌栄保姆伝習所、1917。

服部裕「近代ヨーロッパの本質と近代日本―個人主義の問題をめぐって―」『秋田大学教育学部研究紀要　人文科学・社会科学部門』51、pp.45-53、1997。

平野武夫「道徳の本質と価値葛藤の場の構造（1）"道徳教育学"の構想のための基礎的研究」『京都教育大學紀要　A　人文・社会』29、pp.25-72、1966。

　　「道徳の本質と価値葛藤の場の構造（2）"道徳教育学"の構想のための基礎的研究」『京都教育大學紀要　A　人文・社会』30、pp.99-140、1967。

廣田佳彦「教育と『宗教的情操』―近代日本における『天の意識』の検討を中心に―」

『教育学科研究年報（関西学院大学文学部教育学科）』第24号、pp.11-17、1998。
久山まさ子「子どもの絵の史的研究（2）：幼児教育ジャーナリズムにみる明治後期」『日本教育学会大会発表要旨』48、p.60、1989。
日吉佳代子「誘導保育に関する一考察：和田実と倉橋惣三の保育理論について」『日本保育学会大会研究論文集』43、pp.8-9、1990。
　「和田実の保育思想－その形成過程と発展（2）：中村五六、東基吉、和田実のかかわりについて」『日本保育学会大会研究論文集』48、pp.10-11、1995。
　「『幼児の教育』ネット公開に寄せて（9）：『幼児の教育』誌に見る和田實の『感化誘導の保育』」『幼児の保育』108（9）、pp.34-39、2009。
帆苅猛「『婦人と子ども』に見る明治期日本の幼児教育の基礎づけ―家庭教育と学校教育のはざまで」『関東学院大学人間環境学会紀要』（1）、pp.1-12、2004。
堀江一晃「日本的集団主義対個人主義から共生・共同へ」『立命館法学』5・6号、pp.1389-1411、pp.147-169、1995。

[I]

家永三郎「植木枝盛とキリスト教―日本プロテスタント史研究―5―」『福音と世界』12（5）、新教出版社、1957。
　「植木枝盛と仏教―近代的革新思想と仏教との結びつきの一例」『日本仏教史』通号4、pp.1-11、1958。
伊吹山眞帆子「遅れて来たおたまじゃくし：雑誌『婦人と子ども』の中の楽譜」『幼児の教育』95巻3号、pp.12-20、1996。
飯島半十郎「幼稚園初歩」、岡田正章監修『明治保育文献集』第四巻、日本らいぶらり、1977。
稲田嶺一郎「明治期の就学前唱歌教育―5―東基吉と『幼稚園唱歌』」『美作女子大学・美作女子大学短期大学部紀要』（30）、pp.19-30、1985。
井上和子『衡平理論に関する研究とその展開』北大路書房、1999。
井上義巳『日本教育思想史の研究』勁草書房、1978。
石田一良「和光同塵の思想と『愚管抄』―古代における仏教日本化の軌跡（外来思想の日本的展開）」『季刊日本思想史　人文・社会編』22、ぺりかん社、pp.18-30、1984。
　「「カミ」と日本文化（第40回神道宗教学会公開講演）」『神道宗教』126、pp.1-31、1987。
石川謙『我が國における兒童観の發達』振鈴社、1949。

石川松太郎・直江広治編『武士の子・庶民の子（上）（下）日本子どもの歴史３・４』第一法規、1977。

伊東多三郎　責任編集『中江藤樹　熊沢蕃山　日本の名著11』中央公論社、1976。

岩本俊郎・志村欣一・田沼朗・浪本勝年編『[新版] 史料・道徳教育の研究』北樹出版、1982。

岩崎允胤『日本近代思想史序説［明治期後編］上』新日本出版社、2004。

岩谷十郎「法文化の翻訳者：ことばと法と福澤諭吉」福沢諭吉協会（編）『福澤諭吉年鑑』30号、福沢諭吉協会、pp.99-111、2003。

[K]

鹿毛基生・佐藤尚子『人間形成の歴史と本質』学文社、1998。

海後宗臣　編纂『日本教科書大系　近代編　第一巻　修身（一）』講談社、1961。

掛本勲「教科書検定制度成立過程に関する一考察」『皇学館論叢』37巻２号、pp.1-24、2004。

柿岡玲子「幼稚園保育の成立過程―明治期を中心に」『安田女子大学大学院文学研究科紀要』5、pp.97-118、1999。

「明治後期の幼稚園教育論の展開（１）教育雑誌を中心に」『安田女子大学大学院文学研究科紀要　教育学専攻』6、pp.97-113、2000。

「東基吉の幼稚園教育論の研究」『保育学研究』39（２）、pp.151-159、2001。

「明治後期の幼稚園教育論の展開（２）東基吉の唱歌論を中心に」『安田女子大学大学院文学研究科紀要』7、pp.37-54、2001。

「東基吉の談話論」『児童教育研究（安田女子大学）』(13)、pp.95-103、2004。

『明治後期幼稚園保育の展開過程』風間書房、2005。

神里博武・神山美代子「昭和戦前・戦中期における沖縄の託児事業（１）」『日本保育学会大会研究論文集』49、pp.26-27、1996。

神山美代子・神里博武「昭和戦前・戦中期における沖縄の託児事業（２）」『日本保育学会大会研究論文集』49、pp.28-29、1996。

「戦時下における沖縄の幼児教育」『日本保育学会大会研究論文集』52、pp.184-185、1999。

「沖縄の農村社会事業と季節保育所；沖縄における季節保育所の起こりを中心に」『日本保育学会大会研究論文集』52、pp.442-443、1999。

神山美代子「沖縄の保育施設の概念と形成の過程―明治中期～昭和20年敗戦まで」『沖縄キリスト教短期大学紀要』28、pp.46-63、1999。

金谷治『孔子　人類の知的遺産4』講談社、1980。

金本佳世「幼児の音楽教材に関する一考察―東基吉の唱歌遊戯論と滝廉太郎、東クメ編『幼稚園唱歌』を中心として」『武蔵野音楽大学研究紀要』20、pp.1-16、1988。

笠間浩幸「屋外遊具施設の発展と保育思想：砂場の歴史を中心に（1）」『北海道教育大学紀要、第一部、C、教育科学編』43、pp.91-105、1993。

「〈砂場〉の歴史（2）：明治期における〈砂場〉の普及と教育思潮」『日本保育学会大会研究論文集』47、pp.666-667、1994。

「〈砂場〉の歴史（3）：明治期の幼児教育施設における〈砂場〉のルーツ」『日本保育学会大会研究論文集』49、pp.562-563、1996。

「〈砂場〉の歴史（4）：〈砂場〉の起源をドイツに探る」『日本保育学会大会研究論文集』50、pp.120-121、1997。

「屋外遊具施設の発展と保育思想（2）：明治期の保育思潮と〈砂場〉」『北海道教育大学紀要教育科学編』49（1）、pp.91-103、1998。

河合隼雄・鶴見俊輔編『現代日本文化論9　倫理と道徳』岩波書店、1997。

加藤周一・丸山真男『翻訳の思想　日本近代思想大系15』岩波書店、1991。

川本隆史『現代倫理学の冒険』創文社、1995。

『ロールズ　正義の原理』講談社、1997.

京阪神三市聯合保育会『京阪神保聯合育会雑誌』1号―27号、1898―1911。

見城悌治「近代日本社会における大原幽学の『発見』」『歴史科学と教育』18、pp.21-38、1999。

衣笠安喜『近世儒学思想史の研究』法政大学出版局、1976。

キリスト教保育連盟百年史編纂委員会編 "ANNUAL REPORT OF THE JAPAN KINDERGARTEN UNION" 第7巻、日本らいぶらり、1985。

『日本キリスト教保育百年史』キリスト教保育連盟、1986。

喜舎場勤子「沖縄県那覇高等尋常小学校附属幼稚園の設立に関する一考察―1879年頃から1893年頃までを中心に」『保育学研究』39（2）、pp.144-150、2001。

「沖縄県の幼稚園大衆化過程に関する一考察―明治末期を中心として」『沖縄キリスト教短期大学紀要』(31)、pp.43-57、2002。

「沖縄県における善隣幼稚園に関する考察―設立時期を中心として」『保育学研究』44（2）、pp.104-113、2006。

「沖縄県のおける善隣幼稚園に関する考察2：定着過程に着目して」『保育学研究』46（2）、pp.267-276、2008。

「沖縄県やえやま幼稚園に関する研究（1）設立趣意書と園則の分析を中心に」

『沖縄キリスト教短期大学紀要』40、pp.89-102、2012。
　　　「沖縄やえやま幼稚園に関する研究（2）保育内容の分析を中心に」『沖縄キリスト教短期大学紀要40、pp.103-112、2012。
北川久美子「明治期の幼児教育における〈お話〉に関する一考察－保育雑誌『婦人と子ども』に掲載された西洋の談話」『東海大学短期大学紀要』（41）、pp.1-6、2007。
狐塚和江「倉橋惣三の初期思想形成―「婦人と子ども」誌の論考を中心に」『教育学研究紀要』45（1）、pp.134-139、1999。
　　　「倉橋惣三の児童保護論（1）倉橋惣三の児童保護論と幼稚園教育」『教育学研究紀要』46、pp.127-132、2000。
　　　「倉橋惣三の児童保護論における教育と保護の統一」『倉敷市立短期大学研究紀要』37、pp.35-40、2002。
　　　「倉橋惣三の児童保護論における子ども観－幼稚園の母親の子ども観と比較して」『倉敷市立短期大学研究紀要』39、pp.27-33、2003。
　　　「倉橋惣三の児童保護論と子どもの権利―『子どもの権利条約』の視点から」『人間教育の探求』16、pp.39-58、2003。
　　　「倉橋惣三の児童保護論における親の養育責任―社会的支援に着目して」『倉敷市立短期大学研究紀要』41、pp.23-31、2004。
　　　「倉橋惣三のペスタロッチー理解―児童保護論をめぐって」『人間教育の探求』18、pp.59-81、2005。
　　　「倉橋惣三の保育思想における子どもの権利保障論―児童保護論を中心に」『教育実践学論集』6、兵庫教育大学大学院連合学校教育学研究科、pp.1-12、2005。
　　　「倉橋惣三の児童保護論の保育実践における意義」『倉敷市立短期大学研究紀要』44、pp.1-10、2006。
　　　「倉橋惣三の保育思想における家族援助論－児童保護論を中心に」『教育実践学研究』8（2）、日本教育実践学会、pp.23-32、2006。
小林恵子「『幼稚園初歩』を著わした飯島半十郎について」『日本保育学会大会発表抄録』30、p.112、1977。
　　　「飯島半十郎の生涯とその思想（その一）：『幼稚園初歩』の著者（人でつづる保育史）」『幼児の教育』76（9）、pp.40-45、1977。
　　　「飯島半十郎の生涯とその思想（その二）：『幼稚園初歩』の著者（人でつづる保育史）」『幼児の教育』76（10）、pp.16-22、1977。
　　　「飯島半十郎の生涯とその思想（その三）：『幼稚園初歩』の著者（人でつづる保

育史)」『幼児の教育』76（11）、pp.8-14、1977。
小池長之「明治時代の道徳教育教材にあらわれたる宗教思想」『東京学芸大学紀要　第2部門　人文科学』20、pp.142-164、1969。
小泉仰監修西洋思想受容研究会編『西洋思想の日本的展開　福沢諭吉からジョン・ロールズまで』慶應義塾大学出版会、2002。
小久保圭一郎「明治期の日本の幼稚園教育におけるボール遊びの普及過程」『乳幼児教育学研究』15、pp.85-95、2006。
小森陽一『日本語の近代』岩波書店、2000。
小森陽一・千野香織・酒井直樹・成田龍一・島薗進・吉見俊哉編『近代知の成立　岩波講座　近代日本の文化史3』岩波書店、2002。
近藤幹生「就学年齢の根拠に関する一考察」『日本保育学会大会研究論文集』55、pp.182-183、2002。
　　「明治中期における就学年齢の議論に関する一考察」『長野県短期大学紀要』59、pp.45-54、2004。
　　「三島通良（みしまみちよし）の論文『学生調査資料・就学年齢問題』（1902年）に関する一考察：学生成熟をめぐって」『保育学研究』43（1）、pp.51-58、2005。
　　「明治中期における就学年齢の議論の背景」『長野県短期大学紀要』61、pp.17-27、2006。
　　「明治中期の教育雑誌にみる就学年齢の議論－『教育時論』の議論を中心に」『幼児教育史研究』2、pp.1-13、2007。
小鹿良太「福沢諭吉の思想的源流を探る――『西洋事情外編』に見られる翻訳の問題－」『東京大学大学院教育学研究科紀要』、pp.351-360、1996。
輿水智津「明治30年代後半の幼稚園における音楽教育：雑誌「婦人と子ども」を資料として」『清和女子短期大学紀要』12号、pp.77-87、1983。
　　「明治40年代の幼稚園における音楽教育：雑誌「婦人と子ども」を資料として」『清和女子短期大学紀要』13号、pp.13-19、1984。
高祖敏明「明治初期翻訳教科書に関する一考察―青木輔清編「小学教諭民家童蒙解」の原書をめぐって―」『上智大学教育学論集』11、pp.84-101、1976。
　　「文部省『小学教則』（明治5年9月）の『民家童蒙解』」『教育学研究』第44巻第1号、pp.23-32、1977。
是沢博昭「明治期の幼児教育政策の課題と変容－教育対象としての子どもの誕生」『保育学研究』35（2）、pp.338-345、1997。
　　「『簡易幼稚園』から『幼稚園』へ：明治20年代の幼稚園の実情」『日本保育学会

大会研究論文集』51、pp.342-343、1998。

「恩物批判の系譜：中村五六と附属幼稚園分室の再評価」『保育学研究』42（2）、pp.121-128、2004。

是澤優子「幼稚園教育における〈お話〉の位置づけに関する研究」（その１）：明治期の「談話」にみる日本昔話を中心に」『東京家政大学研究紀要　1　人文社会科学』39、pp.79-88、1999。

「幼稚園教育における〈お話〉の位置づけに関する研究（その２）：幼児向け昔話における教育的視点」『東京家政大学研究紀要　1　人文社会科学』40、pp.93-102、2000。

小柳康子「雑誌『婦人と子ども』にみる育児観と育児方法──明治期を中心として」『九州教育学会研究紀要』32、pp.69-76、2004。熊谷開作「『権利』の語の定着時に脱落した二つの観念」『近代日本の法学と法意識』法律文化社、1991。

國吉栄「東京女子師範学校附属幼稚園創設とキリスト教（I）：幼稚園草創期を再検討する試みの一環として」『日本保育学会大会研究論文集』49、pp.20-21、1996。

倉橋惣三・新庄よし子『日本幼稚園史』東洋図書、1930；復刻版、臨川書店、1980。

桑原昭徳「倉橋惣三の幼児教育方法論前史―1912（明治45）年『森の幼稚園』まで」『研究論叢　第3部　芸術・体育・教育・心理』42、山口大学教育学部、pp.225-241、1992。

「倉橋惣三の幼児教育方法論（I）：『間接教育』論の生成過程」『教育方法学研究：日本教育方法学会紀要』18、pp.151-158、1993。

「倉橋惣三の戸外保育論―1―」『研究論叢　第3部　芸術・体育・教育・心理』44、山口大学教育学部、pp.159-168、1994。

[L]

Lind, E.A. & Tyer T.R. *"The Social psychology of procedural justice."* Plenum Press, 1998.

リンド，E.A.・タイラー，T.R. 著、菅原郁夫・大渕憲一訳『フェアネスと手続きの社会心理学―裁判、政治、組織への応用―』ブレーン出版、1995。

ルークス，S　プラムナッツ，J. 著、田中治男訳『個人主義と自由主義』平凡社、1987。

[M]

前田晶子「明治初期の子育て書における発達概念の使用―近代日本における発達概念

理解についての一考察―」『鹿児島大学教育学部研究紀要　教育科学編』鹿児島大学教育学部、pp.219-227、2005。

前村晃「豊田芙雄と草創期の幼稚園教育に関する研究（2）：鹿児島女子師範学校附属幼稚園の設立と園の概要」『佐賀大学文化教育学部研究論文集』12（1）、pp.53-71、2007。

牧野由理「幼稚園黎明期における造形教育の研究（1）」『美術教育学：美術科教育学会誌』31、pp.343-352、2010。

丸山真男「原型・古層・執拗低音―日本思想史方法論についての私の歩み―」『日本文化のかくれた形』pp.87-151、岩波書店、1984。

『丸山眞男集』第四巻、第九巻、第十巻、岩波書店、1995、1996、1996。

丸山眞男・加藤周一『翻訳と日本の近代』岩波書店、1998。

松田道雄訳「和俗童子訓」、松田道雄編集『貝原益軒　日本の名著14』中央公論社、1979。

松井秀一「江戸期儒学者の教育観について：貝原益軒の『和俗童子訓』を中心に」『札幌大谷短期大学紀要』14/15号、pp.81-94、1981。

松井泰子・魚住美幸・平野良明「幼児期からの道徳教育」日本道徳教育学会編『道徳と教育』49（1・2）、pp.293-296、2004。

松本園子「野口幽香と二葉幼稚園（1）：先行研究の検討」『淑徳短期大学研究紀要』46、pp.117―129、2007。

茗井香保里「和田実における幼児期の音楽的遊戯（舞踏）についての一考察」『日本保育学会大会研究論文集』52、pp.222-223、1999。

明治文化研究會『明治文化全集第五巻　雑誌編』日本評論社、1968。

三浦国雄『朱子　人類の知的遺産19』講談社、1979。

三宅茂夫「幼児期の道徳性の芽生えを培う教育に関する基礎研究『心の育ち』をめぐる幼稚園児の保護者・教師の意識」『教育学研究紀要』47〈1〉、pp.463-468、2001。

「幼児期の道徳性の芽生えを培う教育の構築――デューイのコミュニケーション理論を視座として」『日本デューイ学会紀要』43号、pp.160-165、2002。

「幼児期における道徳性教育の展開（1）デューイのコミュニケーション論を視点として」『湊川短期大学紀要』40、pp.43-54、2004。

宮永孝『日本洋学史―葡・羅・蘭・英・独・仏・露語の受容』三修社、2004。

宮坂広作「明治中期における幼児教育の諸断面：近代日本幼児教育史ノート（1）」『論集（東洋英和女学院大学）』1、pp.51-75、1962。

「明治後期における幼児教育の諸断面:近代日本幼児教育史ノート(2)」『論集(東洋英和女学院大学)』2、pp.31-59、1963。

「明治末期における幼児教育の諸断面:近代日本幼児教育ノート(3)」『論集(東洋英和女学院大学)』3、pp.29-47、1964。

文部科学省『2001我が国の教育統計:明治・大正・昭和・平成』財務省印刷局、2001。

『幼稚園における道徳性の芽生えを培うために事例集』ひかりのくに、2001。

『幼稚園教育要領解説』2010。

http://www.mext.go.jp/a_menu/shotou/new-cs/youryou/youkaisetsu.pdf。

文部省(国立国会図書館近代デジタルライブラリー)

『小学教則』、1873。

『文部省布達全書』、1881。

『幼稚園教育百年史』ひかりのくに、1979。

文部省内教育史編纂会『明治以降教育制度発達史』第三巻、教育資料調査会、1938。

森川輝紀『国民道徳論の道』三元社、2003。

森岡和子「植木枝盛の『育幼論』について(その3):時代的背景及び婦人解放論・育児天職論との関係」『日本保育学会大会研究論文集』(36)、pp.22-23、1983。

森岡健二「開化期翻訳書の語彙」佐藤喜代治編『講座日本語の語彙 第6巻 近代の語彙』明治書院、pp.63-82、1982。

森末伸行『正義論概説』中央大学出版部、1999。

森上史朗「わが国における保育内容・方法の改革(1):東基吉の改革論を中心に」『日本女子大学紀要 家政学部』31、pp.1-6、1984。

元田永孚『幼学綱要』宮内省所蔵版、国立国会図書館近代デジタルライブラリー、1881。

「教学大旨」『近代日本思想大系』30明治思想集Ⅰ、筑摩書房、p.264、1976。

「教育附議」『近代日本思想大系』30明治思想集Ⅰ、筑摩書房、pp.268-270、1976。

村井実『善さの復興』東洋館出版社、1998。

『人間と教育の根源を問う』小学館、1994。

村川京子「『少国民絵文庫』における十五年戦争末期の絵本の特徴」『大阪薫栄女子短期大学児童教育学科研究誌』6、pp.27-35、2000。

「近代日本の0―1―2歳からの絵本とその受容」『大阪薫英女子短期大学研究紀要』35、pp.73-84、2000。

無藤隆「幼稚園教育 これからの幼稚園教育に期待するもの――道徳性と知性の発達

にむけて」文部科学省教育課程課・幼児教育課編『初等教育資料』703、pp.80-86、東洋館出版社、1999。

「幼稚園教育　幼児期に道徳性を育てる」文部科学省教育課程課・幼児教育課編『初等教育資料』737、pp.82-88、東洋館出版社、2001。

[N]

永井理恵子「明治後期における大阪市愛珠幼稚園舎の形態に関する一考察」『学術講演梗概集. F—2, 建築歴史・意匠』1997、pp.31-32、1997。

永田桂輔「京阪神保育會雑誌にみる唱歌教育の方法」『倉敷市立短期大学研究紀要』22、pp.47-55、1993。

「京阪神保育會雑誌にみる唱歌教育の方法（その二）」『倉敷市立短期大学研究紀要』24、pp.43-52、1994。

「京阪神聯合保育會雑誌に見る唱歌教育（その四）」『倉敷市立短期大学研究紀要』26、pp.113-120、1996。

内閣官報局『1887-1912法令全書』（国立国会図書館近代デジタルライブラリー）。

内藤知美「明治前期の幼児教育における19世紀アメリカの影響（1）：長老派婦人宣教師の活動とその意味」『日本保育学会大会研究論文集』52、pp.446-447、1999。

「明治前期の幼児教育における19世紀アメリカの影響（2）：お茶場学校の活動とその意味」『日本保育学会大会研究論文集』53、pp.458-459、2000。

内藤俊史「道徳教育と倫理的相対主義」『教育学研究』第46巻第1号、pp.42-52、1979。

仲正昌樹『歴史と正義』御茶の水書房、2004。

仲手川良雄編著『ヨーロッパ的自由の歴史』南窓社、1992。

南原一博『近代日本精神史』大学教育出版、2006。

名須川知子「戸倉ハルの遊戯観に関する研究」『日本保育学会大会研究論文集』52、pp.204-205、1999。

「保育内容『表現』の史的変遷：昭和前期・戸倉ハルを中心に」『兵庫教育大学研究紀要、第1分冊、学校教育・幼児教育・障害児教育』20、p.121-135、2000p。

「幼児期の身体表現教育における『定型性』の意味：戸倉ハルの遊戯作品分析を手がかりに」『兵庫教育大学研究紀要、第1分冊、学校教育・幼児教育・障害児教育』21、pp.75-86、2001。

「戸倉ハルの遊戯観（Ⅲ）：歌曲と振りの関連から」『日本保育学会大会研究論文集』54、pp.238-239、2001。

名須川知子・田中亨胤「明治期の幼稚園における保育時間割の研究：京阪神地域を中心に」『兵庫教育大学研究紀要．第1分冊』23、pp.49-57、2003。
　「大正・昭和前期における保育時間割の研究－龍野市龍野幼稚園を中心に」『兵庫教育大学研究紀要、第1分冊、学校教育・幼年教育・教育臨床・障害児教育』24、pp.49-58、2004。
　『唱歌遊戯作品における身体表現の変遷』風間書房、2004。
日本保育学会『日本幼児保育史』第一巻・第二巻、フレーベル館、1968。
日本キリスト教保育連盟『日本キリスト教保育百年史』、百年史編纂委員会　キリスト教保育連盟、1986。
　『ANNUAL REPORT OF THE JAPAN KINDERGARTEN UNION』　第7巻、1985。
日本基督教団全国教会幼稚園連絡会『新キリスト教幼児教育の原理』日本基督教団出版局、1979。
日本聖書協会『新共同訳聖書』、1995。
西垣光代「A.L.ハウの恩物理解について：その概括的考察」『日本保育学会大会発表論文抄録』（36）、pp.10-11、1983。
　「A.L.ハウの美的教育について」『日本保育学会大会発表論文抄録』（37）、pp.48-49、1984。
　「A.L.ハウの宗教教育について」『日本保育学会大会発表論文抄録』（39）、pp.412-413、1986。
西小路勝二「子どもに寄り添う保育実践の黎明：大阪市立愛珠幼稚園の保育記録（明治28～40年）からの論考」『保育学研究』49（1）、pp.6-17、2011。
西村茂樹「権理解」『明六雑誌』第四十二号、1875；明治文化研究會編『明治文化全集　第五巻　雑誌編』日本評論社。
西谷啓治　武田清子編『思想史の方法と対象』創文社、1961。
新渡戸稲造著『Bushido, the Soul of Japan』1897；奈良本辰也訳『英語と日本語で読む武士道』三笠書房、2009。
ノージック, R. 著、島津格訳『アナーキー・国家・ユートピア』木鐸社、1998。
野口伐名「明治幼児教育史に関する一考察；中村正直の幼児教育観」『弘前大学教育学部紀要A』33、pp.25-38、1975。
Nozick, R. "Anarchy, States, and Utopia" Basic Books, 1974.

[O]

小畑隆資「植木枝盛とキリスト教―枝盛における「天賦自由」論の成立」『文化共生学研究』(2)、pp.49-69、2004。

お茶の水女子大学教育学部附属幼稚園『年表　幼稚園百年史』国土社、1976。

小田豊・押谷由夫『保育と道徳』保育出版社、2006。

尾形利雄「福沢諭吉訳『童蒙教草』(明治5年) について」国際アジア文化学会 (編)『アジア文化研究』No.6. pp.48-60、1999。

小川澄江「東京女子師範学校附属幼稚園の創設と中村正直の幼児教育観―東京女子師範学校附属幼稚園創設以前の幼児教育を中心に」『国学院大学栃木短期大学紀要』(34)、pp.25-46、1999。

「東京女子師範学校附属幼稚園の創設と中村正直の幼児教育観 (2) 田中不二麿の東京女子師範学校附属幼稚園開設の建議から中村正直の東京女子師範学校附属幼稚園の創設へ」『国学院大学栃木短期大学紀要』(35)、pp.47-71、2000。

「東京女子師範学校附属幼稚園の創設と中村正直の幼児教育観 (3) ―中村正直の幼児教育実践論を中心に」『国学院大学栃木短期大学紀要』(36)、pp.27-56、2001。

「飯島半十郎の幼稚園教育観」『国学院大学栃木短期大学紀要』37号、pp.49-81、2002。

岡隆・古畑和孝・明田芳久・橋本康男・清水保徳・井口眞美・三神　淳子・小林　琢哉「道徳性の発達に関する心理学的基礎：第12報告：(その2) HEART 園児版の得点と担任保育者評価との関係」『日本教育心理学会総会発表論文集』(41)、p.609、1999。

岡田正章「明治初期の幼児教育の実態とその特性」『日本教育学会大会発表要旨集録』17、p.31、1958。

「明治初年の幼児教育論」『日本教育学会大会発表要旨集録』21、pp.182-183、1962。

岡山県「第四十号教育令」『太政官布告書　明治7年1―12月』、pp.248-251、(国立国会図書館近代デジタルライブラリー)、1880。

奥平康照「子どもの自主性を育てる親と保育者と教師の仕事―道徳と教育 (国民教育の創造をめざす教育科学の確立―子ども・青年の発達と父母・住民の教育参加―第20回教育科学研究会全国大会特集号) ― (分科会報告)」『教育』31 (13)、pp.116-122、国土社、1981。

大渕憲一編著『日本人の公正観―公正は個人と社会を結ぶ絆か？―』現代図書、2004

大林正昭・湯川嘉津美「近代日本西洋教育情報の研究—2—明治初期における西洋幼児教育情報の受容」『広島大学教育学部紀要．第一部』(34)、pp.57-68、1985。

大橋敦夫・菱田隆昭「信州上田・室賀家所蔵の寺子屋資料について」『紀要（上田女子短期大学）』(28)、pp.51-71、2005。

大岩雄次郎「公正の概念について——功利主義と契約論の比較を通して」『国際商科大学論叢　商学部編』31、pp.229-235、1985。

大倉三代子「幼児の道徳的行動を決定する要因と保育者の役割」『日本保育学会大会研究論文集』(49)、pp.650-651、1996。

太田素子「幼稚園論争と遊びの教育—「婦人と子ども」誌上の論争を中心に」『人間発達研究』(4)、pp.1-8、1982。

大谷祐子「和田實における幼児教育論（1）成立過程とその特徴」『和泉短期大学研究紀要』27、pp.79-87、2007。

[P]

パネンベルク，W. 著、佐々木勝彦・濱崎雅孝訳『なぜ人間に倫理が必要か—倫理学の根拠をめぐる哲学的・神学的考察』教文館、2003。

[R]

Rawls, J. *"A Theory of Justice"* The President and Fellows of Harvard College, 1971.

"Justice as Fairness" The President and Fellows of Harvard College (Second Edition), 2001.

ロールズ、J. 著、田中成明編訳『公正としての正義』木鐸社、1979。

ロールズ，J. 著、ケリー，E. 編、田中成明・亀本洋・平井亮輔訳『公正としての正義再説』岩波書店、2004。

[S]

サンデル，M.J. 著、菊池理夫訳『リベラリズムと正義の限界』原著第二版、勁草書房、2009。

坂本幸児「『童蒙教草』と Moral Class-Book」『應義塾大学日吉紀要　英語英米文学』7号、pp.103-122、1987。

桜井智恵子「『京阪神連合保育会雑誌』にみられる子ども観：1910年代における保母たちの「自由保育」と「自治」」『日本保育学会大会発表論文抄録』(49)、pp.24-25、1996。

斉藤浩一「道徳教育への心理療法からのアプローチ（4）：来談者中心療法の「共感的理解」を中心に」『高知大学学術研究報告．人文科学』48、pp.217-224、1997。

佐野安仁・吉田謙二編『コールバーグ理論の基底』世界思想社、1993。

佐々木由美子「明治期における幼児教育と幼年文学」『白百合児童文化』（11）、pp.59-77、2001。

「日本の幼年文学における幼児像の変遷試論」『白百合女子大学児童文化研究センター研究論文集』（6）、pp.1-15、2002。

聖和保育史刊行委員会編『聖和保育史』聖和大学、1985。

銭国紅『日本と中国における「西洋」の発見　19世紀日中知識人の世界像の形成』精興社、2004。

仙田晃「幼稚園教育　道徳性の芽生えを培う教育の充実」文部科学省教育課程課・幼児教育課編『初等教育資料』757、pp.86-92、東洋館出版社、2002。

志賀智江「〈年報〉明治・大正期におけるキリスト教主義保育者養成」『青山学院女子短期大学総合文化研究所年報』4、pp.67-107、1996。

Shigaki, I. S. *"Child Care Practices in Japan and the United States: How Do They Reflect Cultural Values in Young Children?"* Young Children, Vol. 38, pp.13-24, 1983.

島田四郎　執筆代表者『道徳教育の研究』玉川大学出版部、1986。

清水陽子「鹿児島女子師範学校附属幼稚園の設置とその意義：東京女子師範学校附属幼稚園との比較を中心に」『日本教育学会大会研究発表要項』63、pp.160-161、2004。

「豊田芙雄の講義ノート『代紳録』にみる明治初期の保育内容」『西南女学院大学紀要』12、pp.175-183、2008。

下山田裕彦「倉橋惣三の保育理論研究：特に社会的性格をめぐって」『日本保育学会大会研究論文集』28、pp.97-98、1975。

「倉橋惣三の保育理論研究：その限界と継承をめぐって」『日本保育学会大会研究論文集』29、p.27、1976。

「倉橋惣三の保育理論研究その3：特に『継承』の問題をめぐって」『日本保育学会大会研究論文集』30、p.168、1977。

「倉橋惣三の保育理論研究その4：特に城戸幡太郎の保育理論との対比において」『日本保育学会大会研究論文集』32、pp.40-41、1979。

「倉橋惣三の保育思想の研究；その成立・展開・継承をめぐって」『幼児の教育』79（12）、pp.20-29、1980。

「比較幼児教育思想の試み（その２）：倉橋惣三と東基吉」『日本保育学会大会研究論文集』43、pp.6-7、1990。

「倉橋の遺産の全体像；保育理論の立場より」『日本保育学会大会研究論文集』50、p.61、1997。

辛椿仙「和田実における『遊戯教育論』の特質」『京都大学教育学部紀要』44、pp.411-422、1998。

「和田実における『幼稚園論』の形成過程とその意義」『保育学研究』37、pp.144-151、1999。

「和田実の『幼稚園論』－幼児教育理論と実践の関係」『乳幼児教育学研究』8、pp.43-52、1999。

「和田実の『習慣教育』について」『関西教育学会紀要』23、pp.251-255、1999。

「和田実における『訓育的誘導論』について」『京都大学大学院教育学研究科紀要』45、pp.84-96、1999。

「和田実の『幼児教育論』について」『幼児の教育』100（7）、pp.6-13、2001。

「和田実と『幼児の教育』」『幼児の教育』100（9）、pp.4-9、2001。

下程勇吉「中江藤樹の哲学」『哲学研究』33（3）京都哲学会、pp.28-55、1949。

宍戸健夫「明治後期における幼児教育構造についての一考察」『愛知県立女子大学・愛知県立女子短期大学紀要，人文・社会・自然』(12)、pp.151-163、1961。

首藤敏元「社会的規則に対する子どもの価値判断の発達」科研基盤研究（C）、1995-1996。

「児童の社会道徳的判断の発達」『埼玉大学紀要〔教育学部〕教育科学』48（1－1）、pp.75-88、1999。

「子どもの社会道徳的判断における大人の権威の受容、拒否と自己決定」科研基盤研究（C）、1997-1999。

首藤敏元・二宮克美「幼児の社会道徳的逸脱に対する教師の働きかけ方」『埼玉大学紀要』51号（2）、pp.17-23、2002。

鈴木敦子「幼児の道徳的規範、社会的ルールの発達：文脈依存的表現の調整という視点から」『東京大学大学院教育学研究科紀要』36、pp.361-367、1996。

鈴木由美子・米神博子・松本信吾他「幼児の道徳性の発達に与える『かかわり』の影響についての研究－集団遊びによる幼児の変容を中心に」広島大学学部・附属学校共同研究機構編『学部・附属学校共同研究紀要』〈33〉、pp.397-404、2004。

[T]

高橋昌郎「明治時代の道徳観について：宗教との関連において」『清泉女子大学人文科学研究所紀』1、pp.145-157、1979。

高野勝夫『エ・エル・ハウ女史と頌栄の歩み』頌栄短期大学　1973。

　　「A・L・ハウ女史の保育者養成の構想について」『日本保育学会大会発表論文抄録』(26)、pp.111-112、1973。

高野勝夫・二星啓子「A・L・ハウ女史の著作出版活動：日本保育史初期への貢献」『日本保育学会大会発表論文抄録』(27)、pp.9-10、1974。

高野勝夫・中野静「エ・エル・ハウ女史の日本保育史への貢献：幼児音楽開拓者として」『日本保育学会大会発表論文抄録』(28)、pp.103-104、1975。

武田清子『人間観の相克』弘文堂、1959。

　　『比較近代化論』未来社、1970。

滝田善子「A.L.ハウの保育観と頌栄幼稚園における実践―音楽を中心として」『関西教育学会紀要』26、pp.116-120、2006。

田中堅一郎編著『社会的公正の心理学―心理学から見た「フェア」と「アンフェア」』ナカニシヤ出版、1998。

田中卓也「『吉備保育会』の設立とその活動―国富友次郎・折井彌留枝の活動を中心に―」『吉備国際大学社会福祉学部研究紀要』(13)、pp.1-10、2008。

田中友恵「明治・大正期における京阪神聯合保育会による建議―保姆養成機関設置および保姆の資格待遇に関する改善要求を中心に」『上智教育学研究』16、pp.38-50、2002。

　　「明治10―20年代における見習い方式による保姆養成――愛珠幼稚園の事例を中心に」『上智教育学研究』17、pp.34-47、2003。

冨崎望「幼稚園における道徳教育：明治期における修身教育を中心として（児童学科編）」『中村学園研究紀要』14号、pp.79-88、1982。

東京女子師範學校『東京女子師範學校規則』（大阪教育センター愛珠文庫所蔵）、1881。

豊田扶雄『恩物大意』全35葉（お茶の水女子大学附属図書館）、不明。

[U]

上笙一郎・山崎朋子「日本の幼稚園」理論社、1965。

植木枝盛「育幼論」1887；『植木枝盛集』第5巻、岩波書店、pp.45-70、1990。

　　「普通教育論」『植木枝盛集』第3巻、岩波書店、pp.100-114、1990。

「教育ハ自由ニセザル可カラズ」愛国新誌10号『植木枝盛集』第3巻、岩波書店、pp.193-195、1990。

植手通有『日本近代思想の形成』岩波書店、1974。

ウリクト、G.H.著　稲田静樹訳『規範と行動の論理学』東海大学出版会、2000。

[W]

若山剛・山内昭道「明治期の幼児教育における言語教育の位置づけを探る：日本における幼稚園創設から和田実の『幼児教育法』出版まで」『日本保育学会大会研究論文集』54、pp.464-465、2001。

「幼稚園における言語教育の史的考察：明治期から昭和にかけての言語教育の実際」『日本保育学会大会研究論文集』55、pp.8-9、2002。

和久山きそ『保育法講義録』、私立岡山縣教育會、1903：岡田正章監修『明治保育文献集』第九巻、p.4-87、日本らいぶらり、1978。

渡辺弥生「幼児における仲間との相互作用が公正観の発達に及ぼす影響について」『筑波大学心理学研究』10、pp.157-164、1988。

「役割取得能力（思いやりの心）の発達段階の向上を意図した道徳教育実践モデルの構築」科研基盤研究（C）1999-2000。

「幼児期から青年期迄の役割取得能力（思いやり）の発達を促す道徳教育実践モデルの展開」科研NK基盤研究（C）2001-2002。

『幼児・児童の分配行動における公正さに関する研究』風間書房、1992。

Wiggin, Kate Douglass, *"Froebel's Gifts"*, Boston：Houghton Mifflin, Cambridge, 1895.

"Froebel's Occupation", Hoghton Mifflin Company, 1896.

"Kindergarten Principle Practices", Hoghton Mifflin Company, 1896.

Willard, Emma *"Moral for The Children; Good Principles instilling Wisdom"* New York: A.S. Barnes & Co. 1857.

[Y]

八幡英幸「『教育』と『倫理』をつなぐもの―『道徳教育の研究』の講義から―」『京都大学高等教育研究』第2号、pp.113-121、1996。

矢治佑起「『幼学綱要』に関する研究―明治前期徳育政策史上における意味の検討」『日本の教育史』通号33、pp.37-52、1990。

山本周次「日本の近代化と個人主義の問題」『国際研究論叢』9（4）、pp.575-590、

1997。

柳父章『翻訳語の論理』法政大学出版局、1972。

　　「福沢諭吉における"individual"の翻訳」『文学』48巻（12号）、1980。

　　『翻訳語成立事情』岩波書店、1982。

山岸明子『道徳性の発達に関する実証的・理論的研究』風間書房、1995。

　　「道徳性の芽生えを培う」文部科学省教育課程課・幼児教育課編『初等教育資料』701、pp.82-85、東洋館出版社、1999。

山岸雅夫「明治前半の幼稚園教育についての考察―『愛珠幼稚園』の幼稚園教育史上の位置づけをめぐって」『新潟大学教育学部研究紀要　人文・社会科学編』2（2）、pp.111-120、2010。

山崎京美「土浦幼稚園と福島幼稚園――明治時代の簡易幼稚園の役割について」『いわき短期大学紀要』33、34、pp.95-117、2001。

山崎正和『文明としての教育』新潮社、2007。

湯川嘉津美「明治初期における西洋幼児教育の受容過程－明治6年ウィーン万国博を中心にして」『広島大学教育学部紀要　第一部』31、pp.25-35、1982。

　　「明治初期における西洋幼児教育の受容過程――万国博覧会を中心にして」『日本の教育史学』（27）、pp.46-64、1984。

　　「東京女子師範学校附属幼稚園の成立」上智大学教育学論集（30）、pp.110-140、1995。

　　『日本幼稚園成立史の研究』風間書房、2001。

　　「フレーベル会の結成と初期の活動―演説、保育方法研究と幼稚園制度の調査・建議の検討から」『上智大学教育学論集』42、pp.21-43、2007。

謝　辞

　この学位論文は、本当に多くの方々のご指導に導かれて成ったものです。ここに心より感謝申し上げます。

　兵庫教育大学、名須川知子教授には主指導教員をお引き受けいただき、懇切なご指導を賜りました。いつも祈りの心で励まし続けてくださいましたことを深く御礼申し上げます。感謝の気持ちは言葉に尽くせませんが、人として研究者としてこれから一層精進し、保育研究、保育者養成を通して社会に貢献することでご期待に応えたいと決意しております。

　副指導教員の渡邉満教授、高橋敏之教授には、研究者としての在り方から叱咤激励いただき親身なご指導を賜りました。橋川喜美代教授、谷田増幸教授には論文審査の際に、多くの有益なご示唆を賜りました。兵庫教育大学連合大学院の諸先生によるご指導のお陰で、このように学位論文としての内容を備えることができましたことを有難く御礼申し上げます。

　思えば、聖和大学で学生時代に故荘司雅子先生から、フレーベルの幼児への熱い思いを教えていただいたことが始まりでした。フレーベルに続いて子どもたちに生きようと甲南幼稚園で教諭として勤務しました。そこで、どうして子どもは判っているのに嘘をつくのだろうとその指導に苦労し疑問に思ったことが、この学位論文の最初の一滴です。甲南幼稚園の子どもたち、懐かしい同僚たちに心よりの感謝を捧げます。

　その後、1997年より聖和大学大学院で石垣恵美子教授にご指導を賜りながら、保育内容としての「公正さ」について研究を始めました。石垣恵美子教授が退職されてからは山村慧教授に文化人類学から「公正さ」についてご指導を賜りました。石垣ゼミナールの先輩、玉置哲淳教授には人権の視野からの保育活動についてご示唆をいただきました。聖和大学大学院での学びがこ

の学位論文の基礎です。お世話になったすべての先生のお名前を挙げる事はできませんが、諸先生からの有形無形のご指導に心より御礼申し上げます。

　また研究を始めた1997年より現在まで、大阪キリスト教短期大学で保育者養成に携わっています。聖和大学大学院教育学研究科幼児教育専攻、兵庫教育大学大学院連合学校教育学研究科先端課題実践開発専攻で研究を続けてこられたのも、歴代の学長、滝谷良一教授、柏木道子教授、文屋知明教授、津村春英教授、池田美芽教授のご理解があってのことでした。またオムリ慶子教授はじめ同僚の協力と応援がなければ研究を続けることはできませんでした。大阪キリスト教短期大学の諸先生に心よりの愛をもって感謝を申し上げます。

　最後になりましたが、風間書房、風間敬子氏には出版に関していろいろご教示いただき、大幅に校正が遅れましたときもご配慮いただきました。ここに、風間氏のお力添えとお心遣いに深く感謝を申し上げます。

2015年2月

二見　素雅子

[著者略歴]

二見　素雅子（ふたみ　すがこ）

1984年	聖和大学大学院教育学研究科幼児教育学専攻（修士課程）修了
1984年	甲南学園甲南小学校甲南幼稚園　幼稚園教諭
1995年	チューリッヒ州立保育者養成学校聴講生
1997年	大阪キリスト教短期大学講師
2000年	聖和大学大学院教育学研究科幼児教育学専攻　単位取得後退学
2003年	大阪キリスト教短期大学助教授
2010年	大阪キリスト教短期大学教授
2012年	兵庫教育大学大学院連合学校教育学研究科先端課題実践開発専攻　単位取得後退学
2013年	博士（学校教育学）・兵庫教育大学

主な著書

『幼稚園・保育所・施設実習ガイドブック』学術図書出版社、1992年（共著）
『新版　幼児教育課程論入門』建帛社、2002年（共著）
『保育内容総論』（保育・教育ネオシリーズ４）同文書院、2003年（共著）

主な翻訳書

『レッジョ・エミリア保育実践入門―保育者はいま、何を求められているか』
　（ジョアンナ・ヘンドリック著）北大路書房、2000年（共訳）
『子どもたちとつくりだす道徳的なクラス』
　（リタ・セブリーズ、ベティ・ザン著）大学教育出版、2002年（共訳）
『幼児・小学生の人権プロジェクト支援ガイド』
　（アン・ペロ、フラン・デビッドソン著）解放出版社、2003年（共訳）

明治後期の保育内容における「公正さ」に関する研究

2015年3月15日　初版第1刷発行

著　者　　二見素雅子
発行者　　風間敬子
発行所　　株式会社　風間書房
〒101-0051　東京都千代田区神田神保町1-34
電話 03(3291)5729　FAX 03(3291)5757
振替 00110-5-1853

印刷　藤原印刷　製本　井上製本所

©2015 Sugako Futami　　　NDC分類：370
ISBN978-4-7599-2075-8　　Printed in Japan

JCOPY 〈(社)出版者著作権管理機構 委託出版物〉

本書の無断複写は、著作権法上での例外を除き禁じられています。複写される場合はそのつど事前に（社)出版者著作権管理機構（電話 03-3513-6969、FAX 03-3513-6979、e-mail: info@jcopy.or.jp）の許諾を得て下さい。